船舶引航專論

Marine Pilotage Monograph

方信雄　著

五南圖書出版公司 印行

自序

　　長久以來，引水人一直被視爲航海人員的終極成就，故而有意投入此行者莫不埋首苦讀積極應考，然卻因僧多粥少，每有遺珠之憾，也因此造成外界乃至許多航海界同行對引水人產生誤解，筆者忝爲引水從業人員，當有釋疑解惑的義務。

　　首先從考試的層面來看，回首多年來的引水人專技特考，應試學子莫不爲適當書籍與航港資訊難覓所苦，結果不是鑽牛角尖就是到處蒐羅祕笈，也因而常誤導應考人準備課業的方向與寶貴的時間。另一方面，儘管國際間海運科技不斷精進，但國內囿於海洋政策連貫性不足致航海人口日趨減少的事實，因而願意投入航海相關專業研究者日稀，尤其坊間引航相關書籍本就很少，加諸引述資料不是過時老舊就是與當今運航實務相去甚遠者，因而每遭具實務經驗者詬病，是故資料更新並縮短理論與實務間之落差，乃是我航海界同仁最爲殷望的首要之務。而此也是令應考人難以著手準備考試的最大困惑，爲此，繼《航行避碰與港區操船》出版之後，筆者特將二〇〇五年三月出版的拙著《引水概論》一書，重行刪修再行出刊，並從當前的引水實務與運作的角度討論有關引水人之知識，深盼對有志於引水一途者有所助益。

　　其次，作爲一位資深引水人亦當有義務告知有意投入此行的同知，欲成爲引水人是要付出相當代價的，而非外界流傳

之膚淺看法。基本上，若果將成爲引水人視爲航海人員爲照顧家人並增添人生旅程的樂趣而轉變航向，或是基於對社會的知識回報，都是極爲正面的思維，更是值得鼓勵的動機。反之，若無堅定意向，甚或毫無專業興趣，卻純爲看似豐厚的報酬而投入此行者，則時日一久勢必因爲工作的單調與高度的勞力付出，很快地就會喪失對這份工作的熱愛與執著。因此奉勸有意投入引水人一行者，務必先作好將成爲引水人視爲只是轉換一個穩定的陸岸工作之心理建設，蓋唯有如此，往後的引航生涯才會是彩色的。

　　筆者身爲一介引水人膽敢著墨引航業務，純出於排解外界對引水人的誤解之動力，更有拋磚引玉之圖，期望人們對此一保守的高度專業團體能有較爲正面的認識。再者，有鑑於近數十年來海上運輸大環境的巨變，使得眼前許多引水相關法規因制定時日久遠而不合時宜，致無法滿足實務上的需求。另一方面，因爲當今之航商或船東無不以獲利爲優先考量，使得固有職場環境與人際關係發生嚴重質變，凡此皆不利引航作業的正常運作，故而特藉此呼籲引航相關業者強化交流，並發掘問題之所在，積極改正不合時宜的法規與作業習慣，進而帶動整體海運事業的發展。

方信雄
二○二○年元旦

目錄

第一章 緒論

　　眾所周知，引水制度之健全與否和引水人服務品質之優劣，不僅關係到進出港船舶之安危，且其影響可及船舶所有人、船長、海員之權益、海洋環境之維護、港埠之競爭力以及航政主管機關公權力之行使，因此各海運國家均非常重視。

　　二○○三年八月二十日考試院院會經全體委員熱烈討論後決議將全臺灣四個港務局轄管的十二個港口全部開放，並擬單獨舉辦「引水人專技特考」或與其他考試合併辦理，而且不再限制錄取名額。此一具時代性指標的改革決議主要係針對往昔引水人專技特考皆依交通部提報的港口與名額舉辦考試，由於有名額限制遂採擇優錄取，故而外界每有既得利益者壟斷引水業務的質疑。雖交通部官員回應長期以來各港引水人名額皆係以各港之船舶進出艘數為供需依據，並據以決定招考名額，然考試委員則認為依據專技考試法的精神與意旨，引水人專技考試應為資格考試，故除了不應有名額限制外，更要開放給所有符合應考資格的考生報考。

　　毫無疑問地，考試院此一顛覆傳統的改革決議確實給海運社會帶來既憂且喜的震撼，因為海運相關業者擔憂的是，我國目前的引水制度雖不是最好，但卻也不是到了非全面大幅改革不足以滿足市場需求的地步。反之，引水人名額的開放除了給船員增添許多登岸就業的機

會外，更會給現職引水人一定程度的壓力，冀以改善其長期遭人詬病的服務品質與提升既有引航效率。然而考試院的決定基本上除了作出正確的考試政策宣示外，實質上極可能給各級引水主管機關帶來許多可以預期得到的困擾與紛爭。究竟目前我國所施行的引水制度乃是遠從國民政府自大陸執政時期起始，並歷經數十年的實踐與漸進改革而得者，期間不知遭逢多少問題並經航運界前進先輩竭心盡力一一化解改革以符實際需求者。故而吾人最為擔心的就是看到我們最不願意回首的歷史滄桑因新制的實施而重演，繼而引發許多原可避免的紛爭並耗費有限的海運社會資源。

　　另一方面，如同往昔一樣，透過媒體的報導有關引水人的話題勢必再度引起社會大眾的注意與好奇，因為幾乎所有媒體對引水人的報導都是片段與負面的，當然最主要的原罪就是外界號稱其與總統相近的薪資收入。其實目前在國內高收入者實在太多了，何況引水人的所得並未如傳聞的那麼高，而且收支透明得毫無避稅空間，更要繳付高級距率的所得稅。事實上，有關引水人薪資收入的報導只是表象而已，因為投入引水一行，心路歷程的艱辛與付出代價的高昂，皆是一般人所難能體會。相信包括考試委員在內的多數人們或許不知道一艘船舶連同其上的貨載價值動輒上億美元，設若引航過程中稍有疏失或發生意外，其後果將是難以想像，以二〇〇一年二月於鵝鑾鼻海域觸礁的阿瑪斯號貨輪為例，單單一規模不算大的油汙染事故就令我全國上下倉皇失措，乃至民怨沸騰、部長丟官，由此即可看出引水人對維護人命、港埠、船舶、財產等安全的重要性。此更是全球各沿海國對引水人的資格認定與錄用皆採高標準門檻的原因所在。我國為四面環

海的島國，如何保護有限的海洋與港埠資源，並與國際海運社會接軌，本是國人積極努力的方向，因而有關海運相關人才的培育、考試、發照與任用的政策焉能不審慎爲之。

至於什麼是引水人呢？曾有人誤認爲鑿井抽水者，更有人直接將其誤植爲飲水人，可見社會大眾對此一行業的陌生。其實最簡單的正確描述就是「代客泊船」，因爲引水人的工作就是安全且迅速地將一艘自國外行駛到我國港口外的商船帶領至港埠管理機關或輪船公司指定的碼頭或船席泊靠，以便進行貨物的裝、卸或旅客的登、離船作業。反之，當一艘船舶在我國港口完成貨物裝、卸或旅客的登、離船作業後，欲啓航出港至下一港口時，亦需僱請引水人協助，將船舶安全的帶領出港口至港外安全無礙處，再將船舶的操控權（Ship's conn）交還給船長，並經船長同意後始得離船。或許有人會質疑爲什麼船長不能直接將船靠泊碼頭？基本上，船長雖負有船舶運作的所有責任，但最主要的工作就是將船舶安全的自甲地開往乙地，至於每一個港口的天候、水文、地形與港口作業習慣，船長根本無法一一熟記適應，是故在安全與效率優先的考量下，船長通常不願親自操船進出不熟悉的港口，因此在整個航程中風險最高的一段水路，即從暗礁淺灘密佈的港口外海到地形錯綜複雜的碼頭間的這一段最終航程，只有委託熟悉當地港灣知識的引水人代爲運作。故而我們可以說引水人提供的服務是高度專業的操船技術與常年累積的航行經驗，究竟整個港口的季節性天候、海底與陸岸地形輪廓、水深分布、淺礁所在、碼頭長度與方向，以及港區作業習慣等訊息幾乎就是引水人記憶的全部。所以船東或船長僱用引水人的目的不外：

1. 確保船舶、港口及其設施的安全；

2. 提高港埠與船舶的營運效率；

3. 環境保護的考量；

4. 本於海事法規與保險的要求。

此外，雖引水人的適任資格標準各國或有不同，但其基本要求與工作特質卻都雷同，以下特針對引水人的職業屬性作一概述：

1. 需具備長年的海上資歷：由於引水人的專業技能要求較高，依據考試院專技人員特考規定，應考人需具備遠洋商船船長三年以上資歷始能報考。往昔我國海運社會人口眾多的時代，一般海事院校學生畢業後只要經歷十至十五年以上的海上生涯，大都能達致此一基本報考條件。如今卻因我國商船隊的大幅萎縮，使得船員上船機會亦隨之大減，因而欲取得此一海上資歷，每要屆臨不惑之年。

2. 勞逸不均，食宿不定：因為船舶到港與離港的模式分配（Vessel Arrival/Departure Distribution）既不是幾近穩定的常態分配（Normal Distribution），更不是將時間分割成小區間的波氏機率分配（Poisson Distribution）。此乃因為海上與港埠作業有太多的不確定因素（Uncertain factors），故而引水人甚難掌握船舶的確切到、離港時間，也因此每需長時間的苦苦等候以便提供即時服務，而此難以掌握的等候時間亦會造成疲憊感的蓄積。

3. 高度環境調適性：由於我國各港口皆位處濱臨西太平洋或臺灣海峽的沿岸地區，故而毫無溯河進入內地的緩衝航程與時間，正常作業情況下，引水人只要歷經數十分鐘的小艇顛簸後即能抵達大

船船邊，再攀登引水（軟）梯（Pilot ladder）上船，並急奔至駕駛台立即接手指揮船舶進港靠泊碼頭。因為船長不僅對港口不熟悉，尤其在經過長程渡洋航程抵港後，除了精疲力倦外，看到陸地亦會使其警戒性產生不同程度的鬆懈，此時乃是船舶整個航程中最危險的時刻，故而引水人當有接手時間上的緊迫性；而要在此極短的時間內運轉一艘完全不知性能與操縱特性的巨型輪船，並整合指揮船上不同國籍與操不同英文腔調的船員作業，就是一件極困難的任務。

4. 風險高，壓力大：海上操縱船舶遠非陸上開車所能比擬，因為船舶設計本就著眼於破浪前進而非逆行後退，故而後退馬力通常不及前進馬力甚多，其次，為講求速度，船舶外型多呈流線型，而且不能作側面運動，加諸水上行舟甚易產生慣性，而且其動能不僅隨時間與速度加倍累積，更不易察覺，故而操船者常有「煞不住船」的慘痛經驗發生，因此要在短短數十分鐘內將一艘完全陌生的龐然巨輪靠上碼頭實非易事。如同前述，除了港埠設施外，船舶連同貨載的價值動輒以億計，因而只要稍有疏失常會造成嚴重的後果，此使得引水人長期處於精神緊繃的狀態下執行業務，進而容易產生心、生理狀態的迅速衰退，此從多數引水人僅執業數年即白髮蒼蒼、滿臉皺容就可看出端倪。

5. 作息不定，無時間性：由於引水人的工作特殊與具機動性，即使休假或在家待命亦常需保持隨時上場的心境，因而常影響到家庭生活的正常作息，而此亦是從事引水一行所需付出的重大代價之一。

6. 高耗能性：我們知道引水人無論是靜態的輪班等候、動態的攀爬繩梯與樓梯，或是暴露在強風暴雨中操縱船舶離、靠碼頭，皆屬高度消耗體能與精力的磨練，因此若不具備與保持最佳的強健身體狀況，恐無法順利完成任務。

　　從上述引水人的職業屬性與條件，吾人即可得知引水人之養成不易與難爲之處，相信這與許多人印象中的引水人會有很大的認知落差，而此正是外界對引水業務乃至引水人產生誤解的主因。

第二章 引水制度的演進

2.1 我國引水制度的演進

　　眾所周知，世界上的所有職業，都是應人們的需要而產生的，再依習慣的變革與不斷的練習而發展成現今的科學技術，相信「引水」一職亦不例外。其次，歷史乃人類活動的紀錄，前人如何爲我們踏出當前這一條志業大道，吾人當應有所領悟，因爲這對我們將爲下一代走出什麼樣的路，會是一個思考的玄機，亦惟有如此始足以暢談承先啟後。相同的，作爲航運領域中的一項專門業務，引水制度的產生沿革與航運業的發展著實密不可分，而欲探究我國引水業務的沿革，當需對中國歷代航運界的發展情況作一定程度的了解，畢竟我航運界受其影響頗爲深遠。

　　中國是一個地理上兼具大陸性與海洋性的國家，地處歐、亞大陸東部，太平洋西岸。如此優越的地理位置，促使中國自古以來就擁有豐富的水運資源。其遍布國內大大小小的適航河流、湖泊，以及廣大的環太平洋海域，構成了中國人獨特的天然航運空間。但可以確認的是，中國早期的航運發展過程中，無論造船技術、航行經驗和技術累積等領域，都處於較低水平的狀況。故而航運活動中並沒有專門的引水人，也沒有獨立的引航業務，航行中船舶的駕駛運作與引航作業

往往混同在一起，亦即引航經驗的累積與駕駛經驗的增長是同步俱進的。然隨著航運業的不斷發展，使得跨地區、跨水域的航行貿易日漸增多。然而各地區的水文、氣候、地形、潮汐與港口條件更是複雜不一，凡此莫不成爲跨地區、跨水域的航行障礙。爲了克服這些障礙，就需要熟悉特定水域航行知識，並具豐富航行經驗的人，專爲航行特定水域的外來船舶提供專門的引航服務，例如如何避開淺灘、暗礁，以及如何利用潮汐的漲落進出港口。而當這種提供船舶引領的專門服務逐漸在航運活動中被廣泛使用時，引航業就慢慢隨之產生了。

令人遺憾的是，中國雖位處亞洲大陸中心，而且海岸線全長約一萬一千餘公里，但自古以來歷代王朝皆採閉關政策，不向海外發展，直至明朝始有鄭和七下西洋（首次爲明永樂三年／一四○五年；第七次爲明宣德五年／一四三○年）的大規模海上活動出現，惜當時朝廷未加提倡，反採抑制政策，加諸後繼乏人，航海事業始終不振。明正德十二年（一五一七年）七月二十八日，葡人安德洛德首次率船抵達廣東屯門（今東莞附近），並直入省河駛往廣州，遂引起國人對洋人的注意。至明嘉靖三十六年（一五五七年）葡人入居澳門後，更助長日後無法遏止的華夷航運貿易之情勢發展。

另一方面，當十九世紀前期工業革命完成後，西方人以裝備著新式武器的輪船遠渡重洋，高傲地出現在中國人面前時，無論是清朝皇帝或是尋常百姓莫不驚訝地發現，這些昔日的「蠻夷」竟然擁有如此不可思議的力量，而原先自己擁有的那點關於「蠻夷」的知識，幾近無知。至此，一向以天朝自居的中國，由於自大和封閉而導致對西方的一無所知，就不再是值得驕傲的事情，反而成爲古老帝國在新形

勢下的致命弱點。然而不管中國是否意識到，也不管中國願不願意面對，事實上它已經被捲入真正的世界性競爭，而最致命的是，「蠻夷」幾乎掌握所有競爭的優勢，但中國卻連敵手的遊戲規則都一無所知。因而面對著舳艫千里陸續而至的西洋船艦，清皇帝與滿朝文武無不驚慌失措、束手無策。當然也演變成日後招致一連串來自列強的屈辱與不平等國際待遇的主因。

基本上，隨著朝代的演變，我國船舶引航作業的發展概況如下：

2.1.1 南宋年代

有關中國的水上引航作業最早起始於何時，因爲資料欠缺，致難以考證清楚。但從可取得的資料得知，最遲應在南宋時期，引航作業就已經成爲長江航運中的一項專門業務。因爲長江上游的水路險峻，航行條件比較艱難，所以下游的船舶如欲西行入川，一般都得在沙市更換蜀人之「招頭」以便指引船家航行。此乃南宋詩人陸游於宋孝宗乾道六年（一一七○年）赴夔州（今重慶奉節地區）接任通判[1]一職，特將其從紹興老家啓程溯江而上的一路見聞，按時間順序編輯成冊，寫成了中國第一部長篇遊記《入蜀記》一書。書中記載，當他乘坐的船快要接近四川時，船主人就僱請了一位名叫王百一的當地人作「招頭」。俟船進入四川後，又換用程小八作「招頭」，因爲他較前者更熟悉川江航道的情況。顯然「招頭」王百一先生應是中國史料有所記

1　通判：通判一職始創立於北宋，朝廷爲加強對地方的控制，防止知州職權過重，專擅作大，以通判負責監督知州，兩者相互牽制。

載的第一位引水人。毫無疑問地，上述「招頭」乃是指一些熟悉川江
航道水文知識的當地船民，並無固定服務處所，專門依靠指引出入川
江之外地船隻的安全航道為生。一般皆在四川與湖北交界處附近等
候，遇有船舶需要引航服務，就單獨與船方確定契約關係，當然應有
公認的報酬標準。一旦交易談妥，便立即上船隨船提供引航服務，直
至船抵目的地後，才離開該船，或繼續等候至該船返程時再度提供引
航服務。此正如同當前海運運作中引水人登船純為提供船長航行相關
「諮詢」（Advise）的角色一樣。基本上，並無任何政府部門的介入
或管理他們的活動。因此他們的報酬取得端賴個人的經驗與技術，誰
的技術高超，誰就可能得到更多的工作機會。

　　而上述陸游所乘坐的船先是僱用王百一引領，後來改用程小
八，應是船東認為程的技術較王高超或是提供的服務較為精緻。據聞
王百一在得知遭船東覓人替換其工作後竟想跳水輕生，幸好被船員及
時阻撓。由此可見，「招頭」間之競爭應是非常激烈地。另一方面，
這些「招頭」候船、隨船服務的工作方式、獨立執業、自由競爭的工
作狀態，以及自發運行、沒有官方管理控制的運作，都與近代長江上
的「旅行引水」非常相似，故而可說是長江流域的最早期引水人。

2.1.2 元朝年代

　　元代海運發達，長江下游入海口附近的瀏家港[2]因而成為重要的

2　瀏家港：明永樂三年（一四〇五年）鄭和下西洋出發的港口，位於今江
　　蘇省蘇州太倉市東瀏河鎮，元朝的海運漕糧由此出海。

海運與漕運 [3] 港口。元朝政府在南方徵集的漕糧就是從各地運到瀏家港，再換裝海船由瀏家港出航取海道北上至天津。然因瀏家港至出海口間之長江水域雖寬闊有餘，但卻多淺灘暗沙，不熟悉這一帶水文狀況的人，駕船進出經常會擱淺或觸礁，甚至造成船舶傾覆等不幸事故。因此為了確保漕糧運輸的安全，元朝政府採納了常熟船戶蘇顯等人的建議，在今江陰一帶設置「指淺提領」一職，即征用熟悉這一帶水道情勢的船戶擔任該職，為過往船隻指引航道，以避開江中的暗礁淺灘，安全出入長江口。

　　若拿「指淺提領」與上述的「招頭」相比擬，即可看出兩者的相同處，即他們皆熟悉一定水域的航行條件，並在某水域內為船隻提供引航協助，指引船隻避開航行險阻與障礙，從而提升了船舶的航行安全。很顯然地，若單從此提供專業引航技術的角度來看，兩者皆具備了引水人的基本工作特質。反之，若從其他面向來看，則「指淺提領」又與川江上的「招頭」有著如下的差異：

1. 「指淺提領」是固定在某個地方為過往船隻提供服務，而非隨船服務。

2. 「指淺提領」是由政府僱用的專門人員，具有政府承認的資質能力，而且他們的工作職位是政府設定的固定職位。

　　從上述吾人得知，「指淺提領」較川江上的「招頭」更接近於近代以來的引水人，特別是與當今中國和新加坡的公設海港引水人相

3　漕運：指中國歷史上從內陸河流和海路運送官糧到朝廷，或運送軍糧到軍區的運輸系統，包括開發運河、製造船隻、徵收官糧及軍糧等。

似。唯一的重大差異，就是近代以來的引水人一般均爲海事院校科班出身，更需經過一定的考試與培訓，才能取得引航執業資格。

　　至此，我們理解到在明、清之前，中國的引航業基本上仍處於自由、自發與分散的狀態，亦即引航一職雖具有高度公益的特質，但尚未引起歷代政府的充分重視，故而缺乏官方的制度化管理和支持。此外，由於引水人的來源純依靠失業或沒有足夠資產購置船舶從事單獨經營的船民來充當，故而不僅來源不穩定，更談不上什麼引水人的培養了。另一方面，從事引航業務的引水人，係純靠個人經驗與技術來取得工作，因此對這一行業的約束，也只能靠他們的個人信譽和同行之間的自由競爭來實現。至於工作報酬也是由執業者與船方相互協商，當然隨著投入此行者愈多，所引發的競爭亦趨激烈，因而逐漸有了公認的標準，即所謂的行情。

　　上述元朝政府在江陰、瀏家港一帶設立的「指淺提領」雖體現了政府對此一工作的重視，進而採取措施針對引航工作進行管理，但畢竟是僅有的個案。直至明清時期，這一趨向愈來愈明顯，終使引航業被視爲一個專門的行業，並獲致官方與民間的認同，進而取得了正式的身分。其實，對國家安全的考慮，才是政府開始重視引航業的根本原因。

2.1.3 明朝年代

　　眾所周知，明朝前期有半個多世紀定都於南京，當時很多外國的朝貢船隻都直接沿長江駛入南京，其中雖以各藩屬國定期遣派使節

向明朝皇帝獻禮以表示臣服的船隻爲主，但亦有部分非中國藩屬國的船隻爲了跟中國進行貿易活動，也加入到朝貢的船隊行列中來。是故爲確保首都的安全，明朝政府特規定：「凡是駛往南京的外國船隻，進入長江後，必須停泊於太倉[4]的『六國碼頭』，由中國有關官員檢查後，在選僱富有長江航行經驗的人，一同監督、指引外船駛向南京。」此一制度實行不到四十年，就因明政府關閉「六國碼頭」而自動停止。這一對外籍船隻施行強制引航的制度，充分反映出明朝政府對航運活動所衍生的國家安全觀念萌芽了。

2.1.4 滿清年代

到了清朝，引航一職逐漸發展成爲一個具有獨立身分的職業與行爲，並開始受到政府的重視。我們知道廣州港在清初已是世界各國與中國進行經濟貿易交往的主要口岸，特別是乾隆二十二年（一七五七年）以後，清政府只允許廣州一口岸對外通商，使得進出該港的外國船隻大幅增加。處此時代背景下，廣州港的引航業得以迅速發展起來。當時有一批人專門在廣州港從事船舶引領工作，爲進出港口的外國商船服務。而這一港務工作群體被稱爲「引水」，相信此命名應是由他們所從事的工作而來的。

基本上，清政府在對外交通和貿易上的政策，仍然承襲著前朝的保守抑制政策，即除了減少對外通商口岸外，還限制外國人與中國人

4　太倉：鄭和首次下西洋的出海港。

交往。為此，清政府特在廣州設立「公行」制度，讓一些官方認可的商人，亦即所謂的「行商」，專門與到廣州的外國人打交道，並讓他們管理這些外國人。而除了「行商」外，外國人不准與其他中國人交往，以防訛言惑眾汙染純樸民風。茲將清朝有關引水作業之演進過程略述如下：

1. 乾隆九年（一七四四年）

滿清政府在體認抵港外國船隻日益增多，有必要對引航業務加以控制的情勢，以及在英、葡等國的壓力下，乃正式頒布「番舶出入稽查章程」[5]，准許洋人依法出入中國港埠。章程第一條：「洋船到日，海防衙門撥給引水之人，引入虎門，灣泊黃埔，一經投行，即著行主通事報明，至貨齊回船時，亦令將某日開行預投，聽候盤驗出口。如有違禁夾帶，查明詳究。」；第二條：「洋船進口，必得內地民人帶引水道，最為緊要。請責縣丞將能充引水之人，詳加甄別，如果殷實良民，取得保甲親鄰結狀，縣丞加結申送，查驗無異，發給腰牌執照准充，仍列冊通報查考，至期出口等候，限每船給引水二名，一上船引水，一星馳稟報縣丞，申報海防衙門，據文通報，並移行虎門協及南海番禺，一體稽查防範，其有私出接引者，照私度關津例，從重治罪。」

從上述二條規定吾人得知當時船舶進出港口，已有強迫僱用引水人引領的規定。而引水人除了有管理機關外，引水人身分的取得，

---

5 即澳門海防同知印光任所制定的《防夷七條》。

更要經過甄別與發給執照的程序。值得一提的是，此乃「引水」一詞首次出現於官方文件的記載上，用來指稱引航作業與從事引航工作的人。此後「引水」一詞遂成爲船舶引航與引水人的專有名稱。

2. 道光十四年（一八三四年）

或因上述規定之成效不彰，故而兩廣總督特於道光十四年再次提出：「嗣後澳門同知設立引水，查明年貌籍貫，發給編號印花腰牌，造冊報明總督衙門與澳海關存錄。遇引帶夷船，給予印照，注明引水船戶姓名，關汛驗照放行。其無印花腰牌之人，夷船不得僱用。如夷船違例進出，或夷人私駕小艇在沿海村庄游行，將引水嚴行究處。」

從上述條款內容吾人得知，清政府對引航業的看法與態度，不外乎以下考量：

1. 引航一職事關社會控制與社會秩序大局，政府應予重視；因爲清朝對人口的自由活動，本採嚴格的限制，尤其是私自出海、私越國境，更是力行禁止。其主要乃是清朝欲透過對人口的控制與管理，以避免或減少流動人口干擾社會秩序的可能性，進而利於維持政府的統治。

2. 政府擬對當時引水人自由散漫、自發運作的狀況，進行管理和控制；因爲面對此一新興開放情勢若不加以管理，引水人極可能由於時常接觸外國人而危害政治與社會秩序。蓋惟有如同前述明定行商壟斷對外貿易一樣，由政府認可和控制的引水人來壟斷引航業，才能確保滿清皇朝的安全性與政治利益。

基於這種認識，清朝政府所採取的引航管制措施，可以歸納爲以

下四點：

1. 對進出口的外國船隻實行強制引航；即外國船隻進出口必須雇用中國引水人，而且需僱用清政府認可的引水人。

2. 確保合格而且可靠的引水人來源；挑選引水人的對象，不僅是經驗和技術合格的人，而且還需是「殷實良民」，即有一定經濟基礎和社會聲譽，能夠得到鄰里鄉親擔保的人。因為從政府當局的角度來看，無固定職業或居無定所的人，都是社會秩序的潛在威脅，故而若讓這類人員擔當引航這樣重要的任務，是絕對不能允許的。

3. 按照嚴格程序挑選引水人；從清政府挑選引水人的層層考核程序中，我們可以發覺其對引水人社會可信度和政治可靠性的強調，勝過於對其技術可信度的要求。

4. 將引水人的日常管理和業務安排交由澳門海防同知全權負責，由該機構為引水人頒發執業憑證，編制引水人值班名冊，並具體分派引航任務。如此安排，是想讓他們遵從於該部門的管理和控制，以達到政府控制引航業的目的。值得一提的是，前述澳門海防同知乃是一個不同於一般地方行政機構的正五品官署，專司管理外國人和珠江口的海防事務。將引航業交由這樣一個機構來管理，不啻意味著清政府已將引航運作視為國防體系的一環。

3. 道光二十二年（一八四二年）

道光二十年（一八四〇年）六月，由於林則徐將收繳自以英國人為主的外國鴉片販子手中的數萬箱鴉片當眾銷毀，引發英軍進攻廣

州，鴉片戰爭正式爆發。這是一次雙方實力的較量，但無情的事實證明中國在戰爭動員、運輸能力、最高決策、戰場指揮、武器裝備、軍人素質與戰術等方面，都無法勝任這場近代化的戰爭。也由於鴉片戰爭的失敗，滿清政府於道光二十二年（一八四二年）在英國的壓力脅迫下簽訂了江寧條約，並全盤接受英方所提出的條件，即除了割地賠款外，更開放五口通商。事實上，影響中國近一百年的不平等條約，與各項喪權辱國的條約都源於此。至此中國的引水權與航權一併喪失，海禁大開，洋夷船隻往來頻繁，引水業務也隨之繁忙，然由於中國引水執業人才不敷需求，於是外人乘機侵入。清廷礙於現實的環境與國策的艱辛，自顧不暇之際，既未了解航運對國防與經貿的重要，更不明白引水業務攸關國家主權至巨，終致引水業務的混亂腐敗，弊端叢生。而清廷無能也無力管理的局面，遂引起外商與各國領事的不滿，一致認定中國港口的引水作業有改進必要，自此給予外人干預中國引水政策的理由。

可見在鴉片戰爭前的中西通航，除了中國本身沒有貿易船舶遠航他國，作互惠的通商活動外，航權並未受到外國的入侵，而初期的引水權亦在國人自己管轄之下，完整無缺。

4. 道光二十三年（一八四三年）

中英簽訂虎門條約（即中英五口通商章程──海關稅則），其中有關「進出口僱用引水」一款，有如下規定：「凡議准通商之廣州、福州、廈門、寧波、上海等五處，每遇英商貨船到日，准令引水即行帶進；迨英商貿易輸稅完全，欲行回國，亦准引水隨時帶出，俾免滯

延。至僱募引水工價若干，應按各口水程遠近、平險、分別多寡，即由英國派出管事官秉公議定酌給。」

我們知道，南京條約在原則上已賦予英國船隻航行中國海域、出入五個通商口岸的權利，然後，在這個附則中，再具體地重申英國船隻可「自由」出入各口岸的權利。此一條文規定意味著如下三點訊息：

1. 允許英國船隻自由出入通商口岸，只要英國船隻來到中國港口，就可以隨時進港，不受任何約束，亦即英國人所要求的是要把各通商口岸當作自由港，隨時對英國船隻開放。如此的規定，意味著中國領水內的航行權已被外國剝奪去了。

2. 為了確保英國船隻的自由航行權，允許其自由僱用引水人，而不必像鴉片戰爭以前那樣，由清政府有關部門指派。

3. 規定引水費由英國領事決定。此一規定明確損害了中國的引航自主權，因為在鴉片戰爭之前，雖然清政府沒有對引航費率作出任何成文規定，但在廣州港，引航業已經自發地釐訂了相對穩定的費率標準，而且所徵收的標準還是航商、引水人和清政府有關部門都予以公認的。因此如要對引水費的標準作出規定，修訂或調整，毫無疑問亦是中國政府的職責。如今新條約卻規定引水費完全由英國領事來決定，顯然是置中國主權於不顧，是對中國引水管理權的嚴重侵犯。

值得一提的是，清政府之所以會訂下如此喪權辱國的條約，相信有相當程度係因在虎門條約的談判過程中，作為清政府全權代表的欽差大臣耆英，認為「僱募引水工價若干」這類事情，只是一些瑣細的小事，根本不值得天朝官員去費神的態度有關。此可能與當時未曾施

行所得稅徵收制度，或是引水費低廉得不足以與龐大的國家稅收成比例有關。

　　吾人從上述虎門條約中關於引航的規定，可以看出該條約正是帝國主義侵奪中國引航權的開始。其中有關內容都爲其後的許多不平等條約所繼承，而部分未作出明確規定的範疇，更爲列強在其日後簽訂的不平等條約預留許多侵奪擄掠的空間。

5. 咸豐五年（一八五五年）

　　海關成立，關政關務皆由外人代辦，領事團自訂引水規章，並組織引水委員會，由英、美、法三國領事團公選洋人船長三至五名，並加推海軍軍官一人組織之，此後舉凡考試、發證、引水費率之釐定皆由領事團掌控之引水委員會全權處理。於是中國的引水事業，終因政府的放任不管，遂引起了外人的覬覦和強行干預。

6. 咸豐八年（一八五八年）

　　英法聯軍（咸豐六年）之役清廷大敗，清廷被迫簽訂天津條約。其中第三十五款：「英國船隻欲進口，聽其覓僱引水之人，完清稅務之後，亦可覓僱引水之人，帶其出口」。至此，引水權的喪失和外人得充當引水人等不公平條款率皆明載於條約內。

7. 同治七年（一八六八年）（日本明治維新）

　　海關頒布「各海口引水總章」，其第一款規定：「凡各口應定分章，及定明引水之界限，並應用引水者若干名，其引水各費，一切事宜，均應由理船廳斟情酌理，約與各國領事官並通商總局，妥爲擬

定」。可見舉凡引水區的劃分、考核引水人、監督引水人、引水費率之釐定悉由海關洋人秉承領事團的意志辦理。而第二條規定：「華洋人民有欲充任引水者，均准其一體充當」。至此中國之引水管理權全然操於外人手中，而各港口及內河之引水人，由客卿充任，亦都透過明文規定予以合理化。而國家的引水權就在不平等條約和洋人的狡黠陰謀下，糊裡糊塗地完全斷送無遺了。至於當時位處邊陲的臺灣滬尾（淡水）港，則是連引水人證照都不核發，僅由海關代理稅務司幫辦出具引水人推薦函，並籲請來港船戶僱用推薦函持有人引領船舶進出港口（請參閱圖 2.1、2.2）。

2.1.5 抗戰前期

由於遜清時代允許外人享有中國之內海航行權，乃至將引水權一併拱手讓人，故而在戰前外籍引水人竟占總數百分之七十五，甚至內河引水人，長江淞漢段的外籍引水人亦有百分之二十以上。單是長江流域即有所謂「揚子江領港公會」及「揚子江水先協會」的存在，前者為西人組織，後者則為日人組織，其他如上海、天津、青島、汕頭、廈門等各港之引水人，亦全由外人充任。

而由於外籍引水人紛採科學辯證方法潛心記錄水文相關資料，因此國家門戶洞開，毫無國防機密可言。如中法戰爭，法國軍艦之能深入閩江口內，就是僱用曾領有我海關核發執照的美籍引水人的緣故；英法聯軍與八國聯軍之役，列強軍艦之能闖入大沽天津，亦皆得自外籍引水人的協助；及至抗戰發生時，日本海軍得溯江而上，直扣岳

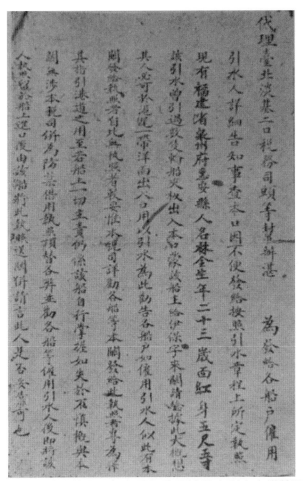

圖 2.1　清光緒十三年海關稅務司核發之引水人推薦函

陽、宜昌者，也是依賴過去在中國執業的日籍引水人帶路。故而引水
權之喪失，實為列強與日寇入侵輕易得逞的主要原因。

PORT OF TAMSUI 1887

Pilot's Recommendation

In the absence of any regularly organized pilot service in these waters, this recommendation is issued by the undersigned

Name	Age	Height	Birth place	Remarks
Kim Sing	23	5ft. 5¼	Hudy Gan	Speaks a little Eng.

who, from the reports of several shipmasters whose vessels he has brought in or taken out, is believed to be competent to act as pilot for the entrance of Tamsui harbour.

Masters of vessels requiring the services of a pilot are advised to employ the holder of this recommendation in preference to one not in possession of a similar certificate, but it must be distinctly understood that the working of their vessels remains at their own responsibility.

In order to guard against the use of this certificate by any other than the person to whom it is issued, masters of vessels are requested to retain it in their possession, and hand it to the Customs on their arrival in port with an expression of opinion as to the efficiency of the holder.

J. R. Chasmers
Assistant in Charge.
Douglas Lifmikslo
P. F. Astoton
Agents Canton Insurance Office
and Union Insurance Society.
H .A. McInnes
Harbour Master & Tidesurveyor.
Custom House,
Tamsui, 10 December, 1887.

圖 2.2　引水人推薦函（英文）

2.1.6 抗戰末期

　　美、英自動廢除不平等條約，國民政府財政部於一九四四年三月會同交通、軍政、軍令、海軍、社會等部，在重慶組織「全國引水管理委員會」管理全國引水事宜，隸屬於財政部。惟當時沿海港埠大

多淪陷，長江中下游及珠江也都淪入敵手。該會爲適應當時環境，並實施統制管理起見，先後將淞漢宜湘、長江上游，以及粵桂等區原有引水事務接收，成立引水辦事處，對於淪陷區內所有引水人，令飭撤退後方，由各辦事處集中管理，或介紹工作，或發給貸金，以維持生活，而免資敵利用。

2.1.7 抗戰結束

一九四五年九月引水法公布，「全國引水管理委員會」依法於一九四六年二月改隸交通部。此時理應充實機構推展業務，惟因適值抗戰結束，復員伊始，加諸交通不便與人事調度困難而不及籌設，所以只有委託當地航政或港務機關暫行管理。

在「全國引水管理委員會」時期，國民政府將全國重要港口河道分成十一個引水區域，其中第六區的臺灣區管轄基隆、高雄、花蓮、馬公等港。而沿襲此不涉政治考量的引水區域劃分，目前我國引水人的地理執業區域的英文名稱仍稱爲臺灣區（Taiwan district）。也因而才會有後來「臺灣省引水公會」、「臺灣省引水人聯合辦事處」的產生。

2.1.8 收回引水權

一九四七年十二月，交通部爲實行統一事權，呈准裁撤全國引水管理委員會，將各區引水政務併入各地航政機關，增設引水科專責承辦引水業務，至此引水權已完全收回。此時由於各港仍有外籍引水

人執業，故而行政院特頒布僱用外籍引水員管理辦法，並明文訂下與外籍引水員簽訂僱用契約，限制服務年限，逐漸淘汰，不再添僱等規定。此時除上海港因其引水人員名額較多與環境特殊，致外籍引水人仍占半數以上外，其他各港口之引水人外籍人士已寥寥無幾。

憶及過去引水權喪失時期國家航業的衰頹，與歷次對外戰爭失敗招致門戶洞開的慘痛教訓，經過八年抗戰，終看到引水權的收回自主，遺憾的是正當引水前輩先進們欣幸和警惕之際，並共謀引水事業之日趨健全與發展，期使剛才收回的引水權不致再度旁落，惜山河變色政權更迭致壯志未酬，惜哉！惜哉！值得一提的是，如今中國大陸的引水制度、引航組織與相關引航設施已具國際一流水平，相信此乃引水前輩先進們始料未及，也是最想看到的發展成果。

2.1.9 臺灣引水業務的接收

至於戰後臺灣各港引水業務的接收，其實早在國民政府轉進來臺之前即已著手。一九四五年十一月八日，徐人壽先生接收基隆港務局，當時基隆港為美軍掃雷艦基地，艦隊船隻達四十八艘之多。雖當時美軍船艦出入港口多由美籍艦長自行引領，但初次抵基或行事謹慎的艦長，仍需雇用引水人。當時中國雖屬戰勝國，然因人才缺乏，故而引水人仍需依賴日本人，此一現象引發進出港口美軍的厭惡與嘲諷：「哈哈！戰勝而獨立自主國家的引水權，仍握在戰敗國的日本人手裡，這是你們為了爭取自由平等而浴血抗戰所應得到的後果嗎？」究竟珍珠港偷襲事件之記憶猶新。故而唐桐蓀先生乃以港務長的名

義，於十一月二十一日下令日本人之引水組織（臺灣水先協會）結束其在臺業務，並通知日籍引水人即日起停止工作，同時自行兼任引水工作，並知照駐防基隆的海軍第三巡防處協助之。

　　而由於盟邦艦艇主管均有前述不愉快經驗，因此一九四六年冬中美互惠通商條約簽訂時，美方乃要求在條約中加入「凡國際港口，必須有合格引水人」之明文規定。其時全國引水業務由交通部所屬全國引水管理委員會管轄，該會於民國三十五年十月間函臺灣省交通處，轉令各港港務局監管引水業務，並著令迅速成立「臺灣省引水公會」。當時貴為臺灣省最高交通主管機關的省交通處乃授命唐桐蓀先生籌組「臺灣省引水公會」，冀以組訓人才並因應相關工作。臺灣省引水公會於一九四七年一月二十一日在基隆港成立，並於各港分別成立分會，首任主任為唐桐蓀先生。惟當時高雄港之引水作業仍由日本引水人充任，此乃因接收作業受二二八事變影響而延宕，直至一九四七年四月臺灣省交通處遣送日籍引水人返國後，臺灣省引水公會才派員於同年五月一日正式接辦高雄港務局的引水業務。至於花蓮港的引水業務，雖當時該港進出船隻極少，然基於國家主權與整體引水業務的考量，還是於一九四七年元月自日人手中完成接收並成立分會，而其引水人的待遇則由基、高兩港分擔貼補之。由於當時花蓮港屬基隆港務局監管，故由基隆港引水分會派廖洪熙領港前往花蓮港執行引水業務，並兼任該港港務長職務。可見光復初期基、花兩港港務長一職皆由引水人兼任。

2.1.10 引水人組織的成立

　　引水公會雖早於一九四七年即成立，且其與中央及地方政府往返公文亦均冠以「引水公會」名義，惟按我國人民團體之組織規定，引水公會每因成員人數未滿三十人而未得核准，進而淪爲無合法根據之組織，即「引水公會」實質上既無法律依據，更缺乏社團之形態與功能，致使引水人陷入無組織狀態。因此主管當局與從業引水人咸認有比照各國成例，籌創引水協會之必要。於是在交通主管機關之支持下，由從業引水人及資深船長的熱心籌創、部署經年，終於一九五五年三月二十七日正式成立「中華民國引水協會」。雖距引水公會之成立已延後八年，仍爲最早依法組織之航海社團。及至一九六二年十月引水人管理規則公布後，各港始自一九六三年三月一日起依據引水人管理規則第四條之規定設立各港引水人辦事處，而「臺灣省引水公會」亦同時改稱「臺灣省引水人聯合辦事處」，以聯繫及協調各港引水業務之順利進行。首任主任爲唐桐蓀先生，之後由楊璧如主任接任，直至一九八九年十二月九日，楊主任以年事日高自請退休，由姚忠義主任於一九九〇年元月一日接任「臺灣省引水人聯合辦事處」主任一職。

　　另按自由職業者得設辦事處之規定，引水人亦應各自設立事務所，是以引水人除於港口共同設置引水人辦事處，辦理船舶招請領航手續外，引水人亦得向國稅局登記申請設立個人事務所，以便航商或船務代理公司於辦公時間外，遇有臨時變更時間或突發事故時可直接與引水人接洽船舶引領業務。

2.1.11 舉辦引水人考試

臺灣收回引水權初期由於引水人的報酬並不豐碩，加諸引水人才的來源欠缺，故而主事者只有透過同學或鄉寅的私誼管道勸募並採取師徒制方式傳承，且據以認定其引水人的資格。直至一九六五年三月考選部公布引水人考試規則，並舉辦引水人考試，以應各港需要。至此，我國始有完善的引水人考試選用制度。

2.1.12 修改引水法

交通部於一九九八年成立「引水咨詢委員會」，除重新釐定引水費率外，並提高二人（共同）引水的門檻規定；同時於引水法中明訂開放航商經當地航政主管機關核准後得指定或僱用長期引水人的規定。此等規定中除指定或僱用長期引水人部分因理想與實務有相當落差致難以推行外，餘者在航商與各引水人辦事處的配合下率皆順利推行。

值得一提的是，自一九八一年以來，在面對外界不斷要求興革的壓力下，少數航商與引水人間的關係日趨惡化緊張，所幸全體引水人仍能顧全大局且不計嫌隙地完成航政管理機關與航商所託付之重任，進而化解僵持對立的危機，而正因引水人能夠不計榮辱的全力付出熱忱，才使得我國引水業務能夠在既有體制基礎上穩健地步向溫和改革的康莊大道。

2.1.13 引水人考試改為資格考試

考試院院會爲杜絕外界有關引水人長期壟斷市場的傳言，自二〇〇三年十一月起一改往昔引水人考試擇優錄取的方式爲資格考試，並開放國內十二個港口每二年定期舉行引水人專技特考，期以有效打破固有封閉的引水人職業領域，帶領引水人行業趨向自由競爭市場機制。此一歷史性的決議，雖符合考試的公平正義與保障應考人的權益，然卻忽視了市場需求的應有配套措施，因爲港埠在我國屬稀有公共財，故而如何確保港埠安全與海上環境，應是主管機關的首要考量。需知維繫港埠運作順暢與否的引水人務必具備一定程度的素質水平，因而單從量與開放的角度思考，不僅無法改善既有引水制度的缺失，更可能再度引發先前在大陸時期因引水市場供需失調，致造成引水人間惡性競爭、相互抵制的亂象。此外，每年同時開放國內十二個港口定期考試，勢必造成收入豐厚或港埠條件良好之港口的應考人較多，反之收入低、條件較差的港口則乏人問津，結果部分小港口可能面臨招不到引水人或被迫捨棄素質要求的窘況。若果如此，誠非國家與航商之福。事實上，從二〇〇三年十一月開放資格考後的首次引水人考試的應考情形吾人即可得到驗證，該次引水人考試不僅馬公、金門、馬祖等三港無人報名外，多數考生仍不顧當時麥寮港與蘇澳港需才甚殷的事實，而執意報考引水人力已呈閒置的高雄、臺中、基隆等傳統大港。可見此一新制的施行仍有待時間的考驗。

2.2 西洋引水制度的演進

2.2.1 巴比倫尼亞時代

有關國外引水人的記載可追溯至四千年前的亞伯拉罕（Abraham）帝國時代，當時帝國所屬位於波斯灣西北部的最大海港 Ur. 即有引水人的存在。雖昔日的海港廢墟已隨著大自然的物換星移消失於內陸深處，但卻顯示出引水人一職由來已久且歷經不斷的演變。另一方面，與亞伯拉罕帝國同一時代的巴比倫尼亞（Babylonia）國王漢摩拉比（Hammurabi; B.C. 1728-1686）在其統治中期曾編纂並公布漢摩拉比法典（Hammurabi Gesetz）。而此法典中所論及有關海事的規章，諸如船舶之租賃、適航能力之擔保、運送人之責任與冒險借貸等正是當今盛行之海事法規與海上保險的源起。該法典除明定關於船舶喪失及海難的刑罰外，更有船東需支付引水費銀幣二卸克（Shekel，古巴比倫之衡名，約等於半英兩）的規定。此應是西洋海運史上最早有關引水方面之記載。

2.2.2 腓尼基人與希臘人的時代

眾所周知，談及西洋海運史就不得不正視腓尼基人（Phoenician）對航海與貿易的貢獻。由於腓尼基（Phoenicia，敘利亞西部瀕地中海古國）有許多技藝精良的造船家（Phoenk），加諸當地盛產之黎巴嫩杉為造船的良材，故而古埃及人稱其為腓尼基人。除了前述的造船家外，腓尼基更擁有當時第一流的船東與技術優異的航海家，而且也因

腓尼基人精於航海，故而常被其他國家的統治者所僱用。令人遺憾的是，腓尼基人儘管精於造船與航海，亦深悉天文與水文等航海知識，但其絕不將此等知識教導其他國家的國民，而僅只在本國人間代代傳承。也因此吾人推測腓尼基人憑其世代相傳的觀測知識與航海術，極可能被他國船隻僱為引水人。

另一方面，就在腓尼基人以航海者自居為榮的同時，位處東歐的希臘人亦給海上貿易帶來前所未有的榮景。令人佩服的是，腓尼基人與希臘人在沒有羅經與海圖的情況下，僅靠觀測天體、風向與潮流的實地經驗即能航行海外。因此這一時代所謂的引水人乃是受僱隨船航行的，引水人除了需熟練測深技術藉以得知實際水深外，更要持續地從海上觀測陸上岸標與海岸的景觀，並將之作成示意圖以備日後航行時參酌採用。

2.2.3 羅德斯海法時代

我們知道至今為止有據可考的重要海法中，當屬歷史家Diodorus、Siculus 與 Strabo 於西元前四百零八年在羅德斯所創立的羅德斯海商法（簡稱羅德海法或羅度海法；Lex Rhodia, Naval laws and statues of the Rodians, Rhodian law）為最古老的海法。羅德斯島人的海運事業在西元前四世紀及三世紀達到巔峰。至於羅德斯島人與古代埃及人間的關係，多數歷史學家咸認為腓尼基人確實是自埃及人處學得航海的知識，之後再傳給羅德斯島人與塞浦路斯人。

羅德海法中有關引水的規定僅出現於第二殘留部分（Fragmentary

portions）的第二條，該條文僅對引水人的報酬作極爲簡潔的規定，即「第二條：引水人的報酬爲一人半份。」此一規定表示引水人報酬在整個船舶薪資結構的分配額持分要比一般海員多，即爲一般船員分配額的一倍半之意，此顯然較船長所分到的二份要低。事實上，吾人今日所掌握的羅德海法乃屬斷簡殘篇，亦即有部分條文已遺失，故而並不齊全，此意味著部分海運史亦隨著消失，而這些遺失的條文中可能有許多是有關引水業務的規定。之所以如此，推敲乃是因爲我們從殘留的羅德海法條文中得知該法基本上已是一部完備的海商法。故而對於引水業務不可能僅作上述簡略的交待。尤其以羅德海法爲基礎的後代立法，無不對引水人與其業務訂出許多周詳的規定，其中尤以北歐的海運國家爲最，此益發使人相信羅德海法所遺失的部分正是有關引水人的部分之說詞。

　　羅德海法所指的引水人，在近岸航行的情況下，除了要從事操舵等船員的例行性工作外，更要負責指示船舶的航向與避開淺灘暗礁等危險。至於在大洋航行的情況下，當然更需具備上述條件。設若其不具備上述條件或有疑惑時，就得僱用當地的引水人（Local pilot）。很顯然地，此一時代的引水人具有常駐船上的船員屬性，而且除了要負責指引船舶的安全航行外，更要從事一般實際航海事務。一旦遇有航行知識上的疑惑時，仍需僱請當地引水人協助。

2.2.4 羅馬時代

　　儘管羅馬的商船與腓尼基人的圓形船相比，不僅其船型逐漸增

大，船舶的艤裝亦有改良，但航行設施終究不能算是完善，故而仍舊需要利用太陽與星座作為航行的指引依據，尤其天候惡劣、視線不良的冬季期間更是難以航行，或是不能離開岸邊太遠。但若與腓尼基時代的航海相比，羅馬時代的航海家因已能掌握各航路的相關資訊，所以海上航行的難度已相對降低不少。此乃因航海家已能利用由記事員以手寫記載而成的各主要航路的《航海導引記》之故，例如「伊利斯利安海導引記」（Periplus maris Erythrael; Periplus of the Erythrean Sea）即是[6]。《航海導引記》基本上兼具航海指南與通商地辭典的功能，其記載內容含括避難港、泊地、潮流、主要風向、陸標、交易市場、貨物乃至土著居民的生活習性等。

　　另一方面，由於羅馬帝國自其立國以來的長治久安，使得地中海地區一帶的居民對於東洋商品，諸如生絲、絹織品與香料等的需求大為增加，因而促進了所謂的南海貿易。而此正是航海家大舉利用西南季節風（Southeast monsoon）直航印度的誘因。然當時南海方面的統治者，為確保關稅的收入與貿易上的利益，乃指定某些特定港口作為貿易港。並規定外國船舶不得靠泊此等指定港以外的地區性商業港。至於在指定港，統治者為了要使貿易集中並有效管理，乃採取強制與保護的兩手策略，也因而在船舶進出港灣的過程中出現了「當地引水人」的角色。如《航海導引記》的第四十三節與第四十四節即記載

6　伊利斯利安海（Erythrean Sea）：從字意上解釋應指紅海（Erythro 表「紅色」之意）。今日吾人所稱的紅海在當時稱為阿拉伯海，而伊利斯利安海則指包含印度洋、波斯灣與紅海的總稱。

著，由於 Barygaza 港的海灣狹窄致航行困難，所以自港灣的入口處，即由國王轄屬下的土著漁民 Troppoga 與 Kotymba 兩人乘坐細長的小舟引導船舶進入 Barygaza 港。另外，在《航海導引記》的第四十五節亦記載著，印度地區河川遍布，而且潮差甚大，經驗不足者在入港時常易遭致危險，故而吾人推測當時在此等航行困難的處所，船長亦應會採用當地的引水人。於此再次出現當地引水人的介入，顯見其需要性愈趨迫切。而值得強調的是，依據《航海導引記》問世之前的古代海法規定，若果因為引水人本身的疏失，使船舶陷於危險，則船員具有執行刑罰的權利。於此所指的引水人顯然係指常駐船上的引水人。至於由當地漁民所充當的職業引水人之權責相關史料則無明確記載。可見此一時代的引水人是否為船舶常態編制的一員，常是追究其失職權責的重要關鍵。

其次，由於此一時代的船舶所有人大多為純粹的資本家，因而並不親自管理自己的船舶，而是將船舶依一定期限或是不定期地出借給航運知識豐富的人士經營。但是亦有船舶所有人以自己的船舶為自己打算從事運航者。後者多屬商人，即以自己的船舶運送自己的商品，也就是同時扮演船舶所有人與貨主的角色。基本上，每艘船舶之船舶所有人通常會僱用二名幹部，其中一人稱為「Gubernator」（指揮者、舵手之意），亦即船長，專門負責航海事宜。另一人則稱為「Magister」（監督者之意），亦即業務管理人，專門負責運送契約的締結、貨物與旅客運費的收取、船舶修繕、船具的調度等事務。再者，遇有船舶未取得備船契約的情況下，則需要以船舶所有人為計算，從事貨物的買入與販賣，以為營利。

2.2.5 奧勒倫海法時代

相對於羅德海法的殘缺不全，奧勒倫海法（Roll of Oleron）應算是眼前人們所保有的最古老且最完整的海事法規。奧勒倫海法係於十一世紀與十二世紀間蒐集法國沿岸一帶的海上習慣與海事判例編纂而成的，其後在歐洲地區被廣泛的採用。其實，奧勒倫乃是位於現今法國 Bordeaux 北方的 Charente 河河口某一小島上的城市。

奧勒倫海法全文共計四十七條，其中關於引水人的規定有三條，而且規定相當嚴苛，例如對引水人過失的處罰即承襲中世紀最爲風行的嚴懲手法。此從其中第二十三條：「引水人從事引導船舶欲到 St.Malo 或其他港口時，若因其操縱上的疏失或無知，致使商人因而遭致損害者，該引水人如果擁有賠償所需的金錢而且尚未被處死前，就應對商人負起完全賠償的責任」的規定即可得知。其實，最殘酷的惡法當屬同法第二十四條的規定，因該條文竟然容許船長與任何海員可以不用對自己行爲負責的砍下引水人的頭（Cut off his Head）。只不過在砍頭之前要先查詢確認引水人的確沒有金錢可以賠償損失。前述砍頭的刑罰實則多採絞首方式爲之。

事實上，在制定奧勒倫海法的當時，「Pilot」一詞乃是指船上部分專司實際航行的幹部船員，而臨時受僱上船協助船員航行於所有的河川的引水人則是被稱爲「Locman」。顯然後者的職場功能較類似於今日的引水人。亦即 Locman 乃是住在當地的居民，其中或有曾是船上的 Pilot 移居當地，進而熟悉當地淺灘、暗礁與沙州之分布情形者。由此我們知道羅德海法中論及的引水人顯然與奧勒倫海法所認定

的引水人有相當的差異。前者所稱的引水人乃是指具有熟悉當地港灣知識與特殊操船技能的人，而且在絕大多數的情況下，其亦是船舶航行於大洋時的引水人，也就是歸屬於船舶的一員。至於後者則是典型的港灣引水人（Bar or Bay pilot），其在航海上獨立作業的職業屬性較爲明確。

此外，由於受到英王理查一世與其母后艾麗諾（Elinor, Duckess of Guyenne）在十字軍東征時曾駐蹕於奧勒倫的情感影響，奧勒倫海法後被英國所採用，而部分經英國採用的海事規則甚至比原始的奧勒倫海法更爲嚴厲。其中對於引水人的僱用與過失的懲處更是多所著墨。

2.2.6 威斯比海法

威斯比海法（Laws of Wisby）係於奧勒倫海法問世之後所編集者，因爲奧勒倫海法是在一二六六年所寫成的，而威斯比市則在一二八八年才消失的，故而大多承繼奧勒倫海法之條文。威斯比海法是由位於波羅的海的哥德蘭（Gothland）島上的威斯比市民在奧勒倫海法的基礎上，並以該市爲名所制定而成的條例與規則（Ordinance and Regulations）。

威斯比海法全文共有七十條條文，其中計有第四十四條、第五十八條、第五十九條及第六十條之四與港灣引水人有關。茲摘錄部分條文的內容如下：

第四十四條：「當船舶航行於河川或有危險的海面時，如果認爲

僱用當地引水人登船是有益的，則儘管商人反對，只要經船長、船上的引水人與船員的大多數同意，即可僱用當地引水人。」

第五十九條：「當船舶在船上引水人不熟悉的港灣外停泊的情況下，船長如欲將本船駛入港灣內，就應僱用當地的引水人，並依船舶與貨載的狀況支付該引水人報酬」。可見今日引水人以船舶的噸位與水呎作為收費依據頗有其傳承歷史的意味。

第六十條：「當船舶在港灣或是河川航行時，船長若對於該沿岸或是河川不熟悉的情況下，就應僱用當地的引水人。該引水人由船長扶養但由商人支付費用。」

從上述條文吾人發現第四十四條有關引水人的雇用規定並非自由亦非強制，但只要船長、船上的引水人與船員的大多數同意時，就可無視商人的意願逕行僱用引水人，此對商人而言，不啻是強制引水制度，同時也是現世操船者（船長）專業獨立不容船東或航商侵犯的最佳典範。至於第五十九條與第六十條，只要船長對於港灣不熟悉即應僱用引水人的規定，與其說是被強制（Compulsion），不如說成盡義務（Obligation）較為貼切，因為船長若刻意忽略此一規定，一旦船舶發生海難或損害，勢將陷入難以承擔的境地。尤其第六十條明定船長僱用引水人所需的報酬由商人負擔，無異是今日吾人所施行之強制引水制度的先驅。

2.2.7 康蘇拉度海法

康蘇拉度海法（Consolato del mare; Konsulat der See; Consolat de

la mer）是在奧勒倫海法於法國北部編集完成的，稍後時期在西班牙的巴塞隆納所編集的海法。有關此一法典的編集年代眾說紛紜，但仍以十三世紀於巴塞隆納所編集一說最具說服力。此乃因爲十三世紀當時，在地中海地區，特別是義大利與西班牙對於海事裁判官皆以「Consol del mare」稱之，而其官署則稱爲海事裁判所（Consolato del mare）。海事裁判官在司法上可以裁判船長與商人間的訴訟，行政上則可執行海盜的驅逐、沒收物的決定與監督船員的雇用契約等事務，而康蘇拉度海法正是將海事裁判官執行職務時所發生有關海上的各種規則，亦即實例、習慣、意見、學說編集而成的。康蘇拉度海法在中世紀的各海法中的地位有如羅德海法在古代海法中一樣的重要。

康蘇拉度海法中有關引水人的規定乃出現在其第二〇五條，該條文主要在規定引水人未依引水契約引導船舶的情況下應受之刑罰處分。條文中所指的契約乃是船長（Padrone，當時地中海地區對船長的稱呼）將其與引水人間所約定的事項記載於船舶記事簿（Registro della nave）之意，此一記載可作爲日後海事裁判官裁決紛爭的依據。很顯然地，這一時期的引水人的權利義務已能透過文字的記載而獲得保障，反之，引水人若不遵守契約的約束亦將遭受刑罰處分。

2.2.8 漢斯城市海法（Laws of the Hanse Towns）時代

漢斯（Hanse）乃是指於十二世紀歐洲封建制度陸續瓦解與十三世紀的新貨幣經濟，以及商人時代背景下所興起的貿易聯盟（League trade）。我們知道十字軍開闢歐洲與東洋間的貿易新天地，不僅爲英

國與北歐各國帶來了利益，也促成了商人相對於古封建領主的勢力之逐漸擴大，商業也因而更為蓬勃發展。事實上，義大利的各大都市在十二世紀初期即開始扮演促進此等貿易中心的角色，而為振興貿易及統籌管理起見，遂形成聯盟及同盟（League and confederation）的模式。而隨著海商的發展，地中海的都市逐漸成為東洋與西、北歐間貿易的仲介者。當時管理海商的法典，除了有巴塞隆納的習慣法（Usage）外，更有馬賽的成文法（Statutes）。此等海商法典與冗長的奧勒倫海法或是威斯比海法相比，顯然要簡潔得多。

加盟漢斯的成員一度高達七十二個城市之多，其中包括盧比克（Liibeck, Lubeck）、布倫茲維克（Brunswick）及漢堡（Hamburg）等大城市。而在漢斯聯盟管理海上商業的期間，航海技術的確曾有顯著的進步，其中尤以阿拉伯與西西里的船員對此技術的進步貢獻最多。

毫無疑問地，此等都市之所以加入貿易聯盟無不以取得商業上的特權為目的。因此同盟所訂定的協定與條例，不僅著眼於促進加盟城市的繁榮，乃至成員在海外諸國的貿易保障，更具有統一管理的作用。又由於漢斯城市聯盟的各大都市中以盧比克最具統制的地位，因而神聖羅馬帝國皇帝腓特烈一世乃於一一六一年指定其為漢斯城市聯盟的首都。

漢斯城市海法最先是於一九五七年於盧比克市以德文訂定的，全文共有六十條，其中有關引水人的條文有三條。主要都在規定有關船員與引水人的報酬。例如第二十七條：「領取引水人或海員報酬者，如因技能不足致無法達成任務的情況，應沒收其依據約束所規定的全

部所得，除此之外，並依照其過失處以刑罰。」此條文將引水人與海員視為同一職業類別，有相當程度意味著引水人乃屬於船員的一分子之意思。

2.2.9 中世紀的引水人活動

從史料吾人得知，阿拉伯人很早就從事引水人一職，也是利用最原始的羅經指導船舶航行大洋的先驅，此從十三世紀馬可波羅東遊時即採用阿拉伯人作為引水人即可得知。二世紀後，亦即十五世紀末期至十六世紀初期，海上貿易產生極大的變革，也就是航海家陸續開拓了遠洋航路。其間不僅葡萄牙的亨利王子設立專門傳授航海術的學校，人們更依據過去數世紀的經驗與觀測紀錄，使得船舶的建造愈趨大型化，內部艤裝亦大幅改善，特別是地理學與航海學的研究更隨著造船技術的進步愈趨發達。及至哥倫布（一四四六至一五〇六）時代，引水人這一職業已十分明確，其對於哥倫布發現新大陸有相當的貢獻。哥倫布時代以後，引水人已不再被侷限於僅供特定的個人或船舶上的一小群人所僱用，因為引水人的舞台已延伸至大型海戰中需要集體行動的艦隊上。處此情況下，若無引水人在船引導航行，常會帶來嚴重的損害，例如一五八八年西班牙征英的無敵艦隊（Spanish Armada），若果配置有引水人在船，或許不會慘遭敗北之厄運。事實上，無敵艦隊曾計畫於法國北部的敦克爾克（Dunkirk）讓引水人登船，但終因未能抵達該港而作罷，此或許是艦隊戰敗的主要因素。

相對於古代動輒欲將失職引水人處以絞刑的處境，引水人在歷

經數世紀的海洋探險期間後，終能在各海運國家獲致較為崇高的地位。一時之間各國對於聲望較佳的引水人紛紛冠以代表榮譽的尊稱，如 Chief pilot、Pilot major、Grand pilot 即是。例如西班牙即在一五〇八年任命義大利的探險家，同時也是航海家的 Amerigo Vespucci 為 Chief Pilot，並賦予其為海員及航海家準備海圖的責任，以及發現不知名港口、島嶼與港灣的報告義務。約在同一時期，在美洲北大西洋沿岸從事探險的 Sebastian Cabot 則於一五一二年提出探險報告書，並於一五四九年獲得英王愛德華四世封為 Grand pilot of England。基本上，此一時代的引水人除了要指引船舶的航向外，更要負責製作海圖，並蒐集新世界的航海資訊。

2.2.10 法國海事條例

一六一八年法國海事條例（1681 Maritime Ordinance in France, Ordonnance de la marine）乃屬最早的近代海法。此海事相關條例是在當時的法國與那瓦爾（Navarre）國王路易十四世的支持下，經政治家柯爾伯（Colbert）的努力，於一六一八年八月二日在 Fontainebleau 制定完成的。毫無疑問地，此一條例乃是參酌羅德海法、奧勒倫海法、威士比海法與漢斯海法等古代海法所訂定的。

此一海事條例有關引水人的部分乃列於標名為「des pilotes lamaneurs ou locmans」的第三十八節，該節共計十八條。條文的主要內容包括引水人的行政規範、引水人的報酬、權利、義務，以及罰則等。範圍如此廣泛的引水法，在當時的環境下不可不謂是相當獨特的

海事法規，因爲該條例不僅涉及引水技術與船舶操縱，更含括引水人的資格條件與年齡限制等。令人敬佩的是，該條例除明定引水人要在閘門等候船舶提供服務外，更嚴禁引水人選擇船舶引航。當然也相對地允許引水人可以拒絕船長不合理的要求。很顯然地，此一海事條例可說是當今各海運國家所訂定的引水法規之最原始範本。

2.3 引水組織的發展

港灣引水人（Bar or Bay pilot）乃是早期少數具有同業公會組織（Guild system）基本色彩的聯合團體（Associated group）之一。因爲基於引水職業的特質與相互合作的必要性，不得不採取同業公會組織的模式運作。「Guild」一詞乃是從古代英語的「gild」與「geld」演變而來的，初期係以慈善團體的姿態出現。及至十二世紀，同業公會的組織達到巔峰期，並分成宗教、慈善與商業同業公會三大類，其中又以商業同業公會（Merchant and craft guild）的組織最爲龐大。直至十四世紀初期，此等由古代商賈組成的同業公會組織開始式微，代之而起的就是協會（Associations）與聯誼會（Fraternities）的盛行。其主要成員爲純粹的商人階級和具有相關技術與勞務背景的技術者。

很顯然地，引水人組織應屬於後者。亦即此一組織應具有由成員自行選任職員、對技術與勞務進行評估與監督、建立師徒制度、定期捐輸成立共同基金、自行訂定管理規則，以及制定爲保護團體成員的共同福祉之相關規定等特質。

至於近代最早成立的引水人組織，應屬設立於英國的 English

Channel、Thames、Kinston-upon-Hull、Newcastle 及 Leith 等主要海上運輸中心的協會組織。此等組織主要係由在港口從事貿易的船員為保護其共同的利益所成立的。其後英國政府依據國王憲章的規定，在上述各地設置公司（Corporation），雖其經管事務亦涉及貿易與海運，但主要目的之一則是要將具有資格與持有執照的引水人納入公司的管理架構下，以便訂定進出港船舶僱用引水人的相關規定。最後為便於調整與管理持有執照的引水人團體，乃以此等公司所管轄的地區名稱之前冠以「Trinity House」作為當地引水公會之意，例如赫爾引水公會（Trinity House of Hull），即是在一三六九年設立的。其後引水人組織的運作即依此模式延續了數個世紀。

值得一提的是，英國工業革命（一七六〇至一八〇〇年）期間，儘管社會與經濟產生廣泛的變化，但是對引水人及其組織並未造成任何衝擊與傷害。其理由是因為引水一職係屬服務業，而非技術生產組織（Craft production system），且其提供的勞務不僅無法回復與儲存，亦不能重新安排，更不能分割。因為將勞務或生產分割以利管理，乃是商人與製造業者慣有的經營手段。也由於引水人組織所提供的服務並不包含物品生產過程，所以並未如同其他同業工會與組織在十八世紀以後遭受因工業革命所帶來的新生產方式的嚴重衝擊與影響。但吾人亦必須體認到，引水人組織之所以能夠歷經數世紀而不衰落的原因，乃是因為其有最嚴格的組織規範。而此正是基於從事引水職業必須具備勤勉奮發與高度專業技能的要求所促成的。其次，為防止海上人命與財產的喪失，引水人組織更要採取最嚴謹的訓練與執勤時的高度注意，此亦是陸上其他行業的技術者所難以比擬的。

第三章 引水人及引水制度

3.1 引水與引水人

3.1.1 引水、引水區與引水人的定義

在討論引水制度的相關議題之前，吾人首應對「引水」（Pilotage）、「引水區」（Pilotage district）與「引水人」（Pilot）的定義深入探討。我們知道，任何港口及水道各有其特殊的地理環境、氣候與水文特性，以及各種固定與變動性的航行障礙（Fixed and floating navigational hazards），故而除非經常航行於該特定港口或水道者外，一般航海人員均難以確實掌握該等港口與水道的最新現況並適應之，因此需要由熟悉該港口或水道的專業人員代為引領航行，以確保船舶安全。而基於前述歷史背景與職業屬性，吾人遂稱此一專業技術為「引水」[1]。即隱含「引領船舶通過特定水域」之意。

---

1 Pilotage（引航、引水）：「引水」一詞係指引水人提供船長有關當地水文狀況訊息，以及航行諮詢，以確保船舶與環境安全的功能活動。沿海國政府依據引水人諳熟的海岸線、淺灘、港口、天候、潮汐、航港規章，以及限制水域核發引航執照。（Pilotage is activities of the pilot giving advice and information to the master about the state of the local waters are important for cruise navigation can be implemented safely of the ship and the

其次，爲便於管理與確保船舶的航行安全，一般港埠或水道管理機關都會在含括某港口或特定水道的一定範圍內劃定「引水區域」。而此一經劃定的水域範圍理所當然成爲有關引水業務之權利義務（諸如引水人的執照核發、強制引水的施行、引水費的支付等）發生的基礎。其次，一旦遇有事故發生時，發生地點在引水區域內或引水區域外，以及屬於哪一個引水區域，所適用的法規或有不同，故而引水區域的界定在法律上與保險上有非常重要的意義。

引水區域基本上是依據港灣、河川與水道的地理屬性來劃定的，當然有效的行政管理與船舶的交通安全都是最首要的考量，所以引水區域大多是依據港口管轄區域而設立的。基本上，每一個引水區域都會配置獨立或屬於引水人組織的常任引水人，以利船舶進出港或通過水道的引航作業之順利進行。但英、法、德等國的深（北）海領港（Deep sea pilot），縱使引水人之國籍與引水區域的主權所有無必然關係，亦可從事引航業務則屬例外。然無論如何，在固有的引水區域配置當地的常任引水人才是常態。例如德國引水法第二條的規定：「引水區域乃是指基於該水域的航海安全，而設置有統一的常任引水組織的航路區域。」即是對於引水區域的最適當定義。至於我國現行引水法第四條：「引水區域之劃分或變更，由交通部定之。」。雖論及引水區域之劃分或變更，但卻未對引水區域加以明確定義。必須一

environment. Pilot is familiar with the coastlines, shoals, harbors, ports, weather, tides, shipping regulations and restrictions of the area for which he is licensed by coastal governments.）

提的是，為便於引航業務的管理與監督，航政監理機關常以「引水區」一詞取代「引水區域」。

回顧歷史，「引水」的本質與行為，已隨著造船技術的精進、貿易模式的改善與商港功能多元化的變革產生極大的變化。亦即當今引水人所扮演的角色已不再侷限於類似早期越洋航海帆船上之引水人，僅單純地從事航路引導的工作，而是延伸至原屬船長所掌控的船舶操縱領域，而且涉及維護公益的範疇。因此全球各大海港莫不以法令明確規定設置引水人，再依該等法令規範引水人應有的權利與義務。又儘管各國都訂有引水法規，然除了有關對引水人作為引導船舶航行諮詢顧問（Adviser）[2]的定義是大同小異外，其餘內容則不盡相同，也因此產生了許多關於引水人權利義務適用與解釋上的爭議。

勿庸置疑地，引水人當然指從事引水業務之人，只不過各國稱謂不同而已，如早期英國人稱引水人為 Pilot 或 Lodesman，法國稱為 Pilote，義大利稱為 Pilota，德國稱為 Lotse 或 Lotsmann（Lodesmann），丹麥稱為 Loods，荷蘭稱為 Loots，日本則稱為水先人（みずさきにん）或水先案內人（みずさきあんないにん）。至於台灣早期港口的相關業者亦有稱引水人為「放港ㄟ」，意指實際執行「將船放行出港」之作業者。

就中文或日文的字意觀之，以引水人稱謂從事引領船舶航行業

---

2 Adviser：指顧問，日文稱「助言者」（じょげんしゃ）。亦即從旁提供船長忠告、建議、教導的航行專業人士（An navigational professional who gives advice to ship's master）。

務之人似乎頗爲貼切，至於歐美國家爲何會有上述稱謂則有各種不同說法。例如 Ascoli 氏就認爲 Pilot 一詞係由觀測星象的專家所載之博士帽（Dottoral beretto）被稱爲「Pileum」一詞演變而來的。亦有人認爲其含有船舶 Boat（Barca）之意，而早期的船舶因船身較短（pill），故取 Pil 作爲前置詞而來的。至於早期英國稱引水人爲 Lodesman，乃是該字含有引導人（Guide）之意，此係因爲當時引水人慣於使用被稱爲指向石（Waystone）的「Lodestone」而來的，而所謂 Lodestone 係指一種經懸吊後，或是將其置於漂浮於水盆內的靜水上方之木片上，即可顯示出南北方向的礦石，此就是西方海運史上最原始的羅經。另在 Murray 氏的新英文字典（New English Dictionary）中關於 Lodesman 一詞則有如下說明：「英國的船長們認爲沒有配置 Lodesman 在船上的情況下，進港是危險地」；「Lodesman 攜帶羅經登船，並依據更漏（Hour glass）當值，有的則是求助於 Lodestone」。可見引水人登輪從事引航作業時對羅經與指向石的依賴程度，故而以其命名亦屬當然。

　　至於當今全球通用的英語「Pilot」一詞，乃是由荷蘭語而來，亦即由荷語測深「Pielon」一詞加上測深用鉛錘「loot」一詞而成的複合語「Pielon loot」，再演進成「Pilot」一詞。此乃因爲人們早期在海上活動有相當程度要依靠水深測量機器（Sonde）的操作。當然亦有學者認爲「Pilot」一詞係早期人們爲確保航行安全，特地在水中插上高柱（Pilot）以標示安全水路之用，故而「Piloter」一詞係指在河川水道設置導航標誌之意，因此以其作爲引水人的代名詞亦屬恰當。從以上各種不同的說法與現代英語初期以「Pilotte」與「Pylate」通用

的情況下，顯然荷蘭人的說法應是較易被接受的。但稱謂儘管不同，各地引水人作為引導船舶航行之功能顯然是一致的。

如同前述，我國最早發現有關「引水人」一詞的官方文獻乃是乾隆九年（一七四四年）滿清政府正式頒布之「番舶出入稽查章程」，該章程第一條：「洋船到日，海防衙門撥給引水人，引入虎門，……」。第二條：「洋船進口，必得內地民人，帶引水道，最為緊要。請責縣丞將能充引水之人，詳加甄別……」。

從上述二條規定，足可見證當時船舶進出港，已明文規定採取強迫引水制度，而引水人除了有管理機關外，其執業證照的取得更要經過甄別與發照等審核過程。遺憾的是，儘管當時已施行法定的引水制度，但主管官署卻未對「引水人」一職作出明確的定義。直至一九四五年九月二十八日國民政府公布引水法後，有關引水人的定義始出現於政府法規條文之中。依據我國現行引水法（二〇〇二年十一月修正）第二條：「本法所稱引水人，係指在中華民國港埠，沿海，內河或湖泊執行領航業務之人」。至於引水人之資格，同法第十一條之規定為：「中華民國國民，經引水考試及格，得任引水人」。

反觀國外，亦如同我國早期一樣，雖海運社會早有專門從事船舶引航作業的專業技術人員與群體存在，但實際上在一八五四年英國商船法（Merchant Shipping Act 1854）頒布之前，海運社會並未出現任何對「引水人」作法定定義的官方文件。以下特對世界各海洋先進國家有關引水人定義的主張與觀點作一概述：

1. 英國

　　至今仍具效力的一八九四年英國商船法（Merchant Shipping Act 1894）第七四二條明確規定：「引水人係指任何不屬於船上，但在船上引導船舶航行之人」（"pilot" means any person not belonging to a ship who has the conduct thereof）。很明顯地，條文中僅曖昧的規定引水人主在引導船舶航行，至於是否需要持有執照以及引導船舶的範圍界限，都未作詳細規定。於此所稱的引導（Conduct），主要係包括船舶運航之指導，並指示船舶應行之航向及速力。如船舶在航行的情況下，應包括速度的調節，以及為避免碰撞和其他危險所採取措施的裁量；若船舶處於被拖曳的情況下，則引水人的職責當然包括有關拖船運航的裁量。

　　雖英國政府稍後於一九一三年頒布引水法補強前述商船法中有關引水條款之不足，但不容否認的是，該引水法中許多名詞與字彙皆沿用商船法中有關引水部分的規定。例如該引水法對「引水人」所作的法定定義就是：「一位在船上引導船舶航行，但卻不屬於船上之人」（A person not belonging to a ship who has the conduct thereof）。而此一敘述於十八世紀再經當時海洋法權威 Baron Tenterden 的論述加以權威化，即：「無論引水人（Pilot）或舵手（Steersman），乃指於船舶航程中提供操舵與指引航路的任一特定航行員；或指在某特定地點被請上船，以便引導船舶通過河川、泊地或航道，或進、出港口的人。」

　　及至一九一六年，某一海事案例更引用依據一九一四年大英王

國防禦規則發出的航行通告指出：「所有往返川行於格雷森與倫敦橋間水域的船舶必須由持有倫敦引水公會認可執照的引水人引航」（all ships.... must be conducted by pilots licensed by the London Trinity House）。該案例的判決書對於「引航」（to conduct）一詞並作出如下的解釋：「引航係指引水人處於舊有體制下負責擔任船舶航行任務，並有權取得來自船長與船員所能提供的協助」。值得一提的是，稍後依據同一規則提出辯護的另一案例，則明確的指出：「本規則雖具有規定船舶必須由引水人引航的公權力，但此規定並不表示船舶必須完全依據其勸告（Advice）航行（Navigated）」。反之，亦有某些案例主張只要船舶不是處於航行的狀態下，或由屬於船舶成員的船長或任何人指揮，就不應適用前述有關引水的規定，與因其衍生問題的處理，因為船舶必須處於讓引水人得以提供或執行某些功能的情況下，引水人的角色才會成立，當然這絕非法律上的解釋，但卻突顯出上述定義仍不夠明確。

2. 德國

　　依據一九五四年德國引水法（Gesetz uber das Seelotswesen）第一條：「本法所稱引水人，係指得到政府許可，精通於當地區與航海的建言者，或是以引導船舶在航向海洋或港外的航路上之航行作為職業的人，引水人不屬於船員。」。準此，吾人若比較德、英兩國對引水人所作之定義，就可得知，引水人除了從事引導船舶航行與不能為船員之外，其以引導船舶航行作為職業，尚應包括得到政府的許可與在特定水域執行業務的條件。此乃因為德國法律較重視引水業的公共

性，故而特別以上述要件加以嚴格限制，以保護並監督引水人。

3. 法國

法國的一九二八年引水法（Loi sur le Regime du Pilotage dans les Eaux Maritime），並無有關引水人定義的規定，只不過該法第一條間接地對引水人作出如下的規定：「所謂引水，係指在港口的入口及出口處，或在港內、泊地以及河川和水道的海水區域，提供由國家任命者協助船長引導船舶航行之謂」。

4. 日本

日本的一九六三年水先法（一九九九年十二月版），對於引水人的定義僅於第一條之二第二項作如下簡單的規定：「本法所稱引水人，係指領有特定引水區之引水人執照者。」，或因此一條文過於簡便，故而在同法的第十四條與第十五條另特別規定，非引水人（包括船長）不得從事引水行為的規定。可見引水人，應是指取得某特定引水區的引水執照，並在該引水區登船引導船舶航行者之意。

綜合上述，吾人得知廣義的引水人係指引導船舶航行的人，但此引導行為乃是引水作業的本質而已，所以完備的解釋當應附加特定引水區域，履行法定義務，擔任船長建言者的地位以及證照的取得等特質，準此，引水人應指「一熟悉當地航港規章、氣象、水文與港灣地形，經考試及格，並由沿海國交通主管機關或當地港埠水道管理機關發照，准許在指定區域登船引領船舶航行於河流、港道或進、出港口之專業操船者。」。此外，基於保護航港安全與提升運航效率的考

量，現今世界各主要海運國家，均傾向主張船長在行使運航指揮權時，應接受引水人之專業建議，亦即除非有正當之理由，否則不應拒絕引水人之意見，因此引水人又被稱為「對執行運航指揮權的船長提供協助的人」。

事實上，儘管當今海運社會對引水人的定位已有相當程度的了解，但是許多歷史性的爭議與主張依舊存在，例如有人主張同為動詞的引航（to conduct）應被視為航行（to navigate）的同義詞，但持反對意見者卻無法苟同。故而吾人在對「引水人」一詞作定義時，最應考量的二個因素是：

1. 執行船舶的引航作業；亦即引水人是否實際掌控船舶的航行運作？
2. 引水人不應屬於船舶的一員；此為引水人與其引領船舶間的關係。

其實，有關船舶的引航應被解釋為負責與控制船舶的航行或船舶運動。至於如何明確地分辨「to conduct」、「to navigate」、「to pilot」間的差異，相信對多數人而言，包括即使在海運界服務多年的同行，亦不易詳加辨別。基本上，若欲以法規對「引水人」一詞作成定義，皆不會有資格、專業與證書方面等問題，因為引水人乃是實質上指引船舶航行之人。反之，任何一位引水人，不論其原因為何，只要被船長或船舶的指揮官（Person in command）取代（take over）其引航職務，即解除其引水人的職務，或如有任何一人受僱作為船上的顧問或建言者（Adviser），但並不被委託予船舶的航行任務，則其並不能稱作為該船的引水人。必須一提的是，「顧問」一詞雖常被海運社會所慣用，但並不受引水人喜愛，因為「顧問」一詞不僅

會無意地貶低引水人的專業技能，更可能將引水人定位爲被動的旁觀者（Passive onlooker/bystander）的角色，亦即只有當船長有質詢需要時才會要求其提供意見。似此，完全無法眞實反映出引水人在船實際運作的情形，當然不爲引水人所樂意接受。不容否認的，「顧問」一詞對於處在高風險環境中執行引航業務的引水人而言，亦具有相當保護作用，因爲一旦被定位爲「顧問」一職，或可規避因操船疏失所衍生的最終責任。其次，「顧問」一詞在一般的口語認知上多被解釋爲提供咨詢或意見之謂，當然其所提供的意見有的是被樂意接受，但亦有不受歡迎的。然而在行動與商業上，「顧問」一詞通常就是資訊（Information）與情報（Intelligence）的代名詞。

若再從一般人的觀感看待上述第一個考量因素，我們即可將在某一段時間內引導船舶航行的人視爲該時間內的引水人。至於第二個考量因素則牽涉到法律規範，亦即不能單純以一般人眼中的航行員（Navigators）角度來衡量，因爲引水人必須不爲船舶正式編制內的一員。準此，法規上所定義的引水人不僅是一位實際操控船舶航行的人，更要是該船舶正式船員編制以外的客卿。

3.1.2 引水人的分類

至於引水人的稱謂乃因地而異，除了古代所稱之「招頭」與「指淺提領」外，早期大陸北方天津一帶與現今的香港都稱引水人爲「帶水」，而時下我國海運社會則慣稱爲「領港」，中國大陸船員則稱「引水」或「引水師傅」，現今則通稱爲「引航員」。事實上，由於

「引水」一詞包括範圍較廣，故而往昔常依其執行業務之水域再細分為：

1. 領港（Harbor pilot）：專門引領船舶進、出某一指定的港口，如我國的基隆、高雄等港口的引水人即是。

2. 領江（河）（River pilot）：專門引領船舶航行於指定的某段河流的引水人，如中國的長江上、中、下游各段的領江即是。但目前在中國長江執行引航業務的引水人已通稱為引航員。

3. 沿岸引水人（Coasting pilot）：專門引領船舶航行同一國家水域內，沿海島嶼羅列、交通頻繁或是潮流湍急的一段航程，如日本瀨戶內海的引水人即是。

4. 深海（遠洋）引水人（Deep sea pilot）：指經航政管理機關核准，專門引領船舶航行於港口管理機關所管轄海域外之水域的引水人。其執行業務的水域並不侷限於同一國家的水域，常會跨越數個國家，如歐洲的北海引水人（North sea pilots）即是。

5. 繫（靠）泊引水人（Docking pilot）：此類引水人主在負責船舶靠、離碼頭作業。因為除了中國的長江外，歐美國家許多港口設於距河口甚遠之河川上游內陸處，故而江河引水人每需長時間引領船舶川航彎曲綿延的河流，始能抵達碼頭之所在，此時江河引水人不僅精疲力乏，加諸碼頭附近船舶交通頻繁或水流湍急多變，致靠、離碼頭作業困難費時，故而需另僱對靠、離碼頭具豐富經驗的引水人來擔任此項工作。惟我國目前並無領江與繫（靠）泊引水人的職種，而由領港負責船舶進、出港與靠、離碼頭的作業。

3.2 引水人之功能

其次，吾人知道長久以來，儘管引水人對於港埠的營運與船舶的安全付出無可取代的貢獻，然卻因其作業的獨立性與隔隱性，加諸所投入的外顯勞動成本與收入不成比例，故而常引起人們對其作出負面的評價，甚至刻意抹煞其應有功能。事實上，引水人除了提供前述引航作業的服務外，更具有如下的功能：

1. 國家主權之維護

如同前述，引水權乃所有沿海國宣示主權的實質運作之一，故而為維護國家主權，引水人絕對有其存在的必要性。

2. 國防機密之保守

隨著科技的日新月益與時勢的演變，人們對所謂機密的認定已然產生巨變，尤其是硬體設施更是難逃敵對國家高科技人造衛星的監視與偵測，因此沿海國的海岸國防機密保護的重點早已轉移至有關港口的實質運作模式與習慣上，故而若任憑他國船長自行引領船舶進出港口，則不啻讓外人進一步攫取有關港埠運作的軟硬體資訊與管制程序，進而全面掌控我國港口在國防與經濟上所扮演的角色與運作習慣。例如二次世界大戰期間，雷達及其他電子導航系統尚未問世，北歐沿岸的導航標誌全被撤除，軍、民用船舶皆需利用夜色掩護通行，此時只有求助引水人的特殊水文知識與引航技巧，以安全通過淺灘、水雷區。

3. 肩負國家與港埠外交之使命

　　由於引水人的職場即是國家門面，故而其言行表現皆相當程度地影響到外人對港口國的觀感與印象，因此引水人不僅要以「海上國門第一人」的角色自許外，實質上更應落實「臺灣為您提供的第一道優質服務」；可見進行職場外交乃係引水人無可推卸的使命。

4. 港埠助航設備之保護

　　港埠設施乃國家稀有的公共財，唯有透過具高度專業的引水人執行船舶引航與離、靠碼頭作業，始能確保港埠設施得以不遭受毀壞，進而維持港埠場站的預期功能與效率。

5. 協助法令規章之推行

　　由於港區幅員遼闊且分散，加諸所有活動多屬動態作業，因而無論航政主管機關或是港埠管理機關對於航港相關法令規章之推行每有力所不及之憾，似此，立於第一線的引水人無疑就是最佳的政令宣導與違法糾舉的助力。

6. 港埠環保之監督

　　長久以來，國內港口管理機關與海岸巡防機關有關環保監督人力不足的窘況已是眾所周知的，因而港內海水汙染事件無人舉發乃是常有的事，所幸終日在港區作業的引水人皆能本於其專業認知與維護港區環境的使命感，主動提報港口管理機關處理。

7. 違反港區與航行安全規定事項的告知

如同前項所述，由於港口管理機關的人力不足，故而很難針對港區作全面性的監督管理，因此引水人主動扮演港區秩序維護者的角色，對港區的正常運作當是助益良多。

8. 維護航商利益

我們知道降低營運成本與提升運航效率乃是所有航商的最主要訴求，因此引水人在可能情況下，無不體諒航商的處境，盡力節省其成本支出，並儘可能縮減船隻滯港期間。

9. 海難救助

引水人平日執行引航業務，本就負有為船長或船東解決有關操船上的困難疑惑的功能，因此一旦遇有海上人命救助或船舶財產遇險的情況下，當亦會提供其專業技能積極參與。

3.3 引水人應具備的條件

引水人既然承擔沉重的公益責任與商業壓力，當然需要具備一定程度的專業水平與修為，蓋唯有如此才能勝任此一繁重的任務。不容否認地，每一個人的教育與成長背景不盡相同，何況有許多才智與技能是考試所不能測驗出來的，故而各地引水人所應具備的條件甚難予以一致化。也正因為如此，國外部分引水人組織在招募新人時都會對應試者進行性向測驗，因為極少數應考人儘管其專業智能的水平甚

高，但其行爲與身心靈特質確實是不適合擔任船舶引航作業的。但無論如何，吾人在挑選與培育引水人時，仍應以下列理想條件作爲考量依據：

1. 吸收新知，充實學識

由於船舶引航涉及高度專業，所以引水人除了要熟悉當地的水文知識，如潮流、海底底質、導航標誌、地形地物、海上交通狀況與港埠作業程序外，更要不時涉獵新知，因爲船舶科技如同其他社會科學一樣，是與時俱進的，亦唯有透過不斷的學習充實，始能與時代並進。

2. 經驗豐富，提升技能

我們知道有關船舶引航的技巧有許多是從書本上所無法獲取的，例如專門航行於潮流區（Tidal effected area）與受限水域（Restricted waters）之技能，以及臨場的應變能力即是，因而具備相當的實務經驗是必需的。而經驗取得的唯一途徑就是透過不斷的學習體驗與臨場磨練。

3. 嫻熟的語言技巧

引水人執行領航業務所接觸者多係外籍船舶或船長，故而爲圓滿達成引航業務，良好的語言溝通與表達能力是絕對必要的。

4. 品性良好，言行端正

引水人的行爲舉止代表一國海口之門面，自應強調品性的良

好，儀表的端莊與舉止的溫文有禮。因爲得體的應對與融洽的氣氛，乃是營造安全操船環境的最重要因素。

5. 嚴守紀律之心

所謂嚴守紀律之心，除了要嚴守引水人組織的行爲規範的自戒自律之心，期使組織的秩序得以保持外，更要作到律己，亦即事有所爲有所不爲，而這當然需要具有抗拒誘惑的堅強意志。

6. 守法守分，敬業樂群

引水人一職係屬自律性極高且講求團隊和諧的行業，故而嚴以律己、守法守分、積極參與和敬業態度，乃是作爲引水人的最基本要求。

7. 沉著冷靜，審慎判斷

船舶操縱猶如陸上行車，稍有疏失即可能釀成巨禍，尤其船舶資產與港埠設施動輒以億萬計，因而操船者面對不斷變動的情境，當需沉著冷靜的審慎判斷，以免誤判形勢或採取不當措施，進而造成難以挽救的局面。

8. 旺盛的精神與堅毅的意志

由於引水人執行引航業務每需面對險惡的職場環境，故而沉重的心志與勞力付出是常態的，因此必須具備強健的體魄、旺盛的精神與堅毅的意志始能從容執行業務，並確保專業水平與服務品質，蓋唯有如此，才能勝任此一繁重的任務。

9. 洞燭機先與應變的能力

眾所周知，海上交通環境充滿許多不確定因素（Uncertain factors），故而操船者甚難全然掌握與預期即將面對的前景，因此敏銳的觀察與即時的應變能力乃是一位成功的操船者必備的要件。

3.4 引水人的資格與配置原則

引領船舶進、出港口與離、靠碼頭屬高度專業技能，故而領航船舶獲取報酬者，必須具備高水準的操船知識與技術，並經國家考試及格者始可爲之。此觀念與會計師、律師、醫師、建築師等，應取得專門職業資格，始得執行業務之情形相同，其目的不外在維護公共利益並保護消費者。因爲此等執行業務者的作爲影響社會公益與消費者之權益甚巨，不容濫竽充數。換言之，其若屬於利用專門知識執行業務（Executioner of business；日文：業務執行 / ぎょうむしっこう），以獲取報酬者，則其專門知識必須達到國家認定之一定水準。屬於會計事項者爲會計師，屬於人體醫學者爲醫師，屬於操船專業技能者爲引水人，各業皆有一定之界限，無此專門知識而處理需要此專門知識之業務，如爲此獲取報酬，實有欺蒙消費者之嫌，有害消費者之權益，必須予以禁止。因而往昔引水人國家考試從嚴與擇優錄取之目的主在保護航港設施，以及一般航商與貨主，使其免於遭受不適任或不熟練之人的不當利用，而非全爲保護引水人之職業。

其次，由於船舶引領技能必須經過專業訓練始能漸次領悟精

進，以達致更成熟的技術，然此亦有賴各人之天賦，與經年累月之學習經驗，始能培養修得。但無論如何，考試掄材、人才培育乃至經驗傳承，仍是延續一國引航業務最重要的一環，尤其經由考試取得引水人資格早已是全球各沿海國家的共識，只不過各國交通與航政主管機關對引水人資格取得與認定的規定不盡相同，例如我國即規定應引水人考試者一定要具備三千總噸以上船舶船長三年以上的海勤資歷。然在中國大陸則不需具備此基本海上資歷的要求。如同多數傳統海洋國家，我國之所以要求應考人需具備三年船長資歷之原因，乃在於船舶的引航操作為一整合船舶可用資源的整體性作業。亦即操船者需對整個外在環境及本船情況，乃至突發狀況均能適當掌控與因應，而此顯然非具備商船船長經驗者不足以竟其全功。究竟只有具備商船船長背景經驗者，始能在極短時間內與抵港被服務的各國商船船長進行溝通合作。

再者，最具爭議性的問題，就屬各港口的引水人名額究竟要配置多少人才算合理呢？毫無疑問地，從航商的角度來看，當然是愈多愈好，因為惟有如此，航商才有較大的選擇空間與免於遭遇引水人不敷調配影響船期的困擾。反之，從引水人的角度來看，則是在人力調度無虞的情況下，愈少愈好，亦即以不造成人力閒置作為名額配置的考量。可見雙方對引水人名額的認知完全對立，因此當地航政主管機關在審議引水人名額時，應本著合理公平的考量審慎斟酌下列原則性重點：

1. 以「供略多於求」為原則

各引水區域之航政主管機關，必須統計港埠每年進出港船隻之總艘數，再求其平均數，而於某一期間（如五年、十年）後，檢討其引水人名額是否足以應付領航業務之需，或是有過多的閒置人力，再據以調整引水人名額。但因船舶到港型態每有尖、離峰現象，故而仍應以「供略多於求」為決定名額之原則。

2. 考慮「工時、休息」之控制

由於船舶及其所承運之貨載的價值動輒以億萬計，因此引水人在領航過程中稍有不慎或疏失，即可能造成難以彌補之損害，而其賠償與修復費用通常所費不貲。準此，引水人之精神與體力之保持問題，絕對不容忽視。亦即不僅要避免長時間之連續執行業務，而且要給予充分之休息，以確保身心狀況隨時皆處於最佳狀態。

3. 以「排班制」為主，「長期僱用制」為輔

引水人之最低員額需考量能否充分達到排班之人數為基準，而此當需兼顧引水人之工時及休息問題。至於「長期僱用」之引水人，其甚或已有不願再加入排班之意願，抑或志願減少排班之次數。凡此皆是航政主管機關在決定引水人名額時應納入考量的因素。

其實，有關引水人的名額，國外亦有類似問題發生。只不過各國的規定與處理方式不同而已。例如我國現行引水法第七條即規定：「各引水區域之引水人，其最低名額由當地航政主管機關擬定，呈報交通部核備，變更時亦同」。而與我國類似由引水主管機關決定

者，還有英國與日本。英國一九一三年引水法即有「持有執照之引水人的名額，由引水主管機關決定」的規定。至於日本現行引水法（一九四九年；一九九九年十二月二十二日修訂）第十二條則規定：「各引水區的引水人最低名額由國土交通省以命令定之」。反之，法國各引水站（Pilot station）的引水人名額則由海運大臣以公告的方式決定之，而且規定候補引水人的名額為引水人定額的四分之一。候補引水人名額之所以有如此限制，乃是因為引水人的任職係探依序遞補，是故若不加以限制，極可能產生候補引水人見習或等候時間過長的困擾。

此外，有關引水人的名額究竟要採取最高名額限制，抑或最低名額規定亦是頗具爭議的。毫無疑問地，持不同意見雙方所主張者皆有其立論基礎。但從日本參議院運輸委員會於一九五二年五月十三日對於引水人名額爭議的答辯紀錄：「引水人名額過多，勢必導致引水人的收入減少，其結果當是競爭激烈兩敗俱傷。反之，無論從公益或是船舶運航的立場來看，若是引水人名額過少，將為航商帶來運航能率上的障礙，因此最適當的作法就是採取最低名額限制的規定。而超過最低限制的名額則任其自由發展，然因為名額過多就會發生前述的負面結果，於是可藉由自然調節的方式取得平衡」。準此，吾人得知依市場供需機制採取最低名額限制的作法是較為恰當的。究竟如因港口引水人名額過多致引水人收入遠不及船長者，當然就不具吸引船長投入此行的誘因。

事實上，包括日本在內的許多海運國家對於引水人的錄用依據，都是採遇缺遞補與業務量增加再行增員的作法。因此往昔引水人

的考試嚴格說來並不具有資格考試的性質，反而更有考用合一的實質意義。可以理解的是，引水業乃是為確保國家公益不可或缺的事業，故而國家為保障引水人的生活安定，對於引水人組織採行上述自然調節的方式調整名額之運作，當然會作某種程度的容忍。

值得一提的是，無論採最高名額限制或最低名額規定，法規上都不會很明確的規定某一引水區最高或最低要配置若干名引水人，因為所謂引水人配置員額的夠與不夠，終究還是要由市場需求與經驗法則來決定的，是故若直接在法規上明定引水人的名額，極可能因毫無轉圜而生窒礙難行的窘況。但自一九九八年起，考選部已將引水人考試改採資格制。

3.5 引水人的性質

引水人究竟具有那些性質呢？吾人從引水人執行業務的特殊環境，專業背景以及高度的公益性等面向深入探討後，特將其較為獨特的性質陳述如下：

1. 引水人的船員屬性

我們知道儘管所有引水人都有船員與船長的經歷背景，但從我國現行引水法與船員法中對於引水人與船員的定義陳述，吾人得知兩者間不僅存有法律上的人格差異，而且亦無必然性的關係。然依據我國現行船員法第二條第一項第三目：「船員：指船長及海員」及同項第五目「海員：指受僱用人僱用，由船長指揮服務於船上之人員。」的

規定來看，引水人受僱於船上提供勞務，並接受船長指揮之屬性則是與船員相同的。因為儘管引水人是立於駕駛台的實際操船者，但在法律上其仍應服從船長之指揮，究竟船長擔負船舶安全最終責任者的地位是引水人所不能取代的。

另從我國現行海商法第二十四條有關海事優先受償權的規定，立法者將引水費與船員本於僱傭契約所生之債權臚列於同一條文中，故而儘管其優先受償之順位有所差別，但卻意味著兩者應受保護的屬性相近。其次，同法第六十九條第一項第一目明確地將：「船長、海員、引水人或運送人之受僱人，於航行或管理船舶之行為而有過失。」列為運送人或船舶所有人責任限制的規定中，不啻再度突顯出引水人與船員屬性的接近。

吾人必須強調的是，雖然引水人具有上述的船員屬性，但並不表示引水人等同於船員，因為從勞務提供的角度來看，船員是在特定的船舶上依據長期勞僱契約提供連續的勞務。反之，引水人則是在特定引水區域對不特定船舶提供臨時勞務，因此兩者的勞務性質並不相同。換言之，船員的權義基礎是依附於特定船舶的，而引水人則是依附於特定引水區域（港口或水道）的。

2. 引水人的商人屬性

依據傳統商學上的定義，商人可分成實質主義的固有商人，以及形式主義的虛擬商人。前者係指以實質商業行為為業的商人，亦即以自己的名義從事商業行為者。後者則指不計事業的種類及內容為何，純以形式上的商人方法從事營業者，其主要著眼於經營形式及企業型

態，例如利用店舖以及類似的設備從事物品販賣的業者即是。很明顯的，若欲討論引水人的商人屬性，只要從固有商人的角度探討即可。

所謂「以自己的名義」即是以自己為該商業行為所衍生之權利義務的主體之意。至於「以…為業」則是指從事商業行為的營業，亦即以獲取利益為目的，並遵循一定的計畫，持續反覆地進行同一種行為之意。

從引水人執行引水業務的特性上來看，正如同藝術家、醫生、律師與技術人員等之行為一樣，縱使實際上是以營利為目的，但亦不能稱之為營業。因為主張此說的學者認為，此等專技人員縱使進行以營利為目的之行為，但只要其利益完全不具投機性，而且所獲致的報酬純係依賴自身的精神勞務與學識技能所換取者，皆不屬於商業法規約束的對象。何況此等職業常與歷史的發展有關者。反之，時下由各大財團所經營的營利性大型醫院，就可以稱為營業。

準此，我國引水人係以持有政府發給之個人執業證書執行業務者，具有高度公益性。其不僅非純以營利為目的，而且引水費又是引水人施行特殊的海上技術並依據公定費率支付的相對報酬，自不能將其執行業務視之為營業，而應視同醫生一樣的自由業較為適當。不容否認地，隨著時代的變遷與價值觀念的銳變，不論醫師、律師抑或引水人，執業者之公益概念日趨式微與不被重視應是可以理解的。

3. 引水人的公務員屬性

引水人基於確保船舶交通、港灣水路設施的安全及其應有機能等公共利益，致力於港灣、水道等極富危險性，且船舶進出頻繁的水域

之引航服務所涉及的船舶引導行為，在某種程度上常被解釋為類似航行管理的警察業務。很顯然地，之所以會持有如此看法純係引水業務之強烈公益性使然。處此背景下，若再經立法程序賦予引水人承擔部分擬似警察行政的業務，則有關引水人是否應被視為具有公務員或準公務員的地位之問題，常是引發不同學派爭議之所在。毫無疑問地，此當然要從各國法規對於公務員的認定概念，及其海上交通乃至海上警察的政策等面向深入探討，不能一概而論。

又儘管世界各國對公務員的稱謂不一而足，例如 State officials、Officials、Civil service 或 Public officials 皆是，但其「從事國家的公務之所有人」的定義則是相同的。其次，作為公務員當享有相對於其地位的一定權利與應盡的義務。基本上，公務員的權利有相對於其職務的權利與關於財產的權利（例如俸給權、保障請求權），至於公務員的義務則有職務上的義務（例如執行職務、服從與誠信等義務）與職務外的義務（例如保守秘密、保持信用與特殊行為的限制等義務）。是故公務員在保有上述權利及義務的情況下執行公務，當應負有關於其執行職務與地位的特別責任，否則不僅會成為財力處分與懲戒處分的對象，更可能被課以公法上的償債責任與刑法上的責任（職務犯罪）。

依據我國引水法的規定，引水業務係採證照制度，故而引水人不僅享有權利，亦應善盡義務，並要接受各種監督。而此正是吾人一再強調的引水業務具有高度公益性之必然結果。但也不能據此就主張引水人具有公務員屬性。如同前述，公務員乃係指從事國家以及地方公共團體，或準（國家以及地方）公共團體的事務之人。因此儘管目前

我國的航政管理與港埠仍屬交通部管轄，但由於引水業務不僅為自由
業更具獨占性質，故而不屬於公務機關的事務，亦即我國的引水人縱
使其所從事者為公益業務，亦不能視為公務員。日本的引水人與我國
之情況相同，但亦有不同者，例如比利時的引水人係為國家及地方自
治體所僱用的公務員，故而除了引水業務外，引水人亦可行使航海警
察的權限。但是對於因引水人所引發的損害賠償請求權，國家不予承
認。

3.6 引水業務的本質與其變遷

我們知道，引水的本質就是引導（Conduct, Guide, Geleiten,
Conduite）船舶。然而儘管引導船舶是事實行為，但如上所述各國規
定的內容並不一定完全相同。早期，從航路的選定乃至航海術的指導
皆屬引水的內容，此從中世紀越洋航海船舶上之 Pilote hauturierc 或是
Ship's pilot 所扮演的角色即可清楚得知。此與當今英、法等國的北海
領港（North/deep sea pilot）、美國的沿海領港（Sea pilot），乃至日
本的內海領港（Inland sea pilot）頗為相近。

似此，所謂專作航海指導的海洋引水人，在往昔的帆船時代當
有其存在空間與價值，雖然今天在許多港灣與河川的引水區仍持續維
持，但其顯然與當今絕大多數引水人係以指導船舶操縱為主要職場功
能的訴求有相當差異。此乃因為眼前不僅航海儀器精密可靠，就連船
長與駕駛員的航海術亦有相當程度的專業水平，因此當然不再如往昔
一樣地需要依賴只有引水人始具有的特殊航海引航技術。反之，隨著

船舶運送物資的增加，以及因科學進步所促成的船舶巨大化，在在使得商港與工業港的機能得以充分發揮，是故為確保巨型船舶得以安全且有效率的進出此等狹窄港區，當然需要具備包含熟悉當地水文、氣象等自然條件的知識，以及嫻熟相關海事法規的人文條件在內的船舶引航專業技術。

很明顯地，當前引水人的引水行為之技術內容，已從單純的航路指示移轉至船舶的操縱，換言之，就是從航海術的指導轉化為操船技術的實質履行。如同前述，世界各國的引水法對於「引導」的意義雖不盡相同，但將船舶的引導視為引水的本質則是毫無爭議的。然而不論引水人以此引導行為居於船舶運航指揮者的地位，或是船長的運航補助者的地位都存有引水責任的歸屬與關聯之重要意義，關於此點各國所訂的實定（證）法[3]的立場亦有所差異．只不過當今的世界趨勢是不論採取強制引水制或是非強制引水制，都認定引水人係船長的運航補助者，此意味著因引水人的過失行為所衍生的責任應由船東負責。

3.6.1 引水的獨占

一提起獨占（Monopoly）兩個字，很容易讓人想到往昔中油、電信局與郵局等公營企業，此乃因為在臺灣很多獨占企業恰好也是公營企業，但在其他國家並不必然。其實從經濟學的角度來看，獨占指

3　實定（證）法：以立法機關的立法作用、社會習慣、法院判例所形成的法。

的是某個產品的整個市場只有一家廠商，而且其所生產的產品沒有同性質的替代品存在。獨占企業之所以能夠「只此一家」，當然是由於種種原因使有意加入者無法進入該市場所致，換言之，就是市場上存在有進入障礙（Entry barriers）。一般言之，進入障礙有兩種類型，第一種就是法律的限制，如同前述，以往臺灣許多獨占性的公營企業，都是因為法律規定民間企業不得參與經營而形成獨占，例如台電公司背後的「電業法」、管制路權的「公路法」等即是。另外一種進入障礙則純粹是經濟力量運作的結果。假設產業的特性使得單一廠商在最適規模時，其產量就足以應付整個市場的需求，則這個產業自然而然會形成獨占的局面。這種類型的獨占在經濟學上稱為自然獨占（Natural monopoly）。

　　從上述獨占的特質，吾人當可理解引水一職之所以常被外界稱之為獨占事業的理由所在。我們知道，設定引水制度的意旨，乃在對於一個精通港灣、水道、河川等當地港灣知識的人，認定其作為引水人的資格，並給予引水執照，引導船舶航行，以促進船舶交通安全。因此，對於相關船舶的引導行為，由持有執照的引水人獨占，並排除未持有執照者執行引水業務乃是理所當然的。這也是大多數國家通常都將引水行為委託持有執照的引水人獨占之原因所在。嚴格的說，此一情形並非絕對的獨占，只能說政府透過立法程序將有關引水作業的優先權給予持有執照的引水人而已。

　　其實，上述引水人獨占的說法並不盡然，因為在國外常有法規允許未持有引水人執照的人可以在一定的條件下引領船舶的規定，例如英國即是。亦即未持有引水人執照的人只要合乎當地港灣規則的規

定，就可帶領船舶進出港或是在港內移動。事實上，以我國現行實務爲例，航港局各航務中心亦都有准許未持有引水人執照的船長可以在一定的條件下自行引領船舶進出港的規定。可見兩者不同的是，持有執照的引水人較具優先權而已。亦即當船舶申請僱用引水人時，應以持有合格證照的引水人爲優先之意。此從各國引水法皆規定船長僱用未持有引水執照者執行引水業務，以及未持有引水執照者受僱執行引水業務的相關罰則即可得知。從此吾人得知引水的獨占背景是有相當法律支持的，此正是上述經由法律限制所造成的進入障礙。值得一提的是，上述在英國允許未持有引水人執照的人可以在一定的條件下引領船舶的規定，通常係指當船舶遭遇危難，或是船長認爲僱用該不具引水人資格的人引航，係爲最妥當的處置的情況。基本上，引水的獨占可分成：

1. 相對的獨占（Relative monopoly）：指將引水業務交由引水人執行者。

2. 絕對的獨占（Absolute monopoly）：指將引水業務交由管轄船舶所在水域之引水人組織所屬之引水人執行者。

很明顯地，所謂絕對的獨占只是在相對的獨占之職業機能上附加地域機能而已。而絕對的獨占型態已成爲現今全球引水運作的主流，因此爲制衡引水業務由引水人或是引水人組織獨占的局面，各國政府考量引水業務的公共性特質，莫不在授與獨占權的同時，另設定嚴格的監督規定加以規範。例如引水法中有關證照、權利、義務、責任等規定即是，而其終極目的不外是確保船舶交通的安全以及增進港埠的效率。當然引水人的勞務付出不具備儲備性（Stock of their

service），且執行之業務需具備專業技能，加諸爲適應特定港口之地
形或水文條件的特殊性，使得引水人失卻了技術的遷移性等執業屬性
都是促成引水業務幾近獨占的主要因素。

3.7 引水制度

　　如同前述，引水人的業務內容從遠古時代傳承至今，已然產生
很大的變化。例如古代及新世界開拓時代的引水人，不僅肩負航海
指導者的重任，同時更要扮演陌生港灣引導者的角色，亦即要兼具
「Ocean pilot」與「Bay (Harbor) pilot」的雙重職業屬性。但是隨著海
上貿易的日趨發展與船舶交通頻度增加的情勢，終促使兩者的職業機
能被迫分化區隔，亦即船舶的安全運航不僅需要求助於熟悉當地港灣
特殊知識的專家，更要僱用具備航海技術的專家擔任船長與駕駛員，
前者稱爲「Pilot」，後者則稱爲「Master」與「Mate」。而隨著引水
人一職的產生，繼而衍生出各種不同的引水制度。

　　眾所周知，每一港口或航行水道之天然形勢，各有其不同特
質，諸如氣候、潮汐、海岸線、水深、淺灘、暗礁、航道、燈號、
信號、港埠設施、作業習慣及港埠規章等，各國各地均有不同，所
以非熟悉當地情形之船長，實不應貿然自行帶領船舶進、出港口或
川航港灣水道，以免造成危險。因爲任何一位船長不可能熟悉全世
界的各個港口，尤其港口設施與水文條件要素常會有所改變。故爲
確保船舶進出港口及航行水道之安全，各港口莫不建立一套適合其
獨特環境的引水制度，並提供經認證的引水人引領船舶，以避免

不必要之危險發生。基本上，引水制度主要可分成強制引水制度
（Compulsory pilotage, Pilotage obligatory, Lotsenzwang）與非強制引水
制度（Voluntary pilotage, Free pilotage, Pilote libre）兩種。而一般航政
主管機關或港埠管理機關在決定採行強制或非強制引水制度時，所需
考慮的因素不外：

1. 執行船舶引航作業的困難度。
2. 相對於可用水域之船舶（噸位）的大小。
3. 引水區域的交通狀況與頻度。
4. 港埠常態性的貨載性質，尤其是貨載的危險性質。
5. 引水區域之幅員廣闊度。
6. 所需要的特別操船技術與作業。
7. 有關船舶安全與港口作業效率之相關因素。
8. 有無良好的船舶交通管理系統。

　　如同前述，引水區域的劃定與配置常駐引水人之目的旨在確保海
上交通的安全與港灣功能的充分發揮。若再進一步從上述各項涉及公
共利益的考量因素加以分析，吾人發現「設置非強制引水區的意義，
旨在賦予船長考量本船運航安全的需要，進而決定僱用引水人與否的
裁量權。反之，強制引水區之設立，則在確保所有招請引水人的各船
舶之運航安全，亦即在防止使用該水域的所有船舶發生海難。」。可
見非強制引水制度僅係以單一船舶的運航安全作考量，而強制引水制
度則著眼於所有水域相關使用者的安全。

3.7.1 強制引水制度

我們知道在古代，無論羅馬海法、希臘海法或是其他東洋諸國的海法中，大都有：「船舶依習慣應強制僱用引水人而未雇用，並因而引發海難者，船長應負起相對於旅客及貨主的損害賠償責任。」之規定。例如初期的羅馬海法即有：「若果業務管理人（Magister）未雇用船長（Gubernator；舵手、指揮者）將船舶駛入河川，或是遭遇暴風雨，致使船舶難以承受而喪失的情況，貨主可以對業務管理人提出告訴。」之規定。相同地，前述的威士比海法、奧勒倫海法、漢斯城市海法中亦都有關於強制引水的規定。不容否認的，當時各海運國的海事立法大都採取保護主義與差別待遇原則，亦即只針對外國船舶設立強制制度。例如一九一七年美國商務部在其有關合眾國引水事務報告書中即有如下記載：「引水，在英國早就採取強制引水制度，故而其極可能是全世界最早對外國船舶設立強制引水制度的國家。而對外國船舶採取強制引水的理由，不外乎當時的環境情況促使海事立法不得不採取高度保護及差別的作法。」

事實上，儘管各國設置強制引水的理由與目的或有不同，但主體思維應是一致的。即不僅著眼於交通安全的觀點，更要顧及軍事、經濟、政治，乃至各國的特殊國情背景，例如英國的強制引水就不是單以船舶的利益作考量，而亦考量到港灣的利益。試想倘若有一艘船舶於港口近處遇難沉沒，則遭受損害的當不僅是該船舶，而是會使港灣及其他船舶亦遭受損害，連帶地使港灣機能盡失。此正可突顯出近世海運社會有關強制引水制度係為保障引水人工作權之說詞的偏頗與不公。

從海運實務的角度觀之，所謂強制引水，乃係指除了經交通或港埠主管機關宣布爲自由貿易港或其他理由外，對船舶的進出港採用強迫引水制之意。因而採行強制引水制，表示在法律上強制船長招請引水人之意。可見在強制引水制度下，船長在面對持有證照之引水人應招的情況下，具有僱用該引水人的義務，亦即要強制船長僱用引水人組織依據其輪值表所派遣的持照引水人。關於此點，強制引水可說是以前述引水獨占作爲其基礎的，一旦船舶顯示招請引水人的信號，就不得僱用引水組織以外的人士充當引水人，而且因爲引水人組織內的所有引水人皆具有同等的引航執業能力，故而亦不允許船長對引水組織的成員作自由選擇。但我國現行引水法規已允許航商指定或長期僱用，只不過至今爲止尚無引水人願意接受特定航商指定或長期僱用。其實，這是可以理解的，試想一位船長要歷經多少歲月風霜的煎熬淬礪始能脫離航商的掌控，進而取得具有自由獨立執行業務的引水人資格，焉可能再度委身於航商完全以利己爲考量的制式管理體系下。

又強制引水人制度更分成可以完全取代船長行使運航指揮權（Con）的狹義性強制引水（如巴拿馬運河的引水人即是），與船長可隨時收回運航指揮權的一般性強制引水。可見強制引水一詞的定義在解釋上仍存有些許不甚明確的空間，而最主要的關鍵不外下列二個問題，即：

1. 船長是否負有將船舶航行指揮權交給引水人的義務？
2. 船長只是礙於法律規定而不得不僱用引水人。

爲此，吾人必須強調的是，強制引水的要件乃是以法律強制船舶僱用持有證照的引水人，亦即強制引水的要件應包括：

1. 持有可以在該引水區執行引水業務資格的有證照引水人。

2. 提出招請此等持有證照引水人登輪的情況，並採用該引水人進行船舶的引導作業。

3. 此等程序是在法律的強制下作成的。

　　此種情況下所指的法律包括條例、命令、地方規則及其他依據公權力的發動所制定的規則。又依據法律所作成的強制形態，因各國之立法意旨有所差異，故而對於違反者之處分亦不盡相同，例如有採刑事罰者，亦有採懲戒罰者。

　　我國港口目前係採限制性強制引水，即原則上採強制引水，但若船舶符合引水法的豁免（Exemption）規定，即可免僱用引水人。依據引水法第十六條：「中華民國船舶在一千總噸以上，非中華民國船舶在五百總噸以上，航行於強制引水區域或出入強制引水港口時，均應僱用引水人；非強制引水船舶，當地航政主管機關認為必要時，亦得規定僱用引水人。

　　在強制引水區域之航行船舶，經當地航政主管機關核准，得指定或僱用長期引水人，但下列船舶除外：

1. 軍艦

2. 公務船舶

3. 引水船

4. 未滿一千總噸之船舶

5. 渡輪

6. 遊艇

7. 其他經當地航政主管機關核准之國內航線或港區工程用之船舶

　　上述第七款之核准辦法由當地航政主管機關擬訂，報請交通部核定之。」

　　從上可知，我國施行之強制引水制度不僅有噸位限制，更針對船舶功能加以約束，亦即港埠航政監理機關仍有相當自主的行政裁量權，例如任一船舶雖符合上述免僱用引水人的條件，但港埠管理或航政監理機關對該船舶的安全有任何合理之顧慮時，即可要求其僱用引水人或加派引水人。

　　相同地，國外亦有類似豁免僱用引水人的規定，例如英國即稱此等不需僱用引水人的船舶為除外船舶（Excepted ships），即指不適用有關強制引水法規的船舶，一般除外船舶不外：

1. 軍艦與公務船舶（Warship; Ships belonging to Her Majesty）

2. 遊艇（Pleasure yachts）

3. 漁船（Fishing vessels）

4. 港內渡輪（Ferry boat playing as such exclusively within the harbor limits）

5. 總噸未滿五十噸的船舶（Ships of less than 50 tons gross tonnage）

6. 其他經當地航政主管機關核准之船舶（Ships exempted by the local harbor authority）

7. 沿岸航行船舶或國內航線船舶（Ships trading coastwise; Home Trade ships）

　　事實上，法律對於豁免僱用引水人的規定常採權宜作法，因為多數港埠主管機關在認定船舶是否准予豁免僱用引水人的考量因素與標準不外：

1. 船舶的船長是否熟諳港區與航道之相關知識；以及

2. 該船舶的噸位是否「小」到不足以對港口、港埠設施或他船構成危險。

　　顯然，以此作爲豁免僱用引水人的評定標準並不客觀。再以國內航港局各航務中心核准船長免僱用引水人的規定爲例，目前基隆港採國輪八千總噸以下的船舶只要合乎航港局所定義之國內航線規定，同一船舶的同一船長進、出港口滿六次即可免僱用引水人自行引領船舶進、出港口。然在認定船長自行進、出港口次數的計算即有所差異。因爲有些港口以船舶進、出港一次合計一次，某些港口則以進、出港各計一次。尤其部分港口並不是以八千總噸作爲豁免門檻的。可見強制引水豁免權的認定多存有程度上嚴謹度不足與標準不夠明確的缺失，因爲若要體諒船東的成本壓力，勢必要在安全要求上作一定程度的妥協。

　　至於有關國內航線認定的爭議亦時有所聞，基本上國內航線應指長期固定川航國內各港口間的船舶，若果某一船舶通常自本國港口航往國外港口或自國外港口返回本國港口，如今偶爾川航於一段國內港口間的航程，反之，若某一長期固定川航於國內各港口間的船舶，改變航程爲國際航線，即使日後在航程中穿插有某段國內港口間的航程，皆不能將該航程的情況解釋爲國內航線，亦即無法享受豁免引水權。

　　毫無疑問地，現行國內港口有條件開放國輪船長自行引航的確可爲國籍航商節省不少成本，但因部分船舶的船長疏於港埠既有的運作模式，導致無法融入港埠的引航體系，故而常發生航行資訊交換不足

的窘況，乃至險況頻生。此從近年來發生的多起海事即可得知此一情勢的危險性。客觀言之，僱用引水人雖無法確保意外百分之百的不會發生，但絕對可提升一定程度的航行安全，因為港區引航作業首重充分的橫向聯繫，進而掌握整個港區的交通動態與各操船者間的相互協調，若果無視於此一事實，自行橫衝直撞當會增高肇事風險，因此臺灣省引水人聯合辦事處曾建議，今後開放國輪船長自行引航時，應比照國外先由航政主管機關對該等申請豁免僱用引水人的船長進行有關港埠交通管理的口試，合格者始同意其自行領航。而非採行目前只要進、出港六次而毋需通過任何形式的測試即准其自行引領的辦法。此外，基於航商之需求，我國強制引水制度下又容許航商可以僱用指定引水人與長期引水人之規定，但事實上如同上述，自法規公布施行以來，並未有航商僱用指定引水人與長期引水人，當然引水人不願被特定航商指定或長期僱用才是主因。

　　基本上，港埠或水道管理機關採行強制引水之理由不外：

1. 保護船上之生命與財產的安全；
2. 基於國防之需要，避免外國籍船舶自由進、出港口，進而取得各港口之港埠運作與水文資料。此尤以商港與軍港共用同一水域之情況者為最，例如基隆港即是；
3. 意外事件發生頻度所引發的區域性政策；
4. 作為交通密度較高或水域狹窄之水域或港口管制交通的方法；
5. 港口或水道深入內陸者，為確保河川水道的安全；
6. 為保護港口與港埠設施的安全；
7. 作為管理與調度引水人僱用之方法；

8. 滿足環保相關各方之利益團體之共同需求；

9. 提升港口作業效率與流通量；

10.設有特別航行規定或通行船舶多爲載運危險品者；

11.基於主權觀點或經濟原因，乃至爲增加國家稅收應列爲強制引水區者。

　　眾所周知，儘管強制引水制度長期以來一直都是海運社會爭議的焦點之一，但不容否認的是，自從強制引水制度被人們引進後，不僅明顯改善往昔引水運作紊亂分歧的情況外，更已成爲所有引水法規中不可或缺的一部分。遺憾的是，法律對強制引水的態度仍是曖昧不明的，例如在某些國家若果船東或船長未僱用引水人，將被視爲違法的行爲，而部分港口甚至只要干預引水人的作業，即被視爲違法。相同地，某些基礎設施與水文狀況並不是很理想的港口，並未規定要施行強制引水，反之，某些對於進出港船隻並無操縱困難度的港口，卻採行強制引水，可見是否採行強制引水並無一定標準，但可以確定的是，強制引水的存在幾乎完全著眼於公共安全的利益，而且必定是各國引水法的核心，蓋惟有如此，始可藉立法的管制與行政上的管理來達成引水安全與確保引水效率之目的。

　　如同清朝政府規定抵港洋船應由引水帶領始能進港一樣，西方社會最早有關對商船實施強制引水規範的乃是英王詹姆士二世（在位期間一六八五至一六八八）所頒布的大憲章，該憲章主張基於保密與國防安全考量，特規定所有航行於泰唔士河的船舶皆需僱用引水人，亦即若無倫敦引水公會（Trinity House）授權的引水人帶領的船舶就不能進、出泰唔士河。稍後，該項強制引水之規定即擴大適用於所有

船舶，表面上雖仍以安全爲理由，但實質上卻成爲沿海國對某些國籍或特定航線船舶的豁免引水作選擇性適用的管制工具。毫無疑問地，只要對本國航商或貿易有利者皆可獲得豁免引水的特殊待遇。直至十九世紀自由放任（Laissez faire）主義意識高漲，經濟政策上已允許開放市場自由競爭，遂促使內容充滿差別待遇的航海法（Navigation Acts）被廢止，人們才開始對強制引水制度採取反彈抗爭。而且一個由下議院組成的委員會發現，開放非強制引水不僅可降低成本，更因人力充足而使效率提高，結果是造成許多港口紛紛跟進廢除強制引水制度。至於爲何絕大多數國家後來又重新恢復強制引水制度呢？此乃因爲港口係屬沿海國的稀有公共財，而爲求有效管理其規模，常受到某種程度上的限制，處此背景下，若果採行全面開放的非強制引水制度，勢將引發激烈競爭，進而影響到引航的品質，結果不是事故頻傳，就是港口功能癱瘓，因而只得再度採行強制引水制。

　　毫無疑問地，強制引水只適用於沿海國港埠主管機關宣告之強制引水區域內，而設若船舶只使用引水區內部分不具備該強制引水區特質的水域或完全不需使用港埠相關航行設施者，亦可能獲准豁免僱用引水人的待遇。但吾人必須強調的是，無論法規規定如何，實務上只要航政主管機關或港務長認爲有必要時，皆可以書面通知特定船舶僱用引水人，始能進、出特定水域或在該水域內移動，例如專門航行離島的固定航班的客輪或渡船儘管其船長熟悉港埠航道，而且設備機具新穎，然爲確保人命財產安全無虞，航政主管機關大都仍強制要求其僱用引水人。當然在強制引水區內未僱用或僱用未持有合格執業證書的引水人，船長或船東勢必要面對各種不同程度的罰則。

至於強制引水是否一定只能適用在一國的領海內呢？其實並不盡然，對於某些水文條件較差或對安全環保要求較高的港口，沿海國極可能規定到訪的外籍船舶於領海區外即僱用引水人，以確保船舶與水域的安全無礙。尤其在戰時，基於國防與管制需要，任何沿海國的政府當然有權要求實施此種具水域延伸性的強制引水措施。

3.7.2 非強制引水制度

非強制引水制度亦有稱爲自由引水制度，但因「自由」一詞易被誤解爲放任之意，故而採「非強制」名之較爲合理。非強制引水制度係指實施強制引水制度以外之港埠、沿海、內河或湖泊之水道航行區域，其船舶進、出港口與航行均可由船長自行引領，亦即對船舶之僱用引水人與否，不加以硬性規定者。故而實施非強制引水制度，即是賦予船長招請引水人的自由裁量權，若遇有船東或船長要求僱用引水人，多是基於船舶航程的迅速安全考量。而非法律上的強制性要求，如歐洲地區的北海領港即是。

從上述我們得知，強制引水制度的施行並不是必然或不具彈性地，因爲從法律的角度來看，縱使在非強制引水區域，設若船長被證明因其不僱用引水人進而導致意外事故或海難的發生，仍應負起事故的責任。因爲船舶在沒有引水人或類似諮詢人員的情況下航行於船長不熟悉的水域，一旦海事發生勢必會被法庭判定爲船舶航行疏失的主要原因，故而引水人對船長在法律層面上常有某種程度的保身符意味。眾所周知，實務上影響船長是否決定僱用引水人的因素頗多，但

最令人驚訝的是，從職場上的訪談中我們發現，不論是港埠管理機關或引水人最為強調的當地港灣常識竟然不是船長的最優先考量因素，因為許多專營近洋航線的船舶的船長礙於船東不斷的施壓而怯於僱用引水人，某些船東或租船人則是以引航津貼獎勵船長自行引領船舶進、出港口與離、靠碼頭，當然亦有些船東甚至會要求船長書寫報告闡述在某一港口僱用引水人的原因，凡此皆是船東或船舶運航者介入船長專業獨立判斷領域的不良示範，更是導致諸多海事發生的間接原因。

不可否認地，在前述船東威脅利誘的背景下，是有部分近洋航線船舶的船長每以自行引領船舶進出港口為傲，而對於強制引水人的介入則是憎恨有加。反之，亦有部分船長則是不論實際需要與否，非得僱用引水人不可，即使在無風無浪的情形下沿碼頭移動一、二十米，亦要僱用引水人為之。此等船長之所以特別關愛引水人主因，其認為只要引水人在船即可將其責任轉移，何況不僱用引水人其亦無引航津貼可領。有些船長甚至擔心若一次不僱用引水人，日後在招請引水人時可能會遭遇引水人抵制，更有部分船長認為僱用引水人會獲致港埠管理機關某種程度的優遇。凡此過猶不及的思維皆是吾人最不願意看到的，因為僱用引水人與否的考量標準應著眼於船舶、港埠、人命、財產的安全才是，而惟有在安全無虞的情況下，才可考慮節縮營運成本的作為。

3.8 引水人的分類

3.8.1 依制度上的分類

有關引水人的分類，若從招請引水人的制度來看，可分爲非強制引水人與強制引水人二種：

1. 非強制引水人（Free pilot, Voluntary pilot, Pilot libre），乃是指在非強制引水制度下執行引航業務的引水人，亦即對於船舶是否要僱用引水人，完全由船長自由選擇的制度下之引水人。世界各沿海國的引水法，大都依據船舶的種類或是船舶的大小訂定適用強制引水的除外條款，以便施行不同程度的非強制引水。

2. 強制引水人（Compulsory pilot, Pilote obligatoire, Zwangslotse, Pflichtlotse），乃是指在強制引水制度下執行引航業務的引水人，亦即依據法令的規定，強制船舶在特定的水域必須招請引水人之情況下的引水人。各國的海事法規爲確保船舶運航的安全，通常會強制所有船舶或不具備某種條件的船舶，在特定的水域航行時應依規定僱用引水人。

3.8.2 依引水人在船上的地位分類

再者，若從引水人的功能作分類，則引水人又可分爲作爲運航輔助者的引水人與作爲運航指揮者的引水人兩大類：

1. 若單從引水人僅作爲船長技術上的建言者（Technical adviser），或是取代船長進而掌握運航指揮權來看，則前者即稱爲運航輔助

者的引水人。英國海事法學者 Gray Hill 認爲,引水人與船長均係由船舶所有人僱用,但於船長的僱傭契約中,船舶所有人均將運航指揮相關事務授權與船長,故而引水人與船東者間除了勞務與報酬給付的對待關係外,尚包括信賴關係。採此主張者認爲船東僱用引水人不外基於下列考量:

(1)私法上,基於海上保險的需要,作爲船舶具適航性的證據。

(2)公法上,作爲向港務主管機關申請進出引水區域的積極要件(依據我國現行引水法第十六條有關強制引水之規定)。

至於後者稱爲運航指揮者的引水人,乃指早期處於絕對強制引水制度下之船東與船長根本毫無選擇空間與投訴管道,亦即船舶所有人毫無選任與監督引水人的機制,加諸強制引水人對其執業區域之水文、航道及導航規則皆較船長嫻熟,故而實際上亦由引水人負責操船,因此遂有排除船長運航指揮權,進而認定引水人係運航指揮者之說。若再細究此說之歷史背景,則不難發現主張此一論點的原因在於,船舶所有人企圖獨立強制引水人之地位,以便排除船舶所有人因強制引水人所致之侵權行爲而必須擔負之責任,所以需將船舶之運航指揮權從船長身上移轉至強制引水人。事實上並不盡然,例如依據我國海商法第一三八條:「前二條責任(船舶碰撞之責任),不因碰撞係由引水人之過失所致而免除其責任。」之規定,即可得知船東的責任斷無輕易轉移至引水人身上的理由。很顯然地,賦予引水人運航輔助者或是運航指揮者的稱謂主在彰顯其法律上的機能,而非其事實上的行爲。

2. 關於非強制引水人被視爲運航輔助者的引水人之主張,無論在法

庭的判例或學術上的論調並無爭議。反之，對於強制引水人究竟
要視爲運航輔助者的引水人或是運航指揮者的引水人，則有不同
論述，若從因引水人過失的情況下之損害賠償責任，僅由引水人
負責而船東不負責任的立場來看，則強制引水人成爲運航指揮者
的引水人之理論勢必成立。但必須強調的是，現今絕大多數的海
運國家，都默認因強制引水人過失的情況下所致之損害賠償責任
仍應由船東負責，故而通常將引水人視爲運航輔助者。

3. 很顯然地，引水人被定位爲運航輔助者的引水人或是運航指揮者
的引水人，對於船東責任歸屬的判定深具影響力，因此相關的解
釋與疑義常成爲各造在法庭上攻防的重點，故而許多國家爲避免
此等爭議，紛在其晚近修訂的引水法中明文規定，引水人乃係船
長運航上的輔助者。

3.9 依引水區域分類

　　此乃依據引水人的活動水域加以分類，而此與引水人執照之適用
範圍只限於某一引水區域有關：

1. 港灣引水人（Harbour pilot）：即我國所稱的領港，指在某一特定
港口從事引領船舶進、出港的引水人。

2. 沿岸引水人（Coastwise pilot）：指專門引領船舶航行沿岸水域的
引水人。

3. 海洋引水人（Sea pilot）：（請參閱前述有關海洋引水人的定義）

4. 港灣或海灣引水人（Bar pilot, Pilot de barre, Barrelotse），係指專門引導船舶通過位於河川、水道或港灣入口的淺灘區的引水人。

5. 河川引水人（River pilot, Pilot de riviere, Flusslotse）（請參閱前述有關領江的定義）。

3.10 依僱用型態分類

1. 指定引水人（Nominated pilot, Choice pilot, Pilote de choix ou attires）：指定引水人，顧名思義就是賦予船長或船東有選擇引水人的權利之意，其乃是在前述非強制引水人與強制引水人之既有引水制度下所衍生而出的引水人僱用模式。以我國現行引水法的規定，船東或船長欲指定引水人時，必須經當地航政主管機關核准後始可爲之。而採行指定引水人僱用模式的前提是，必須自同一引水站所屬的引水人中選擇之。

2. 長期引水人（Appropriated pilot）：乃是指船東或船長經當地航政主管機關核准在某一特定期間所僱用的特定專屬引水人。如同前項採行指定引水人僱用模式一樣，船東或船長必須自同一引水站所屬的引水人成員中選擇其合適中意的引水人長期僱用之。而引水站在此期間內則應儘可能依據引水人排班的順序指派該等與航商簽約的長期引水人對特定船舶提供引航服務。

3.11 依引水人執照的有無分類

1. 持有引水人執照的引水人（Licensed pilot）：係指具有一定資格，
   且持有航政主管機關核發執照准予執行引水業務的引水人。目前
   各海運國家率皆依據國際海事組織之規定採行證照制度，故而引
   水業務幾乎全由持有引水人執照的引水人施行之。
2. 未持有引水人執照的引水人（Unlicensed pilot）：係指從事引水
   業務但未持有引水人執照的引水人。例如我國允許國內航線國輪
   船長在一定條件下，即可豁免僱用引水人，自行引領船舶進、出
   港。處此情形下，該船長即可稱為未持有引水人執照的引水人。

3.12 長期與指定引水人之沿革與進展

　　我國引水法於一九九八年六月十七日修訂，其中第十六條第二
項：「在強制引水區域之航行船舶，經當地航政主管機關核准，得指
定或僱用長期引水人。」的規定，明確的允許在強制引水區域之航行
船舶，只要經當地航政主管機關核准，即可指定或僱用長期引水人。
基本上，此一新增條文乃是應航商之請求所設計者，旨在反映既有引
水機制的僵硬與效率不彰，並藉以制衡極少數服務品質不能滿足航商
需求的引水人。其實，早期國外即有類似賦予船長可以選擇僱用引水
人的規定，意即只要船長願意支付與依序輪值引水人相同引水費的前
提下，就可自行選擇其他引水人進行引航作業。可以理解的是，一旦

船長可以在不需多付引水費的情況下自由選擇引水人，勢必會造成引航作業的脫序失控。及自一九二八年法國引水法第四條遂針對此一不合理現象明確要求船長必須履行僱用最早出現於其眼前的引水人之義務，顯然此一規定在立法當時的考量乃著眼於防止上述任由船長選擇僱用引水人可能所引發的紛爭，故而採行順序原則（Order general）是最適當的作法。另一方面，同條規定亦明定，引水人不論面對出現於其眼前船舶噸位的大小，皆應依據其輪值的順序提供引航的義務。此一規定乃基於引水業務的公益性，因而主張所有船舶皆應享有平等的服務。然而為顧及船東或船長的特別需求與權益，在前述第四條的原則性規定外，同法的第五條規定則允許船長可以自同一引水站中選擇特定引水人提供援助，可見指定引水人的作法是早已存在的。

毫無疑問地，採用指定引水人的模式勢將影響到同一引水站其他輪值引水人的權益，故而對於權益受損的輪值引水人，船東或船長仍應支付一般的引水費用以為補償其工作權的損失。另一方面，船東或船長勢必依據與被選定引水人間所簽訂的特別協定支付特定的報酬。因此可以確定的是，船東或船長一旦採用選擇指定引水人的僱用模式，定會在例行的費用外另外增加支出，只不過船東經由其自由意識所選擇的引水人，極可能因為所選定的引水人對於操船特性上的精通，進而提高船舶運航安全係數，乃至縮短引航作業時間而得到相對的補償。

如同上述的指定引水人一樣，船東為確保所屬船舶在特定引水區的運航順暢，有時會考慮在同一引水站選定數位引水人簽約，專責引領其屬輪，以免因指定單一引水人的調度不便而影響其船隊的正常營

運。同樣地，航商採用長期引水人的僱用模式當亦要支付較高的引水費。

　　很明顯地，設定長期與指定引水人的機制乃在傳統引水人輪值排班制度外，提供船東或航商另一種選擇。然自法規公布至今，由於引水人長期以來即習慣於不被特定航商約束的獨立作業，故而皆無被特定航商指定的意願，加諸航商與船東亦無意支付額外費用，因此實際上並未有任何航商完成長期僱用與指定引水人的契約簽訂實例。此一現象與其說是引水人的群體抗拒，不如解釋為大環境的不成熟以及航商所提供之誘因不足。究竟連歐美等先進海運大國在推動長期僱用與指定引水人的機制時，亦曾遭遇不少難以克服的問題與阻力，而且鮮有成功施行者。尤其日本方面，日本引水協會基於引水人係採輪值制當值服勤，因而關於引水人的招請，禁止所有作為協會成員的引水人與船東或其代理人簽訂指定引水人的契約。

　　值得一提的是，不論指定引水人或長期引水人，儘管其與航商或船東另有簽訂特定契約，但因其仍係引水人組織的成員之一，故而應當負起分擔引水人組織相關運作費用的義務。

　　以下特就航商採用長期僱用與指定引水人可能面對之優缺得失作一比較：

優點：

1. 長期僱用或指定之引水人，對特定船舶當有較多之領航機會，如此可促使引水人努力提升領航服務水平。

2. 同一船舶若有長期僱用或指定引水人，則該引水人對此船舶之運轉性能及特質當有深入之了解，也因而較具應付各種可能突發風

險之能力,故可促使船舶航行安全獲得更進一步之改善。而由於引水人的工作獲有保障,工作態度當轉趨積極.。

3. 若同一船舶僱有長期或指定引水人,則船長與引水人之搭配默契(甚至機艙操作),顯然較不熟悉者要來得嫻熟,如此不僅可充分發揮引水人領航之攻能,更可避免與船長之指揮權有所衝突。

4. 機動性高,即引水人與船公司有良好之互動,可滿足個別船東之需求。

5. 船公司經由與特定引水人簽訂長期優惠引航契約,以降低營運成本。

缺點:

1. 一旦採行長期僱用或指定引水人,則既有的輪值排班制度勢被打亂,引水人間亦會因爭奪利益造成派系,進而採取惡性競爭,例如利用人事關係或價格戰爭搶攬業務,而忽略了引水專業技術的精進,終使得引航服務品質日趨低落。

2. 在市場自由競爭之原則下,航商既然有指定引水人的權利,引水人勢必亦擁有主張休假與挑選航商的權利,似此,遇有天候海況不佳、船況老舊或是規模較小船公司,可能面臨找不到引水人之窘況。

3. 易造成勞逸不均、資源浪費的現象,即技術或人際關係較好的引水人可能成爲各航商爭相僱用致疲於奔命,反之,風評較差的引水人可能面對終日不得一船可領的窘況。

很明顯地,現階段施行的引水人輪值排班制度雖不能說是最好的,但亦看不出其有被更換的迫切性,何況欲推動長期僱用或指定引

水人，還要看引水人的意願，而非由航商單方面的強勢主導所能達致。究竟改善引水相關作業的缺失之方法並非僅有推行長期僱用或指定引水人一途。事實上，除了對等報酬的考量外，對於出身自各大航商所屬的船長背景之引水人，幾乎沒有人會同意放棄其目前如此高度獨立性的執業環境，轉而接受特定航商的約束乃至控制。

3.13 有關引水業務開放競爭的爭議

近年來海運社會時有航商要求政府開放現有引水獨占局面改採自由競爭機制，毫無疑問地，此應是航商從競爭理論的面向所作的思考，而完全忽略了引水人身分的特殊性，因為若從航政管理與監督的觀點來看，主管機關是有相當程度必須借重純由私部門經營的引水人執行公部門事務的事實，亦即引水人在執行業務時，其身分所代表的意義有如下三點：

1. 代表政府執行公權力，維護航行安全，確保公共利益及保護海洋環境。
2. 代表海岸所在地的地方政府及港口，確保其經濟利益。
3. 代表船舶所有人，確保船舶進出港區的安全。

顯然引水業務有其公益與私利相結合的特質存在，此從我國引水法令強調引水業務公益性的相關規定即可看出端倪，而此更是引水業務必須由航政主管機關嚴加管理的原因所在。然無論如何，吾人可以預期與理解的是，航商與引水人間對於引水業務開放競爭一節勢必在觀點上存有相當大的分歧與落差。首先，若單從私利的觀點來看，則

航商所持開放引水業務與放寬引水人名額限制，乃至前述由其指定或僱用長期引水人的方式，在市場競爭必能提高效率以及增進消費者效用與滿意度的邏輯思考上，似乎頗能符合經濟學原理所揭櫫自由競爭之精髓。反之，若採行管制性與準任用考的引水人制度，則在近似獨占廠商的壟斷引水業務之情況下，引水人自然會背負配合度差、效率不彰、服務品質欠佳與阻礙航商商務運作的負面印象。

　　然則，引水業務的競爭性質，必須與實際價值相結合，而且公益的考量必須凌駕私利之上。衡量引水業務的市場規模並不大，亦即此一市場所需的服務供給者與胃納量均相當受限，因為即使需求者有無限的需求，除非港埠航道能夠配合拓寬並增建船席，否則，引水業務存在的市場實則是一個「有限服務的市場」，亦即存在著相當程度的「市場失靈」（Market failure）。而在自由競爭市場的環境下，若發生市場無法順利運作，或運作所產生的交易成本（Transaction cost）或衍生的外部成本（External cost）過大時，勢必要透過特定機關的管理或管制，以確保市場交易的合理順利進行。引水業務市場即存在著此一特質。又在此一市場規模下，服務供給的提供者，基本上可分為以下二種類型：

1. 循自由競爭之精神，開放引水人名額，透過市場競爭，並藉擇優汰劣法則的運行，確保消費者在付出最低成本之情況下，獲致最佳服務。

2. 循寡占市場的精神，經由進入障礙（Entry barrier）的設計，限制引水人考任資格與名額。在主管機關管制之下，確保消費者只要付出一定成本即能獲致滿意服務。

　　面對此二種引水市場的供需類型，作爲管理者的航政主管機關。本於確保運航安全與積極招商的前提下，勢將面臨如下的抉擇：

1. 一旦開放引水人名額採自由競爭模式，則目前的賣方市場勢必轉變成買方市場，故而如何防止引水人間的過度競爭或是惡性競爭，將是必須面對的問題。

2. 若欲保持引水人名額管控的模式，則應如何防止引水人因賣方市場的優勢，而降低其服務品質與接受在職或進階訓練的意願。

3. 若施行指定引水制與長期僱用制取代現行輪値制，對於未獲航商屬意的引水人，又如何確保其工作權？其次，一旦引水人與航商的關係，由原本之航行顧問性質轉變成僱傭性質，又如何責成引水人代行公權力以維護公共利益？

　　很顯然地，從港埠管理的角度來看，採行第一項模式極可能要付出較高的成本，因爲如同前述，在引水市場規模受限的情況下，開放高名額引水人競逐市場的結果，雖可降低航商一定程度的引水成本，但卻未必是降低整體社會成本與提高服務品質的絕對保障。尤其發生海事所衍生的巨額損失與其隱藏的潛在成本，常是難以估計的。其次，由於引水業務所涉及的技術層次甚高，故而儘管現行引水人報考資格仍以具三年船長資歷者爲限，但實際上經考試錄取者若欲獨立執行引水業務，每需歷經一段技術與經驗的養成期。而現行類似師徒制的引水人實習模式，即可藉由資深引水人的經驗傳承，儘快地協助新進引水人的技術養成。反之，設若處於自由競爭的環境下，則在同一引水區實習的任何實習引水人未來都將成爲現職引水人的競爭對手，亦即兩者間的相互關係將由眼前共營工作者的合作關係，轉變成爲自

營作業者間的競爭關係，則資深引水人是否願意傾囊相授將是一大疑慮。顯然競爭關係將徹底瓦解目前引水技術傳承的機制，進而大幅降低技術層面的安全保障。

至於第二項保持現行引水人輪班制的服務方式，最常被航商詬病的缺失就屬航商毫無服務提供者的選擇權，亦即對於極少數服務品質不能滿足航商需求的引水人，航商通常只能被動地接受。針對此一缺憾，除了法令所規定的罰則之外，引水人組織更應訂定具約束力的引水人自律公約，期以有效規範引水人並提升其服務品質。但不容否認地，採行輪班制在引水人的意義是公平，在航商則是隨叫隨到，在港口的意義則是確保碼頭船席的最大利用，對國家的意義則是進出有序。

最後，若採行第三項由航商指定引水人或長期僱用制，除了會引發前述引水人間之競相爭寵與排斥規模較小航商的亂象外，最主要的就是一旦引水人與航商之間的關係，由原本之航行顧問角色轉變成僱傭關係，則引水人在面對私利與公益考量時，對於船舶違法事件的監督與舉發，必會產生矛盾。而以利己為出發點的經濟動機，責求引水人顧及公益而犧牲自身的工作權，無異是緣木求魚，環視各沿海國雖有少數國家採行類似制度之規劃，但實際上卻未有付諸施行者，可見其當有不可實行之難處。

綜上所述，吾人認為自由化與競爭制度對一般經濟市場而言，或許是沛然莫之能禦的時代趨勢，然對於市場規模有限與不具替代性特質的引水服務，若欲採行開放競爭制度，則應審慎評估其可能衍生的負面效應，尤其應考量其涉及公共利益的特質。亦即，私利必以不

抵觸公益爲基本原則，而且國家利益的考量應優先於港區利益，其次才是航商與引水人的利益，蓋任何法令或法制之設計，若違背此一邏輯準則，勢將造成私利凌駕於公益的不合理情況，此誠非吾人所願見者，更非國家社會之福。何況我國自民初至今，引水業便有其公權執行之層面，亦即具有「特殊行政法人」之性質，此與一般自由業有所差異，故而不宜套用競爭理論。因此從公共利益的角度來看，吾人反對引水業務開放競爭的理由如下：

1. 競爭與引水制度的本質與功能是相互矛盾的；因爲引水人雖具自營業務的性質，但亦需有自我管理的要求，當維持水道港區安全與私人利益衝突時，法令上的設計責成其在公共利益的維護上，必須具獨立與負責任的特質。

2. 競爭危及國家之安全；因爲引水區域含括大部分公共水道與港區，保持此一水道與港區的安全與暢通應被視爲重大公共利益。

3. 競爭導致服務品質的差別性；引水人被視爲國家整體公共安全體系的一環，其最低要求資格與品質必須確保。

4. 競爭需要更高層級的管理；爲確保引水人的素質與管理，引水人當由通過國家考試及格者充任。但引水人的名額仍應合理管制，通常是由當地航政主管機關依引水區之船舶運輸需求、尖峰及離峰業務需求與相關財務成本等因素提議適當名額。至於引水費率本應由提供引航服務的引水人與享受服務的航商依市場機制協商而成，而非由航政主管機關以行政指導訂定者。

5. 競爭對引水服務必需的投資不利。

6. 競爭不符合經濟效益。

第四章　引水契約

4.1 引水契約

海運實務上，任一船舶的船長進、出位於強制引水區域內的港口，不僅需要僱用持有合格執照的引水人領航，更需遵守法律上的相關要求，諸如依照規定預先申報船舶抵港或離港時間、顯示招請引水人之信號、引水梯的安排、水呎限制、規費的繳付等即是。相同地，任何一位在引水站輪值的引水人，亦需遵守有關其登輪提供引航服務的法規，例如沒有正當理由不得拒絕領航、尊重船長職權、出示執業證書等即是。似此，既然船舶出入港口需要僱用引水人，當然就需要一定的規範，而最有效的規範模式就是由當事人簽訂引水契約（Pilotage contract/agreement）[1]。所謂當事人實務上係指船長與引水人。

---

[1] 契約（Contract/Agreement）：契約是以雙方當事人互相對立合致的意思表示所構成的，其中包括**要約**及**承諾**兩個基本的意思表示。**要約**是表意人所發出，欲得到相對人承諾而發生一定私法上效力的意思表示。**承諾**則是針對要約所爲的肯定答覆，承諾的內容必須和該要約的內容完全一致，否則即爲新要約而非承諾。

「Contract」一詞意指雙方皆有明確認知，契約內條款是需遵守的，有拘束力的。而「Agreement」指的是「合意」，在中文契約上，有合意即有契約，但在英美法上卻非是如此，當事人可能有許多合意，但一方不見得可以強制他方履行。從引水實務上觀之，由於海上職場環境變數甚多，

　　引水契約基本上乃是指作爲當事人一方的引水人約定以提供引水
勞務，而作爲對手他方的船東（船長）給付對價的引水報酬之契約。
很顯然地，引水契約基本上乃屬承攬、雙務、有償契約，更是一種勞
務供給契約。又引水契約既是一種承諾契約，因而其締結只要由引水
人及作爲船東代理人的船長間，以文書、口頭、電信、海上國際信號
等方式進行皆可，並非一定要以文書形式爲之，因爲文書的作成並非
契約的成立要件，文書充其量只不過是明示契約成立的證明文件而
已。

　　很明顯地，構成引水契約的主要要素爲引水人提供的引水勞務與
船東支付該勞務對價的引水報酬。此種情況下有關引水勞務的概念，
通常僅是在實定法中以抽象的「引導船舶」、「船舶指揮」或「操船
建言者」定義之，至於其具體內容則依各地習慣另作補充解釋。但必
須一提的是，由於各地法規的內容未必明確，加諸習慣常因地而異，
因此一般人甚難掌握其內容，進而找出其統一性。

　　此外，由於引水業務具有高度公益性，故而引水契約當要接受公
法的規範，例如當事人的資格、業務內容以及契約的強制締結都是，
凡此莫不使契約的性質愈趨複雜。當然引水契約的內容亦會因引水制
度係採行強制，或是非強制而有很大的差異。

　　故而具有不論引水人或船長都不可強制他方履行的條件特質，因此採用
　「Agreement」一詞較爲合理。

4.2 引水契約的應有認識

引水人的職業屬性無論在海商法，或是其他商港法規中皆與船員同樣具有海運企業之輔助者的性質，然若從海技操船的功能來看，則與船長較為類似。可是有關船長的職責。權益規範、應有作為與不作為除於海商法和船員法中已有明確規定外，更在海事判例與相關論述中屢被引用，因而船長所扮演的角色與法律上所賦予的權義亦較明確。反觀引水人除了引水法與引水人管理規則有較為具體的規定外，甚少在其他判例與著作論述中被述及，因此有關引水人的法律關係，特別是引水契約，或引領船舶證明單上所記載涉及私法上的問題，皆值得吾人審慎研讀與深入探討。因此吾人絕對有必要對引水契約作一定程度的認識。

1. 引水契約雖具私人契約性質，但因其涉及確保船舶航行安全的高度公益性的前置要件，故而世界各國除了以作為行政管制法的引水法規加以強制規範外，更因引水業務本身就需具備優異海技的性質，因此每受海運習慣所支配。似此，既受公法的監督干涉，又受習慣之支配，故欲了解引水契約的締結、履行與內容的牽連著實不易。

2. 引水契約係由引水人與船長所締結者，然而有關此兩當事人的資格與背景的差異卻常會衍生許多問題。首先，作為當事人一方的引水人通常是以執行業務與自由業者的獨立簽約者（Independent contractor）之形態出現，但亦有少數係以引水人公會或辦事處的名義執行業務，或是由僱用引水人的拖船公司，以及國有或市有

公法人代爲簽訂者，因此引水人個人未必是契約的當事人。反之，作爲契約另一方當事人的船長乃是船東的代理人。船東與船長間的關係通常是以僱傭契約作規範，並據以委託船長管理有關船舶與航行事務，而爲執行此一職務，船東勢必要授與船長代理權。因而在非強制引水制度的情況下，船長就是本於船東所授與的代理權簽訂引水契約者。至於在強制引水制度下招請引水人的情況，則係依據引水法規明定責成船長的法定義務。此義務乃是針對作爲船舶指揮者的船長，因公益上的需求，進而賦予公法上的義務。在此一情況下，有關引水費的支付及其他引水契約上的責任皆歸諸於船東身上，因而船長與船東間勢必亦會因此等權力的授與和委託而產生相關問題。

3. 有關引水契約的締結，最常引發的問題不外契約成立的時期、契約的強制締結與違反契約情況下的處置。引水契約通常乃是當船長的招請，以及引水人的承諾之意思相一致時所成立的承諾契約。因此引水人的應招與船舶的出現，並非引水契約成立的要件。依據我國民法第一五三條：「當事人互相表示意思一致者，無論其爲明示或默示，契約即爲成立」。而且無論其表示方法爲明示或爲默示，契約都得成立。因而吾人可以確認的是，引水人與船長或船東之僱用關係應起始於引水人自引水站登上引水船出發時即已開始生效。然而在歐、美與日本等國，由於引水站距港埠碼頭有相當距離，因而引水人必須搭乘懸有或顯示引水人在船信號的大型引水船在引水人登船區（Pilot boarding/area）等待到港船舶，以便提供即時的服務。似此，則另當別論。原則上，在我

國各港口，船長或代理行如欲招請引水人皆可經由書面、口頭、
電話、網路或電子郵件為之，再由引水人辦事處依據排班輪值表
指派引水人應招引領，此時由於尚未確定那一位引水人欲引領那
一艘船舶，故而引水契約仍未成立，只有當特定引水人確認接受
某一船舶的招請，並登上引水船駛赴該招請引水人的船舶時，引
水契約始算成立。然而若在實施指定引水人制度的情境下，只要
該指定引水人承諾招請時，引水契約當即成立。

另在強制引水制度的情況下，就如同分別強迫船長提出要約（申
請）與引水人接受承諾一般。換言之，就是強制要求船長與引水
人締結引水契約，亦即以公法干涉私人間的法律關係，更是限制
當事人締結契約的自由之作法。雖此一作法有違自主原則，然而
鑑於引水業務的特殊性—獨占性、公共性、公益性，各國還是透
過法律規定採行強制引水制度。此乃因為違反強制規定，通常都
可以成為公法上的制裁對象。再者，一般對於違反公法上的作為
義務者，可以採取代執行的處置。但關於引水契約的締結，似乎
很難採取此手段，而僅適用罰則的規定。當然此並不表示私法上
就無任何約束力，以法國為例，船長若違反強制引水的規定未招
請引水人，則原本應接受該船招請的值班引水人有權請求私法上
（喪失工作權）的損害賠償。

4. 引水組織所屬之引水人通常均採輪班制服勤。此一制度主要係針
　 對船舶抵達引水站時間的高度不確定性所設計，更可確保引水人
　 間勞務分擔與收入的平等。很顯然地，在船長招請引水人的情況
　 下，通常僅向引水人辦事處提出指派引水人的申請，船長並不知

道那一位引水人會登臨其船；反之，引水人亦不一定知道其下一
艘欲引領的船舶爲何？此意味著輪班制度剝奪了欲招領引水人的
船長之選擇權，同時亦相對地限制了引水人選擇船舶的自由。因
而爲維持組織內之秩序與紀律當然有必要加以規範，所以全世界
各港口與引水區之引水公會或引水人聯合辦事處無不訂定公約以
維制度。至於指定引水人或長期專屬引水人通常是由公會組織成
員中選擇適當人選並經公會核可者。例如在英、法等國有時因種
種原因難以實施輪班制，遂由船東與引水人組織簽訂指定引水人
契約，亦即由船東選擇特定的引水人作爲其所屬船隊的專屬引水
人。值得強調的是，此一指定引水人的契約並非本章所討論的引
水契約。將來有關債務的負擔與當事人的權義問題，仍應以引水
契約中所定的條件作依據。

5. 如同前述，引水契約基本上乃屬承諾、雙務、有償契約。更是一
   種勞務供給契約。至於其究屬於哪一種類型的勞務供給契約，各
   國的學說主張與判例則不盡相同，亦即僱傭、承攬、委任或是非
   典型契約等型態都有可能成立[2]。也正因爲各方看法的如此分歧，

---

2 僱傭、承攬、委任：

1. 僱傭：依據我國民法第四百八十二條：「稱僱傭者，謂當事人約定，
   一方於一定或不定之期限內爲他方服勞務，他方給付報酬之契約。」

2. 承攬：依據我國民法第四百九十條：「稱承攬者，謂當事人約定，一
   方爲他方完成一定之工作，他方俟工作完成，給付報酬之契約。」

3. 委任：依據我國民法第五百二十八條：「稱委任者，謂當事人約定，
   一方委託他方處理事務，他方允爲處理之契約。」

才會造成引水契約除了要接受法令的干涉外，其內容更要依據各地的習慣而定。

引水行為主要在引導船舶安全航行，亦即除了要指示船舶的運航方法外，實際上更要利用操船技術輔助船長行使其運航指揮權。可見作為「特殊海技人員」的引水人在執行業務時擁有某種程度的自由裁量權，亦即委任的色彩濃厚。然而因為引水行為的運作模式，必須受法令與習慣之支配，故而並非固定不變的。此使得有關船長之運航指揮與引水人間的關係變為更趨複雜，所以引水契約的內容當然難以制式化。

我們知道在國外有些引水人同時具有船員身分的特殊情況下，該引水人既為船員當然必須服從船長的命令指揮權，亦即其僅立於提供船長建言之從屬地位，故而可以用僱傭契約來解釋兩者間的關係。但實務上，眼前的引水人不論強制引水人或是非強制引水人，都是處於獨立的地位執行其引水行為，故而船長與引水人間並不具有僱傭關係，而是存有委任與承攬的關係，在此情況下只要引水作業完成時引水人就可請求支付引水報酬。

從上述我們知道，引水契約主要乃依據其具體的契約內容來決定其究屬僱傭，承攬抑或委任的型態，更因為船長的運航指揮權與引水人的引水權的強弱程度，亦即引水人提供勞務的獨立性並非絕對性，而是隨船長的授權程度更迭消長的，故而很難將其定位於某一種典型契約，而應將之視為非典型契約或是混合契約較為適當。至此，吾人得到的一個結論就是引水契約在通常情況下可視為一個典型契約，而在例外的情況下則應視為非典型契約，至

於其應屬於哪一類型的契約，則應視其具體內容始能決定之。

6. 實務上，引水契約的締結多在船舶進出港口之際進行的，然由於此一時刻關係船舶的安全至巨，即使短時間的延滯亦可能造成船舶的嚴重損失，因此引水契約的締結莫不儘快的進行。此意味著有關引水契約的內容根本不容許當事人有餘裕的時間作細節性的協議。再者，由於引水行爲的內容具有高度的海技專業性質，因此欲就該專業技術進行協議本身就有困難，故而對於隨著長期以來的引水習慣所演變而成的契約，一般都會默示的同意其內容。

至於引水條款，爲防止訂定個別契約內容的過於繁雜，以及保護引水人與船東各自的利益，乃依據上述的引水習慣爲基礎作成引水契約的主要內容。我國引水契約載述的引水條款乃是依據引水法（第三十二條）所賦予引水人的義務，以及海商法（第一百三十六條、第一百三十八條）有關賠償責任的規定所作成的，並如同國外一樣列印在引領船舶證明單（Certificate for Piloting）的正面。請參閱圖 4.1。

在日本，有關引水條款的訂定乃是由代表引水人的日本引水人協會與代表船東的日本船東協會經由協議作成，再呈送國土交通大臣核准，主管當局必要時可以行使修正權，以確保引水契約內容的公正性。

其次，談及有關引水條款的約束力之理論根據，若從上述日本訂定引水條款的過程來看，似乎欠缺契約理論，尤其對外國船東的約束力更欠缺說服力。因爲類似以社會的法律規範作爲約束力的根據，若從法規理論的角度來看，顯然不是適當的。

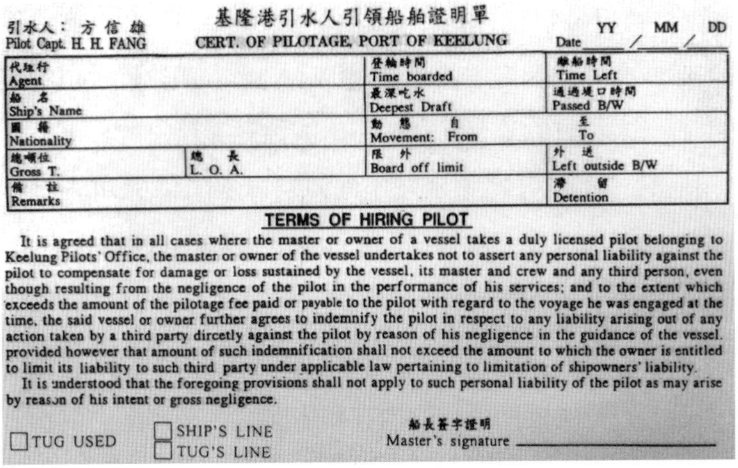

引水人：方信雄
Pilot Capt. H. H. FANG

基隆港引水人引領船舶證明單
CERT. OF PILOTAGE, PORT OF KEELUNG

Date ＿＿ / ＿＿ / ＿＿ (YY MM DD)

代理行 Agent		登輪時間 Time boarded	離船時間 Time Left
船名 Ship's Name		最深吃水 Deepest Draft	通過堤口時間 Passed B/W
國籍 Nationality		動態 自 Movement: From	至 To
總噸位 Gross T.	總長 L. O. A.	限外 Board off limit	外送 Left outside B/W
備註 Remarks			滯留 Detention

TERMS OF HIRING PILOT

It is agreed that in all cases where the master or owner of a vessel takes a duly licensed pilot belonging to Keelung Pilots' Office, the master or owner of the vessel undertakes not to assert any personal liability against the pilot to compensate for damage or loss sustained by the vessel, its master and crew and any third person, even though resulting from the negligence of the pilot in the performance of his services; and to the extent which exceeds the amount of the pilotage fee paid or payable to the pilot with regard to the voyage he was engaged at the time, the said vessel or owner further agrees to indemnify the pilot in respect to any liability arising out of any action taken by a third party dircetly against the pilot by reason of his negligence in the guidance of the vessel. provided however that amount of such indemnification shall not exceed the amount to which the owner is entitled to limit its liability to such third party under applicable law pertaining to limitation of shipowners' liability.

It is understood that the foregoing provisions shall not apply to such personal liability of the pilot as may arise by reason of his intent or gross negligence.

☐TUG USED　☐SHIP'S LINE　☐TUG'S LINE

船長簽字證明
Master's signature ＿＿＿＿＿＿

圖 4.1　引領船舶證明單

通常在引水條款中最主要的記載就屬免責條款。當海難係因引水人業務上的過失所造成者之情況下，由於其損害額動輒以億萬計，因此許多國家都經由立法程序，制定有關引水人之過失責任爲無責任或是有限責任的制度。不容否認的，有許多國家迄今仍無相關的立法規定。因此除了故意或重大過失外，有關因引水人之過失所衍生契約上或不法行爲上的責任之情況下的免責條款，純係基於社會科學沒有百分之百成事的考量作成的，例如律師攬訟不能以絕對打贏官司爲訴求一樣。但不容否認的，此等條款的效力每引起爭議。

7. 一旦引水契約締結後，引水人與船長就得依據法令、習慣以及引水條款所定事項執行相關引水業務，當然各自亦都負有不同的義務。其中最主要者乃是引水人與船長應就有關船航行安全的事項作知識、經驗與意見的交換，此時作爲運航輔助者的引水人當與

船長具有從屬關係。此主要著眼於防止船舶的指揮統一權被破壞，進而使風險增高。毫無疑問地，引水人在執行引水業務時當應善盡最大注意的義務。至於引水人注意義務之內容，不外是有關在港灣、水道等特殊水域作為運航專家所需之知識與經驗要求，而此正是吾人一直強調引水人需持有合格證書的立論所在。反之，由於引水人在執行引水業務時，需要得到船長的協助，故而在法令、習慣、乃至引水條款亦對船長的相關義務有所著墨。只不過船長提供協助義務的內容較為廣泛，例如提供引水人安全便利的登輪設備、船舶運動資訊的告知、引水情報的提供、監督船員是否確實遵循引水人的指令行事等即是。又由於引水業務的順利完成是以船長履行協助義務作為前提的，因此若果遇有引水人無法得到船長協助的情況，勢將成為日後引水人以之作為免除或減輕肇事責任的抗辯理由。

8. 有關引水人與船長兩者在船舶運航上的權限關係不外兩個問題；第一個乃是運航指揮權的歸屬問題，第二個則是法律上運航指揮權的行使，以及事實上的運航指揮間的關係。有關運航指揮權的歸屬問題，主要起因於海運社會雖有不少人認定引水人作為運航補助者的機能，但亦有相當多持反對立場者認定引水人作為運航指揮者的機能。主張引水人具運航指揮者機能的看法者，主要乃是針對船東毫無選擇與監督權利的狹義的強制引水人，因為在此種情況下引水人每排除船長的運航指揮權，並取而代之行使指揮權，故而在理論上船長既然未行使實質指揮權，當無需負起相關責任。事實上，此一主張顯然仍有許多值得吾人探討的疑慮，例

如排除船長指揮權一節，乃是違反公共秩序及侵犯船長固有尊嚴的作為，再者，船東與船長間的信賴關係斷無允許船長將其權限輕易讓渡他人之理。尤其船東無需負起責任的主張，更會因被害者無法獲致實際的保護而遭人非難。相反地，有關認定引水人具運航補助機能者的看法，乃是引水人登輪仍需服從船長的統御與命令。其在船上所扮演的角色相對於船長，乃具有職務上的從屬地位關係，亦即僅具有提供建言的機能，此亦是當前多數國家所採用者。

一般言之，引水人不僅運航技術較船長佳，對於特定水域的水路情況、風浪潮流的影響，以及航行規則等特殊情形之知識與經驗，更是船長所不能比擬的。然不容否認的是，關於各艘船舶特有的構造與性能則是該船船長較為熟悉。由於引水人與船長分別具有在上述不同領域的專業特質，所以究竟要將運航指揮權歸諸船長抑或引水人的問題，至今仍無法以明確的立法論述予以釐定。但實務上，認為引水人具運航輔助者的一方，都同意引水人在操船決策上的比重應較船長高。雖我們知道引水人的機能乃是船長行使運航指揮權的輔助者，但實務上船舶的運航操縱卻由引水人為之，所以存在有法律上的運航指揮權之行使與實務上的運航指揮權不同的問題。關於此點，德國學者的論述主張儘管船長將有關船舶運航的指揮權委託強制引水人，但指揮權仍潛在的歸船長所有，是故當遇有因引水人運航上的過失致使船舶的安全遭受威脅的情況下，船長隨時可自引水人手中取回運航指揮權自行指揮。至於法國的學者則主張船長在行使運航指揮權時應接受引

水人的建言，亦即無正當理由不得拒絕引水人的建言。可見儘管
實務上兩者皆將船舶的運航指揮委託引水人爲之，但前者有關船
長的運航指揮權是潛在的，而後者則是彰顯的。日本的引水法亦
採後者的立場主張。

9. 作爲引水報酬的引水費，基本上乃是針對引水勞務所支付的對
   價，而非引水契約的要素。故而除了會衍生有關引水費費率的決
   定，以及債權的保護等公法上的限制之問題外，更涉及少數未僱
   用引水人卻仍需支付相當於引水費性質的費用之特殊情況。由於
   引水費具有公益事業費用的性質，是故一般都採取費率法定主
   義，其金額通常依據各引水區與船舶的運航區釐定，而且其支付
   與收取都是採貫徹法定額主義。再者，由於引水制度具有國際性
   的性格，因此要依據港口公約有關引水費公開的原則，以及引水
   費的平等待遇規定收費。

   有關引水費在海法上的性質，自中世紀起至本世紀初期爲止的法
   律規章，一直視其爲單獨海損與共同海損的混合體[3]，但目前則將
   其視爲通常航海所需的費用，亦即將引水費視爲小海損（自負額
   Franchise）並由船東支付。

   毫無疑問地，不論強制引水或非強制引水，只要有僱用引水人的
   情形產生，就應支付引水費作爲引水人所提供勞務的相對報酬，
   當然此亦含有私法上謝禮金的性質。但在法國，不管船舶是否僱

---

3 1. 單獨海損（Particular average）：歸屬於被害者之單獨負擔之損害稱之。
   2. 共同海損（General average）：由利害關係者共同負擔之損害稱之。

用引水人，皆向船東強制徵收同額的引水費，此即上述未僱用引水人卻仍需支付相當於引水費性質的費用之特殊情況。此或與法國的學說主張引水費具有稅金的性質，或是將其視為本於稅金及債務不履行所生之損害賠償的制裁之性質有關。然而若將上述相當於引水費性質的費用挪作引水人的所得，則其原被視為稅金的性質將不復存在，加諸法律上的強制，只不過是締結引水契約的誘因而已，故而依據違反強制規定所衍生有關契約之債務不履行當然不存在。顯然若要船東在不雇用引水人的情況下支付相當於引水費性質的費用，就需另以法律規定違反法定義務，就需如同違反契約般的付出賠償之相關條文。

10. 一般有關引水人因違法或不當的引水行為所造成的損害，通常由引水人及船東負起責任，而少有單獨由引水人組織負責任者，於是產生了責任的根據及責任的型態等問題。首先，談及責任的根據，有關引水人個人所需承擔的責任，當然是基於過失責任主義所產生者。至於船東的責任，由於引水人通常具有船長的運航輔助者的機能，故而引水人實際上係以船東海上企業的履行輔助者的身分執行業務者，因此若從企業責任的角度作考量，理應由船東負起相關責任。其次，再談引水人組織的責任，我們知道引水人組織或辦事處成立之主要目的乃在確保引水業務的運作順暢，至於引水業務實際上乃是由引水人個人所執行者，故而引水人組織或辦事處通常不需擔負責任。但在國外某些引水人組織因具有法人的地位，且以引水業務作為其主要目的事業，故而作為該組織的機關或是被該組織僱用的引水人當然要負起因引水業務上的

違法或不當行爲所衍生的責任。另外，國外某些港口的引水人係由國家或地方自治（或公共）團體所僱用的情況下，當然應由該僱用政府或團體負起責任。

如同上述，有關引水人因引水業務上的不法行爲所衍生的損害，應由引水人、船東、引水人組織等負起責任，但因爲在海上所發生的損害金額動輒以億萬計，要這些執行引水業務的個人或團體負起無限責任根本不可能。關於此點，國外多透過特別的立法措施對引水人與其組織究應對其執行引水業務時所發生的不法行爲負起何種程度的責任加以闡明。例如比利時、南非與蘇伊士運河就主張引水人無責任的制度，至於英國、法國、荷蘭以及美國的若干州，則是以引水人交付信託的保證金，或是以該航次所能取得的引水費之額度，作爲賠償上限的有限責任制度。而瑞典、丹麥、西班牙及義大利則是採取一定條件下引水人免責的制度。我國的海事法規中，則未有任何關於引水人因引水業務上的不法行爲所需承擔之責任限度額之規定。唯一有關船舶碰撞責任的條款，乃是海商法第九十八條：「前二條責任，不因碰撞係由引水人之過失所致而免除。」但此等條文主在供涉及海事之船東作爲判定碰撞責任的依據，並無涉及引水人的賠償責任問題。

11.引水契約與僱傭契約，都是屬於受僱人與作爲船東代理人的船長間所訂定的一種勞務供給契約，故而當要作一區別。由於僱傭契約的他方當事人具有爲狹義的船員之事實，所以解決此一問題的焦點，乃在探討引水人是否亦具有狹義的船員之身分。

基本上，狹義的船員乃是指實質上提供規則性且具持續性的勞務

者，而且列名於經官方簽證登錄之船員名單內爲形式上的要件。反觀引水人所提供的引水勞務，不僅沒有規則性，更不具持續性，亦無具備作爲形式要件的必要性，故而當然不能歸納爲狹義的船員。於是吾人從上述得知引水契約與船員僱傭契約，無論在實質上與形式上皆有差異。何況引水契約乃是依照法令的規定，對於引水人的義務、勞務的範圍以及報酬的基準，都有明定的獨特契約。因此逾越此等勞務範圍以外的契約，都不能稱爲引水契約。

12. 由於引水行爲本就是一種提供船舶航行安全的服務，故而引水契約當然與海難救助存有一定關係。我們知道海難救助契約相當複雜，主要乃是針對救助行爲支付救助費用的承攬契約。與救助契約不同的是，引水契約即使在船舶已處於危險中始與引水人締結者亦屬有效。至於救助契約，一般都是船舶處於危急之際始簽訂的，事後，若當事人一方對於有關契約條件的公平性提出訴訟，法庭極可能依據其判決認定該條件無效，或是加以限制。在這種情況下，法庭所作出的判決並不是依據船舶的危難程度，而是依據船舶危險的程度與所約定的報酬，以及所施行的救助作業是否爲合理期待作爲判決基準的。

很明顯地，有關非依救助契約所進行的狹義的海難救助，具有事務管理、不當利得[4]、契約等法律性質，故而當然需要具備如同共

---

4 我國民法第一百七十九條（不當利得之要件及效果）：「無法律上之原因而受利益，致他人受損害者，應返還其利益。雖有法律上之原因，而其後已不存在者，亦同。」

同海損一樣的為克服海上危險的海法上之獨特法律要件較為適
當。可以理解的是，由於引水人具有在船舶航行於困難水域提供
引導船舶之法律上的義務，故而引水人的行為是否能夠稱為狹義
的海難救助常引起爭論。但從引水業務的本質上來看，想要讓其
所提供的引水勞務演化成狹義的海難救助並不困難，一般只要在
非屬於引水人固有業務行為的情況下，或是可能導致引水人的生
命危險及引水船遭受損害等引水人可以正當理由拒絕領航的情況
下提供引航協助時，狹義的海難救助即可成立，引水人就可取得
救助費的請求權。毫無疑問地，有關這一部分的爭議不多之主要
原因，乃是相對於危難中的船舶之高額資產價值，引水人收取勞
務費用所占之比例著實微不足道。實務上，我國引水人對於需要
提供緊急救助船舶的救助收費乃是依據當下情況，再以正常引水
費為計算基礎乘以倍數，或是加派偕同引水人計算者，而非以金
額龐大的國際間慣行海難救助費用計收。

4.3 引水契約的締結

如同前述，契約一般只要當事人的意思相一致時即可成立。而
惟有於契約上明確的註明契約成立的時間點，始可據以判定契約之要
約與承諾的確切有效時間界限，與著手執行契約的時間界限，因此務
必審慎為之。從法律的層面看此一問題，只要要約者及承諾者可以在
各自發信的同一瞬間將意思傳達給對手一方的情況下，時間點的記載
並不是很重要的。此種情形之拘束力可適用我國民法第一百五十六條

所規定的對話要約，因為以對話為要約者，他方承諾與否本可立時決定。因此必須立時承諾，始能產生約束力，否則契約不能成立。顯然，眼前絕大多數港口要求船舶使用特高頻無線電話（VHF）招請引水人的規定，應屬於此一類型的要約。反之，對於相隔甚遠的兩造間之契約，則其契約成立的時間點就甚為重要。因為此種情況下，一方的意思表示可能要經過一段相當長的時間始能傳達至對手一方，故而有必要考慮其間可能發生延宕或意外的影響，此種情形之拘束力可適用我國民法第一百五十七條所規定的非對話要約，因為依據通常之情形，要約人於可期待承諾之到達時期內，應使受其拘束，否則即無從締結契約。而此所謂可期待承諾之到達時期者，係指依通常之交易方法，如時下海運社會所採用之衛星通信或電子郵件方式，雙方通訊往返極速。若超過合理期待時間而相對人尚未為承諾，是相對人已顯有不欲承諾之意思，自不得再令要約人受其拘束，以免權利狀態久不確定。

　　如同前述，現今海運實務上無論船務代理業或是船長招請引水人，都是經由電話或是海事用甚高頻無線電話為之，因此引水契約應視為對話要約。此外，儘管船舶招請引水人的要約人乃是經船東授權的船長，但此並不意味要約信文一定要由船長自行發出始成立，蓋只要電話的發信與收信都在船長的控制下，即應視為船長的意思表示。實務上，吾人常發現有許多船長都是授權當值駕駛員負責有關招請引水人的信文收發。

4.4 引水契約的強制締結

依據我國現行引水法第十七條規定，當一船長希望僱用一名持有證照的引水人時，必須顯示法定的招請引水人信號，即依據當時能見度情況採用各種不同方法顯示一九六九年國際信號代碼（International Code of Signals 1969）第三章規定的單字母信號「G」，此等方法包括閃光、懸旗、信號、手旗、音響信號，無線電報或無線電話等。直至持有該引水區執照的引水人登船後，始能停止顯示或發出上述招請引水人之信號。並改懸引水人在船的信號，即國際信號代碼的單字母信號「H」旗或港埠管理機關規定的特定旗號與號燈。另一方面，依據同法第三十條規定，引水人必須遵守當地引水法規於引水站當值，除非有合理原因，不得拒絕領航。從此二條規定吾人可以看出，如同大多數國家一樣，我國對於出入強制引水區的船舶原則上乃是採取強制引水的制度，而且一旦引領船舶的契約成立，則無論船長抑或引水人皆立即負有其各自的法定權利、義務及責任。例如船長應於預報的時間將船舶駛至引水登船區的義務，或是引水人無正當理由不得拒絕引航即是。

至於前述正當的理由乃一如一九二九年蘇聯的引水法第十條：「因黑暗、暴風雨、暴風雪及其他不利天氣因素致無法航海的情況。」之規定所指因自然條件致無法航海的情況。亦即引水人不得以技術上或方便行事的理由輕易拒絕引航。而為防止此一可能性的發生，我國引水法特於第三十九條第四款定有引水人無正當理由拒絕領航之罰則，以便對引水人加以規範。

　　另一方面，我們知道以個人的自治為思想基礎的近代私法秩序，對於契約自由的原則是採肯定的主張。此契約自由的原則之內容當然包括契約締結的自由（Kontrahierungsfreight），而契約締結的自由更具有要約的自由與承諾的自由等雙重意義。然而，如從經濟生活的角度來看，人們並不想讓整個趨勢變化成自由放任（Laisser faire）主義，是故人類社會遂對私人間的法律關係施以各種合法的限制。同樣地，對於契約締結的自由當亦可從公共的立場要求強制締結契約（Kontrahierungszwang）。首先，就強制締結契約而言，對於以電力、瓦斯、運送等獨占的企業，或是公證人之公共的職務，或是醫師、助產士、護士等之公益的職務為例，都需賦以無正當理由，不得拒絕其業務或職務之公法上的義務。準此，引水法第三十條所述有關引水人除非有正當理由，不得拒絕領航的應招義務，當應適用屬於獨占的、公益的業務之強制承諾。其次，談及契約要約的強制問題，如同主要糧食生產者不得非法屯積糧食的供出義務，或是私人擁有重要古蹟或美術品必須申請有償讓渡給國家之義務一樣，引水法第十六條有關船舶應依規定招請引水人的義務理應屬於此一類型的強制要約。

　　基本上，契約的締結與否乃屬於個人的自由，若欲對此自由加以限制，則除了要個人的自由的意思表示外，還要有法律的規定。亦即對於不得不簽的特定契約之締結義務，除了要本於當事人的意思表示外，更要有法律的規定作依據。所謂個人的自由意思表示，乃是指受有必須與經由要約所產生之要約義務者（引水人）締結契約之約束的情況下，一旦遇有作為本契約的另外一方之要約權利者（船長）提出申請時，就不得拒絕其對要約者所作之承諾。至於依據法律規定所生

之契約締結義務，亦即所謂契約的強制締結，乃是因為該等契約具有特殊性的理由而需加以強制。前述有關獨占的、公共的、公益的等業務契約即屬於此。又契約的強制締結並不受權利主體之自發性的意思表示的約束，而是基於法律以固定且公平的立場所制定具有具體內容的契約，並有保護締約對手一方的利益之義務。因此契約的強制締結一定要直接或間接的以法規作依據。而且強制的程度可能因立法、財政、社會的政策、政客的介入等種種理由而有所不同。

4.5 引水作業的起始與終了

有關引水作業的起始與終了的時間，不要說法律上，就是連先前所述的引水條款亦都沒有相關的規定，而且國內外皆然，因此吾人不得不從實務上的習慣加以了解。如同前述，契約成立的時間點關係當事人的權益甚巨。相同地，引水作業的起始與終了不僅可以相當程度地反映出引水契約的開始與結束，更關係到當事人的權責與義務問題，因此實有值得吾人深入探討的必要。

依據我國引水法規的規定，引水人一旦接受招請就負有引導船舶的義務，反之，船長在引水人登船後亦有協助引水人執行領航作業的義務。而由於引水作業乃是船舶運航的具體行為，所以必定會涉及到地理上的移動，因此上述有關引水人與船長的義務，勢必與下述地理性因素存有一定程度的關係。很明顯地，所謂地理性因素就是指引水區域之幅員與界限。

　　對於在強制引水區域內所進行的引水作業而言，其訂定強制引水制度的本來意旨就是除了享有豁免僱用引水人的船舶外之其他船舶在該水域內一定要僱用引水人，也就是在該引水區內的任一水域範圍內，絕不容許該等船舶可以不僱用引水人之意。但是對於非強制引水區而言，船舶是否要招請引水人，以及要在該引水區內的哪一段水域僱用引水人，全憑船長的決定。因此在強制引水區域的情況下，引水作業的起始與終了的認定較為單純，反之，在非強制引水區域的情況下，有關引水作業的起始與終了之認定常存有許多變數。

　　不過若從現實的角度來看，由於引水區域界限涉及引水費的徵收，亦即有關各引水區的引水費乃是依據不同的引水界限所訂定的，而且引水界限是經由航政主管機關勘察各引水區的實際運作情形所制定的。引水界限確定並公布後，引水人再依該界限執行引水作業與收費。基本上，在訂定引水界限時應考量引水區或港口的天然條件與傳統習慣，以基隆港為例，由於冬季東北季風的盛行，風力高達七、八級以上的情形實屬常態。因此引水人出海登輪的難度與風險甚高，但亦不能因此即停止引航作業，故而特將外港區域定為非強制引水區，亦即只有內港水域採行強制引水。似此，當遇有強風巨浪致引水艇無法安全出港接船時，船長即可自行進港而不致耽誤船期。反之，遇有船長基於安全考量不願自行進港者，則引水人亦會審慎觀察風浪狀況，進而冒生命危險出海登輪。客觀言之，一個國際商港總不能以天候因素為由動輒封港（Harbor close）或暫停引航作業（Pilotage suspended），但亦不能不顧及引水人的生命安全與無法登輪的事實，因而針對引水人提供原可合理拒絕的高風險勞務給予適當的報酬

應是合理的。實務上，一般只有當引水人出海嘗試登輪失敗多次後才會作出不出海接船的決定，然而在此種情況下，船東或港口船務代理行囿於商業壓力，通常會央求引水人協助出海接船，顯然雙方對此運作已有共識，因此只要了解此一傳統運作習慣與緣由，當無異議發生。

除了上述引水界限會影響到引水計費外，引航時間通常亦是引水費計費的因子之一，可見引水作業的起始與終了時間除了涉及兩造的權義關係與責任外，更影響到引水費的計算。首先，談及引水作業的終了，一般在船舶出港領航的情況下，乃是以船舶抵達引水界限引水人離船時刻為計算基準，反之，進港領航則以船舶完成繫泊或拋錨，並經船長同意其作業完成時作為引水作業的終了時刻。

至於引水作業的開始，則應以引水人登輪，且在引水人履行出示引水證照，以及船長履行告知船況的義務後，船長進而將船舶操控權委以引水人（Master hand over the ship's con to the pilot），經引水人應允時（Pilot take the con），即為引水作業開始的時刻。若再從權責分野的角度來看，引水作業開始的時間意義，乃是自該時間起引水人可以下達船舶運航指示，乃至實際掌控船舶運航指揮，特別是在狹義的強制引水之情況下，更意味著自該時間起船長即將船舶的運航指揮權移轉給引水人。顯然，此與前述引水契約只要雙方意思一致時契約即成立所強調的有所不同，蓋引水契約的成立乃在創造兩造間法律債務的發生，至於引水作業的起始與終了時間則在突顯船舶運航指揮權的掌控移轉，亦即較著重於技術層面的權責釐清。

第五章 引水人之權責與義務

5.1 引水人的監督

由於引水人執行領航業務係屬獨立作業而且涉及公益，故而當應受到來自各方的合理監督，蓋唯有如此，才能確保引水業務的順利運作，以及提供一定程度的服務水平。基本上，引水人所受到的監督，不外：

5.1.1 航政主管機關的監督

引水人為高度專業技術人員，因此有關引水人之作為本應由引水人組織或團體自律，但若引水人組織的專業倫理自律功能不彰，且無有效的改善辦法，主管機關就必須利用他律的手段來強化引水人的執業監督。

依照我國現行引水法第三條：「引水主管機關，在中央為交通部，在地方為當地航政主管機關。」，以及引水人管理規則第四條第三項：「引水人辦事處受當地航政主管機關之監督。」的規定，吾人可以確定引水人的主管單位為交通部及所屬航港局（航安組），故而當應接受其對於下列事項的監督：

1. 引水人員額之核定

依據我國現行引水法第七條：「各引水區域之引水人，其最低名額由當地航政主管機關擬定，呈報交通部核備，變更時亦同。」

當地航政主管機關依上開規定，擬定各引水區域之員額數，所行使的行政裁量權當需遵守行政程序法有關行政裁量之原則（行政程序法第一章第一節），例如市場需求及引水人專業素質等因素即是。

2. 引水船證照之核發

依據我國現行引水法第八條：「專供引水工作所用之引水船，應申請當地航政主管機關註冊編列號數，並發給執照。」（參閱圖5.1、5.2）

圖 5.1　基隆港引水船～永安號（2019/12）（一）

圖 5.2　基隆港引水船～東洋 12 號（2019/12）（二）

由於專事引水作業的引水船需在不同的自然環境因素下作業，故而除了高標準的安全要求外，更要具備較快的船速與優異的操縱性能，而此等條件都需經主管機關的審核與監督。其次，除了上述功能性因素外，一般港埠管理機關基於泊位管理的考量，並不允許港區內有過多的引水船存在，此無形中成為有意經營引水船業者的進入障礙。

如同前述，因為引水船的作業環境瞬息萬變，挑戰性極高，故而引水船經營業者在決定造船時，必須考量下列設備項目：

(1) 船殼材質：

基本上，業者選用船殼構造材質時通常會考量下列因素：

① 操作性（Operating Characteristics）：船速影響、肥瘦係數、操舵性與抗波性。

② 適居性（Habitability）：空間之安排、振動、噪音以及溫度控制等。

③ 外觀（Appearance）：FRP、GRP 材質的外殼較爲光滑、美觀。

④ 安全（Safety）：強度、穩定性、耐火性。

⑤ 造價（Acquisition Cost）：材料的價格、施工的價格等。因爲造船價格涉及投資的回收，常是選擇船型與規格的最優先考量。

⑥ 維護（營運）成本（Ownership Cost）：如船體壽命、主機種類（歐美製或日本製）、維修費用等。

⑦ 服務水域的恆常天候海況：如常年海況惡劣水域應選用鐵殼船較妥，以利衝風破浪；反之，終年風平浪靜的水域則可使用材質較輕的玻璃纖維，以節省油耗。

⑧ 心理因素（Psychological Factor）：如使用者（船東）之喜惡、習慣與經驗等。

(2)船型大小（噸位）：涉及營運成本，大型船人事費用較高；

(3)服務船速：雖引水船的船速快可相對提升服務品質，但船速愈快，油耗愈大，終會增加成本；

(4)船體結構、水密性、穩定性：務必經得起惡劣天候與海況的衝擊；

(5)救生設備：此應包含自救與救人的安全設施；

(6)碰墊強度：引水船在高速情況下，接靠被服務大船時，無法全然避免擠壓與摩擦，唯有配置高強度的碰墊才能確保大船與引水船的船殼不致受損；

(7)導航與定位儀器、能源獨立的通訊設施、照明設備、行船監視

器：包括電子海圖、雷達、GPS、AIS、VHF、港勤專用無線對講機、探照燈等。

3. 引水費率之釐定與審核

依據我國現行引水法第十條：「各引水區域之引水費率，由當地航政主管機關擬定，呈報交通部核准後施行，調整時亦同。」之規定，吾人很明顯地看出因為引水業務涉及公益性，故為確保港埠使用人的權益與航運的正常運作，公部門當應對引水費率進行合理監督與介入。惟如屬前述緊急救難的非常態引航勞務衍生的費用，則可由航商與引水人自行協商。

4. 按時呈送體檢報告

依據我國現行引水法第二十三條：「引水人必須經指定醫院檢查體格合格後，始得執行領航業務，引水人在其繼續執行業務期間，每年應受檢查視覺、聽覺、體格一次，當地航政主管機關認為必要時，並得隨時予以檢查。」

眾所周知，無論港埠設施或是船舶財產都是動輒以億計的巨額資產，故而引水人執行領航作業時當應戰戰兢兢全神貫注，加諸引水人上、下船舶的過程係屬高風險、高耗能的勞務，因此引水人的身心狀況務必要時時保持在最佳狀態下。而為確保引水人的身心狀況良好，只有定時施行體格檢查並呈報航政監理機關查驗，蓋唯有如此始能確保港埠的安全運作與航商的權益。

5. 攜帶執業證書，備供航政主管機關派員查驗

依據我國現行引水人管理規則第三十四條：「引水人執行領航業務時，應攜帶執業證書及有關證件，備供當地航政主管機關派員查驗。」

此一規定主要著眼於預防非法引水業務之發生，亦即船舶若由未具引水人資格之人引領進、出港口，不僅會因技術上之素養不足而危害船舶，更可能因領航不當致使港埠營運受損，故應隨時查驗引水人之證照，以免危及港口與船舶航行安全。事實上，此一規定與國內目前引航實務頗有出入，究竟時下航政主管機關對所管引水人之資格審核與掌控甚爲完備，未經登記列管之人焉能輕易從事引水一職，加諸航政主管機關早已實施電腦化的資訊管理，因而航政主管機關只要按時查驗證照即可，根本無需派員查驗。事實上，吾人亦從未聞及引水人登輪執行領航業務時遭遇航政主管機關或船長要求查驗執業證書的情事，有的僅是遵循國際船舶暨港口設施保全章程（ISPS）規定，要求查看引水人的身分證明，而非引水人的執業證書。可見此一條文已不合時宜。

6. 詳填引水記錄簿，以憑考核

依據我國現行引水人管理規則第三十五條第一項：「引水人應於領航完畢後，將被領船舶名稱、國籍、吃水、登船地點及時間，在檢疫站或其他地點稽延（Delay）時間、停泊時間及服務情形，逐項記載於引水記錄單內送由船長簽證後，裝訂成冊，送請當地航政主管機關查驗蓋章，以憑考核。」

此一規定主在利於港埠管理與考核引水人執行業務之情形，並藉以確認所引領船舶之狀況是否安全無礙，以及船舶是否遵循進、出港口有關航行之規定。但當前由於資通訊運用的發達，航政管理實務上已不再要求引水人將紙本船舶引領紀錄呈送查驗。顯然，此一條文亦已不合時宜。

7. 遵照港埠管理機關的指泊規定（Berth assignment）

依據我國現行引水人管理規則第三十六條：「引水人領航船舶出、入港口，應遵照港埠管理機關規定之碼頭或錨位停泊，如遇特殊情形，應於船舶進入港口時，請求港埠管理機關指定處所停泊。」

由於港埠乃屬稀有公共財，因此無論從交通管制的角度、水域空間或資源管理的思維來看，船舶進、出港口都應遵從港埠管理機關之指示，以求取港埠的最大利用效益，並確保港區與泊港船舶的安全。

8. 接受航政主管機關的傳詢

依據我國現行引水人管理規則第四十條：「航政主管機關因業務需要得傳詢引水人，非有正當理由不得拒絕。」

航政主管機關對引水人於執行業務過程中之作為與不作為有所疑義，或發生海事時，為釐清事實真相與權責關係，當需傳詢引水人進行調查。此外，有關港埠設施之興革、拓建或規章之制定亦應傳詢引水人，以徵詢其專業見解。

9. 查核引水人是否確實輪值當班

依據我國現行引水人管理規則第五十條：「引水人不遵照本規則

第五條[1]之規定輪值不到或不聽候招請領航者，航政主管機關得以怠忽業務論處。」

　　爲確保引水人依據排定之輪值表當班，航政主管機關應要求引水人辦事處透過電腦連線將當日值班名單公佈備查，並供航商查詢參考。事實上，航政主管官員亦會不定時至引水人辦事處點名查勤。

5.1.2 引水人辦事處之監督

1. 接受公約事項的規範

　　依據我國現行引水人管理規則第四條第二項：「各引水人辦事處應訂定公約，由引水人簽約共同信守，並報請當地航政主管機關核備後實施。」

　　很明顯地，訂定公約之目的乃在要求引水人實施自我管理，究竟對於此一作業獨立性甚高，而且每一成員在組織內都具有相同比重的專業團體，甚難以一般公司組織的管理模式加以約束。而必須以所有成員凝聚共識而成的內部公約規範。故而此公約頗具自律（Self-discipline）公約的性質，亦即成員應謹守自我約束的承諾。實際上，本於人性特質，單憑內部自律很難有效管理，適度的他律往往是必要的。

1　引水人管理規則第五條：引水人辦事處應設置輪值簿，分組按日牌示輪值，並將輪值名單報送當地航政主管機關。

2. 分組按日牌示輪值

　　依據我國現行引水人管理規則第五條：「引水人辦事處應設置輪值簿，分組按日牌示輪值，並將輪值名單報送當地航政主管機關。」。（參閱圖 5.3）

　　此一規定旨在強化引水人辦事處內部之自律，避免港埠引水服務有銜接不上之「空檔」現象發生。此外，更因船舶到港型態與突發事故的發生並非呈常態分布（Normal distribution），故而引水人必須二十四小時全天候保持一定人力值班，以備不時之需。另一方面，由於部分港口引水人的工作獎金係依其所引領船舶的噸位大小而定，

圖 5.3　　基隆港引水人分組牌示輪值

故而引水出勤順序若不預先排定，依據「先到先服務（First come first serve）」的原則出勤，極可能發生引水人爭先搶領大船的亂象。此不僅會影響船舶運轉的安全，更會傷及引水人同事間的和氣。

5.1.3 船長的監督

1. 船長有拒絕引水人的權力

依據我國現行引水法第十九條：「船長於引水人應招後或領航中發現其無法勝任或領航不當時，得基於船舶航行安全之原因，採取必要之措施，或拒絕其領航，另行招請他人充任，並將具體事實，報告當地航政主管機關。」[2]

此一規定不僅實質上賦予船長有條件拒絕引水人的權力，更對引水人施以一定程度的規範壓力。

2　法庭見解：船長應接受引水人建議，但不表示應絕對服從其建議

法庭經常認爲：船長本於引水人具備特別的當地水文知識與特殊技術而遵從其建議（Advice），但這並不表示船長經深思熟慮下判定引水人的建議將使船舶陷入險境，仍需毫無保留地遵循引水人的建議。（The courts always tend to take the view that the "advice" of a pilot is advice that the master should follow on account of the pilot's specialized local knowledge and special skill, but that is not to say that the master is bound to follows the pilot's advice implicitly if it would appear in the master's deliberate judgement to involve danger to the ship.）

2. 向船長出示證書

依據我國現行引水法第二十四條：「引水人執行領航業務時，應攜帶執業證書及有關證件，如遇船長索閱時，引水人不得拒絕。」

此一規定主在預防非法引水人應招領航之情況發生，亦即船長具有索閱權。此乃因船舶財產價值不菲，稍有不慎即造成重大損失，尤以外國船舶無法確認登船之人是否為合法之引水人，故為保障船舶航行安全，以及防止非具資格之人冒充引水人上船領航，特立此條規定。事實上，除非發生海事，否則幾乎沒有船長會要求查閱引水人的執業證書及相關證件的。

5.1.4 航商的監督

我們知道眼前是一個以顧客為導向的時代，引水人既為服務業，當需滿足顧客的要求，亦即除了專業技術外，更要以積極熱忱的態度面對航商，並提供安全且具效率的服務，以求得所有港埠相關事業的共榮共存。反之，若果引水人忽視其執業的公益特質，甚或蓄意扞格抵制，航商為保護其利益當會作出反擊。基本上，由於引水人的證照取得不易，加諸港埠航政監理機關的有效監督，只要航商提出合法合理的要求，引水人都會全力配合。令人遺憾的是，邇來社會風氣開放民意高漲，加諸政商關係架構的質變，使得海運社會的環境亦隨之改變，故而不僅航商與船務代理公司對引水人的尊重態度大不如前，更常提出許多悖離傳統與忽視專業的不合理要求與服務，也因而為長期努力營造的良好互動關係埋下隱憂，此實非海運社會之福。

5.2 引水人之責任

　　如同前述，船舶進、出港口乃是其在整個航程中最爲關鍵的時段，故而對身負帶領船舶進、出港口重任的引水人，法律當然要對其課以種種義務，一旦違反義務，法律責任便隨之而來。基本上，引水人在船上的地位，並不因爲其係非強制引水人或是強制引水人而有所差異，因爲在絕大多數國家，其皆被視爲船東的受僱人，也因此對於有關因引水人業務上的過失行爲，不僅引水人要負起責任外，船東亦要負起僱用人的責任。值得強調的是，於此賦予引水人的責任根據，都是本於過失責任主義所產生者。但對於如巴拿馬運河一樣採行狹義的強制引水人制的情況而言，船東則不必負起僱用人的責任，僅由引水人負責，但此終究是極少數的例子。

　　然而，考量大多數的海上事故即使小小的過失，通常就會造成巨額損害之背景下，若要引水人負起無限責任，則可能輕易導致引水人破產的結果。因此有關引水人之業務上的過失責任，各海運國家莫不採取種種的立法措施加以界定與規範。其中最具代表性的就屬往昔南非聯邦與蘇伊士運河當局有關引水人的業務上的過失，引水人不負責任的規定。不容否認地，儘管各國的法律可以訂出不同的規定，但主張引水人完全不負責任，顯然違反近代法的精神。加諸爲求引水人在執行業務能夠愼重行事，因此課以某種程度的有限責任是有必要的。此也就是國外部分引水人組織定有提撥信託的保證金，或是以一定額度的引水費作爲有限責任的制度。但是我國並無上述類似國外的立法。

如前所述，既然引水業務具公益性質，執業的引水人若於執行業務中犯有過失，就應依過失的輕重程度負起相對的責任。基本上引水人所需承擔的責任可分成下列：

5.2.1 民事責任

1. 法律依據上，引水人對與其訂有引水契約的船舶所有人，負債務不履行責任[3]，對其他沒有契約關係者，負侵權責任。法律設計上，是將引水人置於理賠處理的第二線，也就是保險公司或船東互保協會（P&I Club）在完成與對造的理賠協議後，轉而回頭向引水人就其與船長的過失責任比例索賠。但實務上常因引水人財力不足以負擔而少有索賠實例。

2. 引水人就財產上損害僅負有限責任。該有限責任之內容及範圍宜立法明定之。

3. 引水人及航商間之權利義務，宜由主管機關訂定一法規命令或作業規定以茲明確，例如基隆港引領作業辦法即是。

---

3 債務不履行（Failure to fulfill an obligation; Non-performance of obligation）：意指某個人依照法律之規定或是契約之約定，有應做某種事、不得做某種事、或應該交付某種物品、交付一定數量之金錢等等之義務的人（此人稱爲債務人），而未依照法律之規定或契約之約定方法、時間、地點和內容履行或拒絕履行或是時間上有遲延時，就是債務不履行。

5.2.2 刑事責任

1. 依我國現行引水法第三十四條規定

「引水人因業務上之過失，致人於死者，處五年以下有期徒刑。」

2. 依我國現行引水法第三十五條規定

「引水人因業務上之過失傷害人者，處一年以下有期徒刑、拘役或科新臺幣三萬元以下罰金，致重傷者，處三年以下有期徒刑。前項之罪，需告訴乃論。」

3. 依我國現行引水法第三十六條規定

「引水人因業務上之過失，致其領航之船舶沉沒者，處三年以下有期徒刑、拘役或科新臺幣三萬元以下罰金，致破壞者，處一年以下有期徒刑、拘役或科新臺幣三萬元以下罰金。前項之罪，需告訴乃論。」

從上述條文吾人得知，有關引水人因業務上之過失，除涉及死亡外，皆屬告訴乃論。所謂告訴乃論，又稱親告罪，亦即只有被害人或其法定有告訴權之親屬才可提出告訴，如果沒有告訴權的人向法院告訴者，檢察官不做任何處分，法院則可作出諭知不受理的判決。

5.2.3 行政責任

1. 依我國現行引水法第三十八條規定：「引水人有左列各款情形之

一者，當地航政主管機關得予以警告之處分；情節重大者，得報請交通部收回其執業證書：

(1)怠忽業務或違反業務上之義務者；

(2)違反航行安全規章而致災害損失者；

(3)因職務上過失而致海難者；

(4)因引水人之原因，致船舶、貨物遭受損害、延誤船期或人員傷亡者；

(5)其他違反本法或依據本法所發布之命令者。

前項收回執業證書之期間，為三個月至二年。引水人在二年內，經警告達三次者，收回執業證書三個月。」

2. 依我國現行引水法第三十九條規定：「引水人、船舶所有人或船長有左列各款情事之一者，處新臺幣六千元以上六萬元以下罰鍰。」

其中，第四項規定：「引水人無正當理由拒絕招請，或已應招請而不領航，或已領航而濫收引水費者。」

5.2.4 執行公權力之責任

依據我國現行引水法第三十條：「引水人遇有船長不合理之要求，如違反中華民國或國際航海法規與避碰章程，或有其他正當理由不能執行業務時，得拒絕領航其船舶。但應將具體事實，報告當地航政主管機關。」另同法第三十一條第五款：「引水人遇有船舶違反航行法令者，應用最迅速方法報告有關機關。」另依據我國現行引水人

管理規則第四十七條所揭示：「引水人對於引水區域內有關國防軍事祕密，應絕對保守，不得洩露，如有違反，應依法懲處之。」以及同規則第四十八條所揭示：「引水人在戰時，應服從引水主管機關之調遣，未經許可不得擅離職守，如有違反，應依法論處。」等規定之內容，即可了解到我國引水人實亦肩負檢查與監督之責任，尤其在戰時更屬列管人員。此意味著引水人雖不具備公務員資格，但其依據引水法規執行業務時，顯然同時兼具執行公權力的「準公務員」（Quasi-public servant）角色。

5.2.5 舉證責任

依據我國現行引水法第十九條：「船長於引水人應招或領航中，發現其體力、經驗或技術等不克勝任或領航不當時，得基於船舶航行安全之原因，採取必要之措施，或拒絕其領航，另行招請他人充任，並將具體事實，報告當地航政主管機關。」另同法第三十條：「引水人遇有船長不合理之要求，如違反中華民國或國際航海法規與避碰章程，或有其他正當理由不能執行業務時，得拒絕領航其船舶。但應將具體事實，報告當地航政主管機關。」此外，從我國現行船員法第六十七條：「船長對於執行職務中之過失，應負責任；如主張無過失時，應負舉證之責任。」之規定，吾人得知相關法規都有賦予船長與引水人舉證的義務。

事實上，即使在強制引水制度下，船長不僅有權而且必須指出引水人所提出的錯誤建議或不當意見，此外，為避免使船舶陷於立

即的危險，船長有權自引水人手中取回船舶的航行操控權（Con；Conn），但是一旦發生此等情形，船長自應負舉證責任說明本身之作為適當無誤（to show justification）。此表示一旦船長自引水人手中取回船舶的航行操控權，或駁斥引水人的指令，致引發海難或事故時，船長必須有提出證據說服法庭其所採取的行動的確較引水人所下達的指令，更能化解危機或降低損害程度的心理準備。相對地，引水人遇有船長提出不合理的要求而拒絕領航或因船長無由收回船舶操控權致引發意外事故時，引水人亦應提出舉證，始可主張免責或減輕責任。

5.2.6 賠償責任

長期以來，引水人是否要負賠償責任？一直是海運社會爭議的焦點之一。從法律的層面來看，引水人受僱於船東執行領航業務，因故意或過失不法侵害他人者，受僱人應負賠償責任係屬當然。而僱用人所以應負連帶損害賠償責任，其主要理由係因其為役使他人，擴大自身活動範圍，增加肇致損害之機會，所以就所生之損害自應負責。

值得一提的是，儘管往昔的案例鮮有判定引水人需負損害賠償責任者，但吾人在實務上卻也遇有少數船東因引水人業務上的過失請求其負擔損害賠償的情況，此時引水人若要主張免責或減輕責任，通常需要證明船長或是其船員犯有排他性或競合性的過失。但可以預期與理解的是，兩造對於所謂業務上的過失之認定每存有相當落差，此對身處高風險執業環境的引水人而言，無疑是揮之不去的困擾，因而引

水人亦曾多方企圖尋求保險公司承保其執業風險，但因引航過程中著實充滿太多人力無法掌控的不確定因素，故而至今爲止仍未有保險公司願意承保此難以界定的「責任」險。

5.2.7 免除或限制引水人損害賠償之原因

　　從上述吾人得知，要求引水人負起所有損害賠償責任似乎不可行，因此如同上述，各海運國家不是主張引水人免責，就是採取限制責任的作法，或是僅課以行政責任。實務上，各國引水人都會將免責或有限責任約款載明於引水契約中，而有限責任約款的內容通常包括：

1. 對船舶所有人之財產上損害，以該航次所應徵收之引水費爲限；
2. 對第三人之財產上損害，亦以引水費爲限，超過部分，由船舶所有人加以彌補；但上述彌補費用，以不妨礙船舶所有人所能享受相關法律之有限責任爲限；
3. 上述規定，不適用於引水人犯有故意或重大過失之情形。

　　很明顯地，引水人有限責任的賠償金額與船舶的損失極不成比例，換言之，有限責任的實際作用旨在警惕引水人善盡其職責。至於主張免除或限制引水人損害賠償之原因不外：

1. 臨時受僱：引水人之資格取得與執業律師、會計師相似，由考試院考試及格發證，再經航政主管機關登記後始能執業。其執行職務引領船舶時，係臨時受僱於船東，爲船長之顧問，惟其報酬係每次計算，而非如同船員採按月計酬，亦即與船長、船員同屬船東僱用之人；

2. 執行國家制度：引水人只是奉命執行國家交通主管機關所定之制度，並不意味船舶一經雇用引水人，即可保證無事，究竟其僅係船長的操船專業顧問；

3. 過失判定：設或在領航途中遇有船舶失事或碰撞等海事發生，引水人過失的有無，一如船長，需經海事評議委員會評議或海事法庭審判，倘確因業務上的過失致人於死亡或傷害者，依法處徒刑、拘役、罰鍰或停止執行職務。此表示引水人當然可以比照船長毋庸負起賠償責任，但仍需負起行政上與刑事上的責任；

4. 船舶之指揮僅由船長負責：依據我國現行船員法第五十八條第一項規定：「船舶之指揮，由船長負責；船長為執行職務，有命令與管理在船海員及在船上其他人員之權」。實務上，即令船舶由引水人引領，船舶的運作仍在船長之掌控下，故而引水人於執行職務時若有疏失或不當作為，船長當有隨時糾正錯誤之責；

5. 有礙航運的發展：若果一遇有海事發生就要追究引水人的民事責任，引水人勢必會投保責任險尋求保護，而此額外的支出當會轉嫁至引水費之費率上，結果將促使海運業的成本亦將隨之提高，進而不利於航運的發展；

6. 賠償額度不符比例原則：時下港埠設施與機具設備，乃至船舶與貨載之價值高昂，絕非引水人所收報酬乃至其財力所能單獨負擔，故而若動輒要求引水人賠償可能日後無人敢於投入此行業；

7. 引水人皆係經歷嚴格考試始取得執業資格者，斷無故意闖禍的理由。

毫無疑問地，持反對意見者對上述理由當然有不同的觀點，蓋其

認為：

1. 船長固然掌握「指揮船舶」的權利，但實際上「引領船舶」者仍為引水人，亦即指揮船舶權限之歸屬並不影響引領船舶之事實，故而指揮船舶之權利屬於船長亦不改變引水人引領船舶的事實，換言之，並不影響引水人侵權行為[4]的成立。另外，就本船損害而言，因引水人與船長之間訂有引水契約，故引水人對本船當應負有債務不履行的賠償責任；

2. 由於海事損害的金額龐大，即令是船舶所有人亦未必負擔得起，故而國際商法及國際公約即訂有船舶所有人限制責任的規定。相同地，引水人無資力加以賠償當亦不能構成免責的事由。

5.3 引水人之權利

勿庸置疑地，引水人係以提供專業技術與勞務換取報酬的服務業，既然要承擔法定與契約上的責任，當亦享有相對的權利。基本上，引水人的權利，不外：

1. 依照航政主管機關核定之引水費率表收取引水費

依據我國現行引水法第二十九條：「引水人經應招雇用後，其所領航之船舶無論航行與否，或在港內移泊或由拖船拖帶，船舶所有人

4　侵權行為（Infringement act；Tort）：即不法行為，依據我國民法第一八四條：「因故意或過失，不法侵害他人之權力者，負損害賠償責任，故意以背於善良風俗之方法，加損害於他人者，亦同。」

或船長均應依規定給予引水費，如遇特殊情形，需引水人停留時，並應給予停留時間內之各項費用。」

依據我國現行引水人管理規則第四十九條：「引水人領航船舶所收引水費，需依各該引水區域引水費率表之規定，並於領航完畢時，請船舶所有人或船長將引水費全數繳清。」

從上述條文吾人得知執行業務的引水人有依法於領航完畢時，請求船舶所有人或船長將引水費全數繳清的權利，但實務上，絕大多數的航商或船務代理公司都未能於領航完畢時即將引水費全數繳清，而是拖延一至二個月，或是分期支付的，但亦有極少數積欠達六個月者，其中尤以部分經營欠佳的船務代理公司最喜將船東已匯寄之引水費周轉他用，甚或刻意保持一定金額的呆帳。依法，引水人當然有權催討航商或船務代理公司積欠的引水費，甚至採取未付清引水費即拒絕引航其所屬或所代理的船隻之措施，但引水人多能體諒航商或船務代理公司的經營壓力，從未採取類似的強烈手段，究竟港埠整體經營的成功是講求共存共榮的。

2. 依法拒絕領航之權利

依據我國現行引水法第三十條：「引水人遇有船長不合理之要求，如違反中華民國或國際航海法規與避碰章程，或有其他正當理由不能執行業務時，得拒絕領航其船舶。但應將具體事實，報告當地航政主管機關。」之規定，吾人得知此一條文乃是引水法賦予引水人依法應招領航的重要義務，一旦違反此條文的規定，就可依據同法第三十九條第四項的規定對引水人課以罰鍰處分。事實上，此一條文有

關引水人無正當理由拒絕應招領航,應處以罰鍰處分的規定與同法第三十八條第一項有關引水人怠忽業務或違反業務上之義務應受行政處分之規定在解釋上與適用上常令識者難以判定。但可以確定的是,引水人若欲以正當理由作為拒絕領航的情況下,勢必要由引水人方面對該正當理由提出舉證。一般常見的正當理由不外:

(1)船舶適航性不足或不具適航性;

(2)因天候海況、本船狀況、積載狀況、貨載種類、水路狀態之影響致船舶運航有安全之虞者;

(3)引水船無法趨近或有航行上之危險時;

(4)引水人上、下船之安全設施或攀登設備不完備時;此通常指引水梯(Pilot ladder)不符 IMPA 之規定者;

(5)引水人執行業務時對其生命或身體會有安全之威脅時;

(6)未經港口主管或管理機關准許進出港或移泊者;

(7)船長關於吃水或載重作不實報告者;

(8)船舶所有人或其代理行無正當理由延遲支付引水費者;

(9)不可抗力(Force majeure)或其他不得不停止引水業務之事由。

上述除了第 (8) 項是本於引水契約所發生之正當理由外,餘者率皆屬於概括性事項。值得強調的是,上述正當理由不論是在引水契約簽定的當下或是引水人已登輪後,只要其仍明顯的存在,都可作為拒絕領航的正當理由。實務上,我們發現國內引水人礙於來自航商與船務代理行的商業壓力,常遷就許多已足以構成拒絕領航的正當理由之狀況與船況,在高風險中勉強完成領航業務。不容否認地,引水人的功能之一本就是協助航商解決有關船舶操縱上的疑難雜症,但總要考

量相關人員、船舶與港埠設施的安全，而非一味地依從航商無理的要求而無視於高風險的存在。

3. 要求船長出示有關船舶證書的權利

依據我國現行引水法第二十條第二項：「引水人要求檢閱有關證書時，船長不得拒絕。」

我們知道引水人登輪執行領航業務前，除了對於少數有不良紀錄的船舶外，都是假設抵港船舶的船況與設備完全符合國際規章之相關規定，然而事實上卻有許多船舶是不符規定的次標準船（Sub-Standard Ship），因此引水法特賦予引水人查閱船舶證書的權利，以便揭發違法事項，進而配合航政或港埠管理機關採取因應措施，以確保港埠環境的安全。值得一提的是，雖有關船舶證書查驗的工作本屬航政管理機關與海巡單位的職掌，但礙於前述單位的人力不足，故而甚難全面的落實執行，因此授與立於第一線的引水人查閱證書的權限，不啻是增加一道遏制船舶違法犯規的防線。

4. 請求船舶所有人或船長僱用拖船協助之權利

依據我國現行引水法第二十七條：「引水人於必要時，得請由船舶所有人或船長僱用拖船協助之。」

如同前述，早期的引水人只是提供船長有關船舶航行的資訊與建議，如今引水人的工作重點卻已移轉至船舶進、出港口與泊靠碼頭的實際操船運作上，加諸眼前船舶不僅馬力增大，噸位亦大幅提升，故而已非僅憑傳統操船術所強調的優良船藝所能掌控者。因此為確保船

舶與港埠設施的安全，港內操船絕對有需要請求船舶所有人或船長僱用拖船協助。

5.4 引水人及船長的義務

5.4.1 引水人應招領航時船長應盡之義務

1. 懸掛招請引水人信號與駛至指定登船區（Boarding Ground/Area）會合的義務

早期船舶在進入引水區時，如要招請引水人皆需依據國際信號的規定懸掛招請引水人的旗號（G），直至引水站或引水船回應爲止。然此並不表示船長只要展示招請引水人的旗號即已履行其義務，而是要依據引水站（Pilot Station）的指示將船舶駛至規定的引水人登船區等候引水人。基本上，所有的商港皆會在海圖上標明其引水人登船區位置，而有些港口的引水船則會在引水人登船區附近水域巡曳等候，但大多數引水人都會提早從港內出發，以便在船長通告之抵達時刻與其在引水人登船區會合。

實務上，由於科技的發達與港埠作業效率的考量，目前船舶已不採用懸掛旗號的方式招請引水人，而是利用特高頻[5]無線電話；招請

5　特高頻（VHF；Very High Frequency）：指介於 30～300 Mhz（兆赫）無線電頻率的無線電頻帶，我國早期依據國際電信聯合會翻譯爲「特高頻」，但如今中國大陸則翻譯爲「甚高頻」。

引水人，反之，引水站方面亦以特高頻無線電話回應，因而並不會發生有關懸旗與否，進而導致船方有無展現招請引水人企圖的爭議。其實，可能發生的爭議乃是船長是否於其預報的時間將船舶實際駛至引水人登船區或指定會合點的問題。我們知道由於海上環境充滿許多不確定因素，因此船舶抵港時刻的延遲或變動是引水人可以理解的，但是對於嚴重耽誤抵達而未及早知會更正，或已抵達卻不願駛至引水人登船區的船舶，才是引航作業的最大困擾。需知任一港口劃定港界與設定引水人登船區都是經過長期審慎評估地，亦即有其一定的專業與習慣考量，因而抵港船舶若未能充分配合引水站或引水人的建議，勢將延誤引航作業乃至整個港埠的營運效率。不容否認的，由於引水人登船區附近水域經常是交通頻繁水域，此或導致行事謹慎的船長不願趨近，似此，將船停置於離港口甚遠水域的情況下，引水人如何應招登輪？尤其在天候海況惡劣的情境下更是困難。雖目前除了港口管理機關或引水人組織發布的引航作業指南外，並無相關法規明確要求船長一定要將船舶駛至引水人登船區。故而習慣上各港引水站對於此一困擾，多會在引水費率表上明示對於未依規定駛至引水人登船區的船舶採取界限外登輪加計收費的方式因應。有趣的是，多數船舶只要聞及引水人界限外登船要加成收費，無不立即趨近會合引水人。

2. 船長應採之操船行動與提供引水人安全登輪的義務

　　一旦引水人接受船長的招請，船長即應採取一切必要的行動，使引水人能夠安全且易於登輪。而所謂「必要的行動」主要乃指能夠讓引水船易於接靠本船，以及有利於引水人上、下船的船舶操縱術。首

先，當引水船趨近，或追逐本船時應將本船的速度減緩。再者，當引水船接靠本船船舷時，更應避免使用倒車或朝引水船所在的反對舷迴轉，以免衍生不當之造波現象或沖激流致引水船失控，進而使正欲攀爬引水梯的引水人平衡頓失而生危險。若果船長未能採取上述的配合措施，極可能被引水人解釋爲船長拒絕其所提供的引航服務。

以上有關操船的問題，特別是在天候海況不佳的情形下更是顯著，其中尤以引水船要接靠大船的瞬間最是危險，因爲引水船都是對波浪效應極爲敏感的流線型小艇，故而招請引水人的船舶務必要特加保護其安全。針對此一問題，一九七二年的法國引水法第七條即規定：「除了引水人重大過失所產生的情況外，對於在引水作業中或引水人上、下船的行動過程中，引水船所招致的損害，由招請引水人的船舶負其責任」。雖此條文並未對招請引水人的船舶負損害責任的條件作詳細規定，但是同條規定卻有要求兩造轉換舉證的責任，即不僅引水人要舉證船長或船東的過失，至於船長或船東除非能證明引水人確有重大過失，否則就不能主張免責。

另一方面，從法規的層面來看，依據我國現行引水法第三十三條：「引水人應招領航時，船長應有適當措施使引水人能安全上下其船舶」；以及海上人命安全國際公約第Ⅴ章第二十三條有關引水人員接送設備的規定，我們知道船長要接送引水人除了要提供合乎國際規定的引水梯與相關硬體設置外，更要採取適當的措施。至於什麼是適當的措施呢？

首先，船長在引水人欲上、下其船時，除了應適度減速並營造下風舷側（Make Good Lee for Pilot）外，並應命令當值駕駛員預先至船

舷甲板檢視船員所繫固（Rig）的引水梯與相關安全措施是否確實完善，而且要引導引水人經由安全通路抵達駕駛台。所謂安全通路當然指沒有障礙、充分照明，而且不會滑溜的通路，凡此皆屬前述的適當措施。除此之外，更要針對當時的狀況採取其他必要的安全措施，例如要引水人穿越或攀登積載於甲板上的甲板貨之情況下，則其通路定要裝設護索或欄杆。其次，就屬船藝與技術層面的細節，例如引水梯應保持清潔牢固、引水梯離海面的高度適中、夜間是否有良好的照明等即是。實務上，引水人常遭遇引水梯太短無法攀及，或是引水梯過長致梯尾隨波跳動翻轉，使得引水人無法攀登的險況。（參閱圖5.4）

圖 5.4　引水人攀爬引水梯

　　船長若未依照引水法第三十三條的規定，疏於採取上述確保引水人及引水船的安全措施，致使引水船遭致損害或引水人傷亡時，不僅應負起契約法上的責任，更要負起不法行為上的責任。值得一提的是，船長在採取上述維護引水人安全上、下船之措施的同時，應確認不會危害到本船的安全始可進行。處此情況下，船長應及早明確告知引水人其無法採取配合措施的難處與企圖。

3. 船長的告知義務

　　引航作業的效率乃至成敗主要取決於船長與引水人間之聯絡與資訊交換的有效性。因而船舶在抵港之前就要向港務當局或引水站提供有關其抵港企圖與船舶特性的基本資料，例如貨載性質與水呎。而且此等資料應在船舶抵港前的相當時間即提出，以便港務當局或引水站有充分時間安排引航作業與碼頭船席的排定。

　　依據我國引水法第二十條：「引水人應招登船從事領航時，船長應將招請引水人之信號撤去，改懸引水人在船之信號，並將船舶運轉性能、噸位、長度、吃水、速率等告知引水人。」的規定，船長對於登輪的引水人負有將其本船的操船因素告知引水人的義務。而引水人亦只有在接受告知此等影響操船因素後，始能開始進行引航作業。此一條文的規定，乃是因為每一船舶皆有其固有的操船特性與物理性特質，前者通常是固定不變的，後者則多是依據貨載狀況與油水分布而變，然無論其係固有抑或是人為的，兩者對於頃登輪的引水人而言都是無法立即感應得出的，因此船長若未能在引水人接手操船時善盡告知的義務而讓引水人自行摸索，不僅要耗費相當時間而且會提高風

險，究竟引水人對於特定船舶之船況的了解絕對是不及船長的，何況很多情境是不容許吾人去嘗試或是重新來過的。

　　實務上，引水人登船抵達船舶駕駛台時，船長都會出示引航卡（Pilot Card）（請參閱圖 5.5、5.6），並要求引水人簽字認知。基本上，由於引航卡的內容包括船舶的主要設備規格與操縱特性，故而已符合上述法規的告知要求，以及引水人操船上的實際需求，只不過一般船舶提供的引航卡皆係制式表格，所以表列事項無法顧及全面性，因此船長對於本船所具有的任何異常或特殊情況當要據實告知引水人。毫無疑問地，船長若違反此告知的義務，或告知不眞實或不充分的資訊致誤導引水人的判斷，或發生引水業務上的事故時，引水人即可主張減輕責任乃至免責。

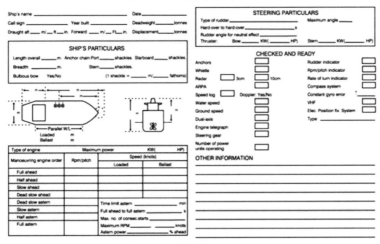

圖 5.5　引航卡（一）

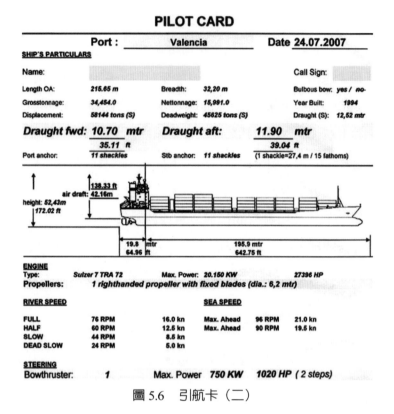

圖 5.6　引航卡（二）

5.4.2 引水人應招領航時之義務

1. 依序引航的義務

　　基本上，由於引航作業具高度公益性，故而引水人並不具有拒絕被要求提供勞務的權力，亦即不論船舶噸位的大小與船況的優劣，都負有引領最先出現在其視野範圍內的船舶之義務。此完全基於服務業「先到先服務（First Come First Serve）」的精神，當然其前提是抵港

船舶已辦妥進、出港手續，並經航政與港口管理機關核准可以進港或排定船席者。此乃因為對於所有船舶而言，不論其重要性為何，皆會關係到公共設施與其本身運航的安全，故而本於公平原則，當具有一併受惠的權利。但是對處於具有急迫或明顯危險情況下極需協助的船舶仍應優先引領，以便爭取時效及早化解危險或防範事態的惡化。

2. 出示證書的義務

依據我國現行引水法第二十四條：「引水人執行領航業務時，應攜帶執業證書及有關證件，如遇船長索閱時，引水人不得拒絕。」的規定，引水人登輪後出現在船長的面前時，若有必要應出示引水人執業證書。至於條文中的「有關證件」，各國的引水法令規章皆未明示列舉，但吾人認為至少應包括引水人的身分證明文件，以及引水費率表。實務上，船方除遵循國際船舶與港口設施章程（International Ship and Port Facility Security Code；ISPS）的反恐保安規定偶會要求查看識別證（ID）外，幾乎所有船長都不會要求引水人出示證件。

3. 協助監督與報告異常情況的義務

依據我國現行引水法第第三十一條：「引水人發現左列情事，應用最迅速方法，報告有關機關，並應於抵港時，將一切詳細情形再用書面報告之：

一、水道有變遷者。

二、水道上有新障礙妨害航行安全者。

三、燈塔、燈船、標桿、浮標及一切有關航行標誌之位置變更，或應發之燈號、信號、聲號失去常態或作用者。

四、船舶有遇險者。

五、船舶違反航行法令者。」

另依據我國現行引水人管理規則第四十一條：「引水人在指定執業之引水區域內，如遇有船舶所有人或船長僱用不合格之引水人領航時，得立即報請當地航政主管機關令其解僱，並由合格之引水人接替其工作。」

我們知道港埠乃全民共有的珍貴資源，而港區環境更是引水人賴以維生的職場，因此為求整體工作環境的安全無礙與確保其應有效能，引水人絕對有義務扮妥舉發違法與異常事故的監督者角色。

4. 按時出勤輪值的義務

依據我國現行引水人管理規則第三十三條：「引水人應依照輪值簿之規定，按時到達引水人辦事處，聽候招請執業。」

引水業務既然涉及公益，又有相當的獨占性質，因此就有隨時提供足夠人力服務航商的義務。

5. 與船長交換引航資訊的義務

交換引航資訊與前述船長的告知義務是相對地，亦即指船長與引水人間對有關引航作業與航行計劃的資訊交換（Exchange of information regarding pilotage and the passage）。基本上，港務當局或引水站在收到船舶抵港前的船長告知事項與企圖，通常都會儘速地直接或透過船務代理公司回報船長相關資訊。此等資訊最少應包括引水人上船地點與時間、報到與聯絡程序、預定泊靠碼頭之細節、錨泊與

航路規定，以便讓船長在船舶抵港前能作妥航行計畫。但可以確定的
是，在引水人上船前船長實在很難獲取所有想要與可用的資訊，究竟
每一艘船舶的特質與每一位船長的考量都是不一樣的。因此謹慎的船
長當應把握引水人登船後的時機儘速進行資訊交換。一般雙方交換的
航行資訊應包括下列事項的確認與澄清：

(1)引水人、船長、與其他駕駛台管理團隊成員所應扮演之角色與責
　任（Roles and responsibilities of the master, pilot and other members of
　the bridge management team.）；

(2)航行企圖（Navigational intentions）；

(3)包括航行或交通限制的當地港灣知識（Local conditions including
　navigational or traffic constraints.）；

(4)潮汐與水流資訊（Tide and current information.）；

(5)泊靠計劃與帶纜船的使用（Berthing plan and mooring boat use.）；

(6)拖船的使用計畫（Proposed use of tugs.）；

(7)預期的天氣狀況（Expected weather conditions.）。

　　不容否認的，時下的船長都知道與引水人交換航行與引航資訊的
重要性，然而實務上吾人卻常遭遇船舶過於趨近港口，此尤以縱深甚
短的我國港口為最，致船長與引水人沒有充分時間作面對面的意見交
換，故而船長常常無緣了解最終的引航計畫為何。因此為安全考量，
抵港船舶在未充分取得引水人指示與全盤了解即將面對之引航作業程
序前，切勿過於趨近港口。

　　國際海事組織將此實務名為「船長／引水人間的訊息交換」
（MPX；Master Pilot information eXchange）。（參閱圖 5.7/5.8）。

　　並於二〇〇三年十二月五日採行的 IMO 第 A.960（23）號決議案中強調：

1. 引水人在提升海事安全與保護海洋環境中扮演重要角色；以及
2. 引水人與船長、當值駕駛員之間保持正確的工作關係，對於確保海運安全的重要性。

　　此一決議案為國際海事組織成立以來首次以公文書肯定引水人對海運產業與海運社會的貢獻。然於此同時，A.960（23）號決議案附錄二之第五條第 5.1 項同時亦強調：「船長與引水人必須交換有關航行程序、當地狀況、規章與船舶特性的訊息。此一訊息的交換必須持續在整個引航過程中進行。」可見船長與引水人不僅要交換訊息，更要依據當下的環境狀況重複地檢核並修正訊息交換的內容。

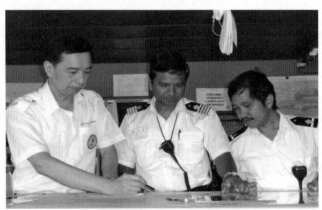

圖 5.7　引水人與船長（駕駛台團隊）間之訊息交換

圖 5.8　引水人與船長間之訊息交換

6. 確實完成領航作業的義務

　　依據我國現行引水人管理規則第三十九條：「引水人在執行領航業務時，在未完成任務前，非經船長同意不得離船。」

　　相信所有服務業對於確實完成顧客的需求之認知都是一致地，引水人當亦如是，因此一旦應招領航務必盡最大努力，直至船長同意後始能離船，此不僅涉及兩造責任分野的問題，更是引水人負責的表現。

7. 保守國防機密的義務

　　依據我國現行引水人管理規則第四十七條：「引水人對於引水區域內有關國防軍事機密，應絕對保守，不得洩露，如有違反，應依法懲處之。」

儘管現今科技發達，許多條文規定顯已不合時宜，但對於關係國防的相關事項吾人仍應確實遵守，尤其我國的處境特殊，焉能不謹慎面對。

8. 確保航商利益，節約港埠資源的義務

雖然法規並無明文規定要求引水人確保航商利益或是節約港埠資源，但無論從身為港埠社會的一分子，或是傳統職業道德的角度來看，引水人都有營造相關各業共榮共存的義務。

9. 作好國民外交的義務

引水人的職場乃是處於國家海口門面的第一線，因而其一言一行皆足以影響到外人的觀感，是故努力扮妥國民外交尖兵的角色亦是引水人應盡的義務之一。

5.5 引水人與相關各造間之關係

從法律的角度來看，只要船舶不航行即不會引發任何因引航所衍生的問題。反之，只要船舶被引航或航行於某一港域內，就免不了要受到下列人員的影響力所控制，即：
1. 船長（包含船長領導下的船員）
2. 引水人
3. 拖船船長
4. 港務長（航政與港埠主管機關）

從港埠運作的層面來看，上述人員本應屬於同一團隊，其本質不外是使船舶能夠迅速且安全地抵達或離開其船席或泊位。毫無疑問地，上述所列的每一個成員皆是特定領域內的專家，因此一旦有任何外來因素或指令直接侵犯到他（她）的專業領域時，其本能地會盡所有努力企圖保有一定程度的專業自主權。以拖船船長為例，儘管其是被船東僱用來協助大船運作的，卻絲毫不影響其身為拖船船長的法律地位，因而負有確保拖船與拖船船員安全的責任。至於港務長則不僅負有確保在其權責管轄範圍內所有船舶的安全與運作順暢之責任外，更要兼顧港埠財產與碼頭設施的安全。

處此環境下，除非上述參與領航運作的每一成員都能清楚的了解到團隊成員的責任與權限，以及本身在此職權體系內所扮演的角色，否則彼此間的意見衝突絕對是無法避免的。

基本上，最可能發生意見衝突的主要領域，不外：

1. 引水人與船東間
2. 引水人與船長間
3. 引水人與拖船船長間
4. 引水人與港務長（港埠管理機關）間

5.5.1 引水人與船東間之關係

我們知道長期以來，有關引水人與船東間所衍生之法律關係，依學派不同而有委任、承攬及僱傭關係等諸說。事實上，從立法例上觀之，亦皆有國家採行。惟若從我國引水法第三章的章名定為「引水人

之僱用」，以及同法第十六條「僱用引水人」之字句，則不難看出，引水人與船東二者之間顯有僱傭關係之存在。據此，除引水法有特別規定外，仍應適用民法有關僱傭之規定，以補充引水法之不足。

其次，談及船東僱用引水人所衍生之船舶肇事責任問題，早期海運社會對於引水人是否需要對其行為負責，常依案例發生於強制引水區或非強制引水區而有不同主張，即：

1. 在非強制引水區域，因引水人為船舶所有人之受雇人，船舶所有人對於引水人之過失所致之損害，應負「代償責任」（Vicarious liability）。而身為僱用人的船舶所有人之所以應連帶負損賠償害責任的主要理由，乃因其係役使他人擴大自身活動範圍，因而提高肇致損害的機會，故就所生之損害自應負責。

2. 在強制引水區域，船舶所有人對於引水人之過失所致之損害不負責任。

但自一九一○年船舶碰撞統一規定公約實施後，因該公約第五條規定：「船舶碰撞之責任，於因引水人過失所致之碰撞事件亦適用之。」因此許多國家陸續廢止「強制引水人之抗辯」，即無論海事係發生於非強制引水抑或強制引水情況下，船舶所有人對於引水人所致之損害應負代償責任，而引水人在船上之地位亦因此有所改變，即由傳統上完全控制船舶的特質一改為客卿的建言性質。而船舶所有人之所以不能以強制引水為抗辯，其目的乃是在於保護受害者。因為引水人之資力無法與船舶所有人相比擬，若由引水人或其辦事處負擔其過失所致之責任，則受害者似乎很難獲致充分的保障。事實上，在此公約生效之前，海事法庭每日都有處理不完的案件，即訴訟當事人（船

東）紛至沓來地企圖將肇事責任轉嫁給引水人，以規避高額的損害賠
償。而一九一三年的英國引水法為達此目的更是明文規定：「不論強
制引水與否，船東皆應對船舶或船舶的任何航行疏失所造成的任何
損失或損害負責」（shipowner answerable for any loss or damage caused
by the vessel or by any fault of the navigation of the vessel whether pilotage
was compulsory or not）。當然此一具歷史性的問題隨著某些國家或港
口的引水人係由國家或港埠管理機關所僱用而生變化，亦即部分僱用
引水人的港埠管理機關可能要為引水人所造成的損害負連帶責任。另
一方面，如同前述，倘若引水人所負責任過大，勢將影響有志從事引
水業務者之意願而卻步，此實非國家社會之福。

　　至於引水人與船東間之責任分野與連帶關係如何界定，基本上乃
本於下列考量：

1. 依據一般侵權行為之原則

　　從船東的立場來看，依據我國民法第一八四條：「因故意或過
失，不法侵害他人之權利者，負損害賠償責任。」可見引水人對於因
自己執行業務之過失所致之損害亦需負賠償責任。換言之，引水人為
受有報酬從事領航業務之人，自應謹慎執行業務，若於執行領航業務
過程中有所疏失或所採措施不當，致使船舶或港埠設施受損者，引水
人自當就其本身之行為負損害賠償之責任。

2. 僱用人之責任

　　依據我國民法第一八八條：「受僱人因執行職務，不法侵害他人
之權利者，由僱用人與行為人連帶負損害賠償責任。但選任受僱人及

監督其職務之執行，已盡相當之注意或縱加以相當之注意而仍不免發生損害者，僱用人不負損害賠償責任。」同條第三項：「僱用人賠償損害時，對於為侵權行為之受僱人，有求償權。」

可見船舶所有人雖對於引水人之過失負連帶賠償責任，但船舶所有人亦得請求引水人償還其所賠償之費用。

很顯然地，以上陳述皆對引水人不利。惟如前所述，因引水人之資力有限，根本無法負起賠償責任，加諸考量領航報酬相對於引領船舶之價值比例原則，故而實務上，引水人除了發生人員傷亡情況下，本於道義責任會負擔部分賠償外，餘者大都由船東與保險公司承擔。

5.5.2 引水人與船長之關係

我們知道，早期許多船東或船長為規避船舶肇事責任，每將船舶之損害或人員之傷亡歸咎於強制引水人之不當作為。反之，引水人方面為保護本身權益則需證明造成船舶、財產之損害或人員之傷亡係起因於船東的僱用人，即船長或船員之過失所致。因此海事法庭常要釐清在整個引航過程中有關船長與引水人的責任分野。然而遺憾的是，由於海上環境因素的多變性，幾百年來人們對船長與引水人間的責任分野一直存有不同見解，此亦是造成諸多海事官司未曾歇止的主因。值得一提的是，在此兩造責任紛擾不清的領域內，海事法庭每以先例或習慣作為判決依據，而其所採用的諸多案例卻是帆船時代沿用至今的，所以常會有令當事人難以信服的判決結果發生。不容否認地，儘管科學的日精月益，船舶設計與航行概念仍多沿襲傳統邏輯與技術，

但卻也有許多情境是無法以陳案舊例作爲評定標準，因爲其引用的判決基礎不僅不合時宜，甚至是不適當的。此外，我們更發現被提出的案例幾乎都是發生於強制引水制度下的情形，此很容易使人們誤以爲採行非強制引水制度即不會有類似紛爭產生。其實，採行非強制引水制度亦會有不同的紛擾。

傳統上，當引水人登船領航時，駕駛台的氣氛應是充滿熱情與專業，而且船長與引水人間應相互尊重。雖船長對引水人每有不同的評價；反之，引水人對船長亦常有不同的意見，但此等個人的觀感幾乎都隱藏不發，只有在少數情況下才會表明本身的不信任，甚或具挑釁性的藐視。而此一雙方皆具的共同態度與專業特質甚易讓人們對船長與引水人間的法律關係產生誤解。

首先從船長的角度來看，長期以來的航海習慣，只要有引水人在船的時候，我們在航海日誌（Log book）上常會看到「依據船長指令（Master order）及引水人建議（Pilot advise）進行……」的記述。而此表示船長接受對引水人的所有作爲與不作爲負責的證明文件，當然其僱用人，也就是船東免不了要分擔責任。實務上，船長與引水人本於工作所可能產生的關係，不外「引領船舶」（To conduct a ship）與「指揮船舶」（In command of a ship）二種，前者係指爲人服務之行爲而言，屬於「事實行爲」。至於後者則爲一種權利，其可爲「事實行爲」，亦可爲「法律行爲」。因而儘管引水人事實上接受委託操控船舶的航行，但此乃基於船長權限的委託（Delegate of authority），而非船長權限之放棄（Abandonment of authority），故而僅可謂是船長運用其法定權限的一種方式而已。

　　很明顯地，為避免船舶因僱用引水人而破壞固有運航指揮權的統一性，引水人於執行引水業務時，立於運航輔助者之角色，應屬無疑。同時，引水人在船上除了具有船長委託的船舶航行操控權與獲致船上適格船員的全力協助外，並不像船長具有處分貨載、人員配置與其他管理船舶等法律所賦予的權力，故而二者在整個領航過程中當需針對的變化中的情境不斷地交換及綜合彼此之意見，互補彼此的不足，以作為引水人提供航行協助的依據。（參閱圖 5.9）

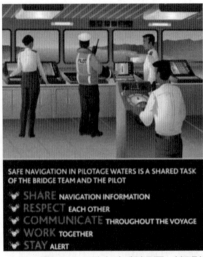

引水區域內的安全航行，屬於駕駛台團隊與引水人共同承擔的任務，必須
1. 分享航行資訊
2. 彼此尊重
3. 全程溝通
4. 同心協力
5. 保持警戒

圖 5.9　引水人與船長（駕駛台團隊）間之關係

　　因此可以確定的是，有效的引航作業主要取決於引水人、船長與駕駛台團隊成員間溝通聯絡的有效性，與訊息交換（Efficient pilotage depends, among other things, upon the effectiveness of the communications and information exchanges between the pilot, the master and the bridge personnel）。

　　再者，由於船長與船員具有保持適當瞭望，並將瞭望結果完整地傳達給引水人的責任，而且此一責任已被法庭公認為是影響引水人採取行動的重要參考指標。基本上，此等資訊不僅包含助航設施與標誌，更廣泛地包括當前環境下發生於本船周遭的所有事物。其次，吾人談及引水人與船長間之法律關係：

1. 引水人與船長在國內法規範下衍生的關係如下

   (1) 海商法部分

   第二條：

   「本法稱船長者，謂受船舶所有人僱用主管船舶一切事務之人員；」

   (2) 引水法部分

   第十九條：

   「船長於引水人應招後或領航中，發現其體力、經驗或技術等不克勝任或領航不當時，得基於船舶航行安全之原因，採取必要之措施，或拒絕其領航，另行招請他人充任，並將具體事實，報告當地航政主管機關。」

   第二十條：

   「引水人應招登船從事領航時，船長應將招請引水人之信號撤去，改懸引水人在船之信號。並將船舶運轉性能、噸位、長度、吃水、速率等告知引水人。引水人要求檢閱有關證書時，船長不得拒絕。」

   第二十九條：

   「引水人經應招僱用後，其所領航之船舶無論航行與否，或在

港內移泊或由拖船拖帶，船舶所有人或船長均應依規定給予引
水費，如遇特殊情形，需引水人停留時，並應給予停留時間內
之各項費用。」

第三十條：

「引水人遇有船長不合理的要求，如違反中華民國或國際航海
法規與避碰章程或有其他正當理由不能執行業務時，得拒絕領
航其船舶，但應將具體事實報告當地航政主管機關。」

第三十二條：

「引水人應招登船執行領航業務時，仍需尊重船長之指揮
權。」（僅示尊重非未強調服從）

第三十三條：

「引水人應招領航時，船長應有適當措施使引水人能安全上下
其船舶。」

(3) 引水人管理規則部分

第三十五條：

「引水人應於領航完畢後，將被領船舶之名稱、國籍、吃水、
登船地點及時間、在檢疫站或其他地點稽延時間、停泊時間及
服務情形，逐項記載於引水紀錄單內，送由船長簽證後，裝訂
成冊，送請當地航政主管機關查驗蓋章，以憑考核。」

第三十九條：

「引水人在執行領航業務時，在未完成任務前，非經船長同意
不得離船。」

(4) 船員法部分

第五十八條：

「船舶之指揮，由船長負責，船長為執行職務，有命令與管理在船海員及在船上其他人員之權。」（權限的保有）

「船長為維護船舶安全，保障他人生命或身體、對於船上可能發生之危害，得為必要之處置。」（採取行動的依據）

第六十七條：

「船長對於執行職務中之過失，應負責任；如主張無過失時，應負舉證之責任。」

(5) 海員服務規則部分

第二十二條：

「船長依法指揮全體船員，旅客及在船任何人並管理一切事務，及負維護全船生命財產安全之責任。」

第二十六條：

「船長於航行曲折之港灣，或對水道情形不熟悉時，得視實際需要僱用引水人，但船長仍需時刻注意該船航行情形，以策安全。」

2. 引水人與船長在國際法規範下所衍生的關係

(1) 國際海上人命安全公約（SOLAS V.17）

船長應切實執行監督，俾使引水人容易上、下船，並確保引水人之生命安全。

(2) 一九七八年船員訓練發證當值標準國際公約（STCW 1978, Chap II Reg I.10）

① 引水人對進、出港口及靠、離碼頭之船隻負有協助之責，

以確保船舶安全。因此，引水人登船領航時，必須強調者，乃船長之責任，並未完全轉移至引水人手中，船長及當值駕駛員仍需督促全體船員遵循引水人之指令。

② 雖引水人自有其職務及責任，但船長及當值駕駛員並不能因引水人在船，而解除其對船舶安全所應負之義務與責任（Does not relieve the master or officer in charge of the watch from their duties and obligations for the safety of the ship）。船長及引水人應就航行程序、當地情況及船舶之特性彼此交換意見。

③ 船長及當值駕駛員應與引水人密切合作，並對船舶之位置及動向保持準確之查核。

④ 倘當值駕駛員對引水人之行動或意圖有任何懷疑時，應即要求引水人澄清之（If the officer of the watch is any doubt as to pilots' action or intentions, he/she should seek clarification from the pilot）。如仍未能釋疑時，應即告知船長，並應在船長到達駕駛台之前，採取必要措施。

(3) 國際海事組織第 578(14) 號決議案（1985.11.20, Guideline for VTS）

① 船舶交通服務（Vessel Traffic Service, VTS）之實施，並不侵犯船長對其船舶安全航行所負之責任，亦不干擾船長與引水人間之傳統關係。

② 引水人在 VTS 區域內之應有職責
  * 協助船舶操縱。

　　＊提供有關航行及港口國與當地各種規定之現場知識。

　　＊協助船、岸間之通訊，尤其有語言困難之地區。

　　從上述吾人得知，不論引水制度採行強制與否，引水人在船僅立於「技術顧問」的建言者地位。船長是否採納引水人之建議則由船長自行判斷。事實上，有關船舶指揮運航權的歸屬問題，現今主要海運國家，均主張船長在行使指揮運航權時，必須接受引水人之專業建議，但也都強調船長具有最終裁判權。其實應是二者互相合作協調，並作充分之資訊交換，亦即吾人應有如下共識：

(1)船長於任何時刻，對於船舶之駕駛和指揮需負責任，即引水人在船並不表示可解除船長應負之責任與義務。

(2)引水人無論是否實際操縱船舶，均應視爲船長之顧問。

(3)替代指揮關係；亦即船長雖具最終指揮權，但實際操船作業與對拖船之指揮仍由引水人爲之，故船長亦需善盡注意之責，一旦發現引水人有任何不當之作爲，亦應立即反應或採取必要之行爲。

(4)若因引水人操縱不當所引起之損害，仍由船長負責。

　　由上述顯見船長不僅有權而且必須向引水人指出錯誤，且爲避免緊急危險，船長應立即自引水人手中取回船舶之操控權（Con）[6]。不

6　船長取回船舶操控權：船長有權更有責，在引水人明顯不適任或不勝任，或因引水人的動作將導致船舶陷於急迫或極端危險的情況下，對引水人進行干預或取代之。

　　除極少的例外，國際法規要求船長及／或當值船副必須與引水人緊密合作，並對船舶的位置與動態保持正確的核對。（The master has the right, and in fact the duty, to intervene or to displace the pilot in circumstances where

過，船長若採如此作爲，必須舉證說明其所採取之行爲的合理性。

5.5.3 引水人與拖船船長間之關係

對大多數提供中、大型船舶泊靠的商港而言，擁有一隻以當港爲永久基地的拖船隊來協助船舶操縱或離、靠碼頭是絕對必須地，特別是港區水域狹窄的港口，例如基隆港即是。因爲處於當今船舶大型化的趨勢下，若無港勤拖船（Harbor tugs）協助根本無法順利的完成船舶離、靠碼頭作業，故而港勤拖船的配合度與其服務的良窳常是航商評估港埠作業條件優劣的重要指標之一，可見港勤拖船不僅是港埠營運收入的主力，更是關係港口經營成敗的要素之一。毫無疑問地，除了商業運作外，與港勤拖船作業關係最緊密且直接的當屬引水人，此亦是吾人重視引水人與拖船船長間之互動與合作關係的主因。

可以預期地，經由長時間的密切合作，引水人與拖船船長當會在彼此間的了解與信任下建立起良好的工作關係（Rapport）。亦即拖船船長可以了解到各引水人的個性與操船習慣，故而可以準確的執行引水人的指令，也因此才能迅速地將拖船運轉至引水人所期待的理想位置，並提供及時有效的協助。相同地，引水人亦可體認到每一艘拖

---

the pilot is manifestly incompetent or incapacitated or the vessel is in immediate danger (in extremis) due to the pilot's actions. With that limited exception, international law requires the master and/or the officer in charge of the watch to cooperate closely with the pilot and maintain an accurate check on the ship›s position and movement.）

船的出力狀況與操作特性，乃至拖船船長的個人習慣，故而可以充分地運用並調整拖船，令其配置於最有利於操船的位置。不容否認地，儘管引水人與拖船船長擁有上述良好的默契，然涉及兩造間的意外事故仍時有所聞，因而兩者間的權義關係當有釐清的必要。

　　眾所周知，在正常情況（Ordinary circumstance）下，為顧及船東利益期使船舶能夠在極短時間內安全地靠妥或離開碼頭，僱用拖船的責任完全落於船長身上，而非引水人單獨所能決定的。然而若處於非常狀況下，例如天候海況極其惡劣（Adverse weather conditions）時，則船長當應接受引水人的建議，並據以決定是否僱用拖船及應僱用艘數。至於船舶遇難或機械故障等特殊情況下更是需要拖船的協助。設若船長在上述正常情況下拒絕僱用拖船，或是在非常狀況下拒絕引水人僱用拖船的建議，一旦損害發生，船長當應為其決定負最終責任。雖說船務運作上，僱用拖船與否由船長與船務代理行決定，除非遇有任何疑慮時，才會事先與引水人商量僱用拖船與否及其艘數，但實務上通常由引水人決定再告知船長並徵求其同意，因為引水人終究是實際負責船舶操縱者，也只有引水人才知道究竟需要幾艘拖船，或是多少馬力的拖船協助才是最有效與最經濟的，因為多派拖船致妨礙其操船，或拖船不足致其難以順利運作，都不是操船者所樂見者。

　　基本上，若從法律的層面來看兩者的關係，則拖船船長只要確實遵守引水人的指令作業即可針對事故主張免責，然而此並不意味著拖船船長可以不顧其專業判斷而盲目地遵從，致使其船舶與寶貴的人命陷入險境。毫無疑問地，拖船船長在其協助大船作業的過程中當會如同商船船長一樣的，偶會遇有引水人有明顯的疏失或不能勝任

（Manifest error or incompetence）的情況。此時拖船船長爲確保拖船
與人員的安全，當應盡職地提出其質疑或尋求確認，並向引水人告知
本身之處境與難處，以及可能採取的因應措施。若果拖船船長疏於採
取此一作爲，極可能要爲後續的事故負起一定程度的責任。

　　另從技術層面來看，當拖船對航行中船舶進行繫帶拖纜（Tug's
line）作業時，引水人固然要注意拖船的安全，但小心駕駛避免碰撞
的發生乃是拖船船長的責任。因爲除了港區的水域受限是船舶操縱的
主要影響因素外，不當的操縱卻是造成拖船撞上被協助的大（商）船
的主因。另從往昔的案例我們得知，縱使碰撞係因被協助船的船舶
運動態勢變化所引起，例如船舶倒車之橫向推力（Transverse thrust）
所引起的劇烈甩艉動作（參閱圖 5.10），亦不能將過失歸諸於被協助
船，因爲港勤拖船本就應具備預期船舶偏轉，並迅速調整配合的作業
能力。當然此亦不表示，位於被協助船上的引水人或船長在拖船進行

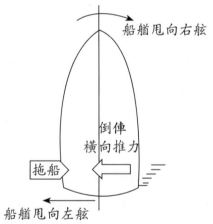

圖 5.10　右旋螺槳船倒俥所生之橫向推力

繫帶拖纜，或推頂拉曳過程中可以無視拖船的存在，而採取某些不合理或不當的措施，例如拖船未離開舷側或拖纜仍在尾部水中而無預警地動俥，或以過快的船速航行，似此，未顧及拖船處境致使拖船受損者，船長或引水人當應為其作為負責。

　　至於引水人指揮拖船的權力範圍究竟可延伸至何種程度，至今仍無一明確說法，基本上拖船船長若無引水人指令，逕行採取行動致發生海事時，該拖船船長當應負起過失責任，然而若係因引水人的指令不夠明確或不適當致發生拖船船長回應錯誤的情況，則引水人亦應負起肇事責任。其次，縱使海事係因拖船船長的不當操作所引起，引水人或船長若未在事故發生前下達適當指令化解危機，亦無法完全脫離責任關係。因為實務上儘管拖船本身雖有動力，但卻要聽命於位處被協助船的引水人的指令作業，尤其操船過程中的每一個運作都是由引水人下達一聯串的指令所構成的，其中當然要包括修正錯誤或不測的補救指令。值得一提的是，若事故係起因於拖船本身的機械故障，則引水人當然無需負責，因為沒有任何引水人可以預知其所使用拖船之機具運作可免於失靈或故障。究竟引水人的責任僅限於一般較為通用的指令，例如命令拖船開始或停止推頂，或是拖往某一方向等。至於拖船的機具狀況與操作細節則屬於拖船船長的專業判斷及職掌範圍。

　　此外，當拖船船長發現被協助船舶處於即將陷入極端危險的情況下，拖船應盡力救助，特別是在引水人的指示下，例如當拖船繫帶於大船旁要隨之進入船渠型碼頭時，若因引水人判斷錯誤致拖船過於接近岸邊，引水人遂要求拖船全力推頂，此時拖船當應配合盡力為之，若此舉使得拖船因作業空間不足致毀損時，拖船當可獲得全額賠償並

可主張救難報酬（Salvage award），因爲若拖船不予配合遒行脫纜離開，勢必會造成大船或碼頭嚴重損害的後果。

　　至於拖船在協助大船作業過程中所扮演的角色爲何呢？基本上，港勤拖船與專事救難作業的海洋拖船之功能雖有所不同，但兩者與雇用人間的關係卻是極爲相似的，以下特就其與雇用人（船東）間的關係作一簡述：

1. 具有民法上承攬之性質（民法第 490 條）

   即拖船將被拖船帶至一定地點，俟工作完成給付報酬。

2. 具民法上僱傭之性質（民法第 482 條）

   因代表船東之船長僱用拖船，係以按時或按程計酬者。

3. 拖船應具適航性（Seaworthiness）及提供拖航作業之能力的義務

   船舶拖帶爲利用船舶的方法之一種，就船舶本身而言，凡其條件符合海商法所稱之船舶者，當適用海商法之規定並受其規範。故承擔拖帶之船舶，應注意其適航性，即拖船不僅應具備完成領航作業所需之適當設備，並應配置足夠且具有拖航知識、經驗及能力之船員。另一方面，拖船如未盡其承攬人或受僱人善良應盡之職責，因而發生損害，應負賠償之責。同時，被協助船亦應以相當注意與拖船配合，若因被協助船之過失，致增加拖船執行任務之危險，從而發生損害者，被協助船亦應負責。

4. 拖船承擔拖帶工作，雖需注意完成其任務，但並不擔保其工作必能完成，倘遇不可抗力或其他海上事變，以致不能完成工作或遲延工作之完成時，得依一般民事法免其責任。

5. 當被協助船處於失去動力被拖帶的情況下，該被協助船之船長仍

占有並管理其船舶，並不因其被拖帶而失去其固有職權。

6. 前項拖船與被協助船間之指揮關係依契約內容，以及二船機器設備之條件而定。

5.5.4 引水人與港務長（航政及港埠管理機關）間之關係

在談及引水人與港務長之關係前，吾人首應對港務長的職掌作一定程度的認識，究竟港務長乃是與引水人關係最為密切的實質港埠管理人。一般人或許知道港埠管理系統設有港務長的編制，但有關港務長的職掌為何卻一無所知。實務上，吾人皆知港務長掌管處理的港埠相關業務幾乎無所不包，根本無法詳加劃定，何況每一港口都有其特別的運作習慣與當地考量，故而很難一致的詳述港務長的職責。但無論如何，大原則總是相去不遠的。基本上，港務長乃指在某一港區執行海事管轄權的首長，並需具備下列基本條件者：

1. 執行涵蓋某一港口或港區的海事管轄權；
2. 掌有經國家法律、規章賦予執行上述管轄權的機關；
3. 其職責應包括為航運運作所衍生之法律的及相關作業的責任；
4. 確保船舶在其管轄水域的航行安全。

在我國，早期上述條件或許為港務局長之職責，港務長只不過承命執行而已。如今港口採取政、企分離（Separate government administration from enterprise management）政策，只有在各港務公司分公司編制下設置港務長一職。故而港務長能否忠實執行上述職責頗有爭議。反觀國外港埠，一般港口確實由港務長獨立行事。

此外，每一港口除了受到各種不同的天然條件限制外，在程度上或多或少都受有國家政府所施與之法律的、財政的及政治的控制和干預，所以吾人對於全球各港皆有迥然不同的經營與管理手法就不足為奇了。

我們知道一個港埠管理機關所行使之海事管轄權的範圍幾乎毫無準則可循，實際上，常是諸多歷史的偶然所促成的，例如某一港口可能負有其港區及其直達公海之趨近水域內的海事管轄責任，然而某些港口之管轄權則可能僅止於部分圍蔽水域，水閘通路甚至沿岸碼頭之外圍水域而已，似此，後者極可能需要另設一組織或另制定法令對港埠之趨近水域施行管理或管制措施。此可以是國家或地方政府的權力機關，亦可以是特設的港灣管理委員會。實務上，一般國家皆以區域為單位，並由該區內之某一港口為中心，將區域內之各水域劃歸該沿岸港口管理機關管轄。例如我國將蘇澳港與台北港歸諸於基隆港管轄即是一例。值得一提的是，某些港口可能具有較廣泛的管轄權，即其權力遠超過其地理界限，但此通常是作為污染防治與打擊犯罪的考量與權宜配套措施。

港埠管理機關既然具有海事管轄權，就必須履行職務，執行其應有功能及管制權力，當然實務上這些事務的責任皆不是由港務長本身負責地，原則上，民營港口之港務長的權限完全得自於其雇主的授權，而雇主通常是法律上賦予其具有規範港務長的責任與權限者，反之，某些國家的港務長職務則是由國家直接立法授權者，例如英國即是，並在立法中詳述港務長可直接或間接獲取全面或局部的授權，此主在適當且合理地限制港務長執行權力。

　　另一方面，若港務長一職採行自政府組織內部的資深官員中擢昇者，例如來自軍方或文職對調者，通常負有較大的責任與特殊的考量，所以上任者必須具備相當的專業資格與相關經驗。在法國，港務長必須具備海軍或商船之資歷背景，並經考試及格者。其他一般國家則多要求至少具有商船船長資歷者，有的甚至規定要一定期限的船長資歷始可。其實港埠環境甚爲複雜，故而最低資格要求甚難界定。值得一提的是，某些港口之港務長的任命可能基於酬庸或其他特殊考量，而非經由任何正式的資格審查所促成者，因而吾人對上任者的背景與專業亦毋庸驚訝，但此多發生在第三世界或未開發國家。

　　顯然地，對所有民營港埠之港務長而言，除了法定職責外，尚需負起既定預算下的港埠管理責任。如同前述，幾乎港埠內之所有作業港務長皆需參與監督，何況還有許多航商客戶的個別要求。至於公營港埠的港務長除了上述繁雜的承辦業務外，更需面對來自各級長官與民意代表的關說，亦即港務長的角色日趨多元化。另一方面，由於港埠使用者永遠是要求無缺點的服務，例如高水準的交通管制、新穎有力的拖船、高效率的橋式機操作手與碼頭工人等。所以一位盡職的港務長只有不斷地從事各種港務改革以滿足顧客的需求，但吾人知道任何行銷策略必須考量相關承諾所衍生之額外增加的成本，因此作任何投資決策時絕不能隨航商起舞，而需審慎評估效益與可行性，究竟往昔有太多的錯誤決策是因港埠管理機關輕信航商不忠實的反映所作成的。當然從事服務業總是有風險的，但從港埠的收費架構與投資行爲足可反映出一個港埠的經營哲學。基本上，港務長在整個港埠管理團隊內所應扮演的角色，乃是善盡忠告之責，因爲整個港口管理團隊最

希望港務長能夠整合並提供有關船舶、航運運作、海運法規等之最正確且完整的知識與資訊,再據此作出對當港最有利的營運策略。

此外,從港埠作業安全的角度來看,吾人皆知對港埠作業造成衝擊的自然與外在因素頗多,因而縱使港埠管理機關採取最大的努力,亦不能確保抑制意外事故發生的可能性,然而事前的防範規劃總是正面的,而且可使意外事故所造成之傷害減至最低,所以制定各種可能發生之意外事故的緊急應變計畫(Contingency plan)是絕對有必要的。而任何應變計畫制定的邏輯乃基於對所有可能的「危險」作出正確的評估,並著重於防止與限制損害情況的惡化,而且要以最壞的情況作為因應的依據。港務長在緊急應變計畫中的角色雖不易明確釐定,但不可否認的,在港區內港務長不僅持有至高的權力,更掌握主要機具設施的控制權,因而若套用國際安全管理章程(ISM Code)的定義,則港務長將是所有應變計畫的最終稽核人。港務長既然擁有如此有利的條件,則為確保其本身與港埠的利益就必須面對所有未然採取積極的態度,督促所屬擬定各種應變計畫。

毫無疑問地,當一艘船舶航行於港埠管理機關的法定港界內,必定要受到港務長及其僚屬某種程度上的控制。儘管實務上航商常遭遇港埠官員所下達的相關指令因實際上不可行或是專業不足而引發爭議的情況。以船舶的船席指定(Berth assignment)為例,常是港務長必須面對的困擾,因其間除了公平的基本原則外,更涉及個別航商間的背景實力對決。因此衍生出在當前的法律規範下,港務長對航行於其所管轄港域內船舶的航行究竟可干預至何種程度的疑惑。很遺憾的,至今為止仍無一明確的規定,故而一旦爭議發生每需透過協商,甚

至以行政命令解決之。實務上，港務長常會以矯飾理論（Hypocrisy theory）作為處理紛爭的方法，始能維護不同的利益關係者在同一組織的不同利益，並化解業者間的衝突價值（Conflicting values）問題。處此情況下，不僅引水人所承擔的責任加重，其所採行的作為當然更要審慎。

事實上，從往昔國外海事法庭所判定有關港務長權限的案例吾人得知，除非有明確的證據（Manifest evidence）顯示若遵循港務長的指令將會造成意外事故，否則船長或引水人皆應遵守港務長的指示。此表示港務長雖有權下達指令，但必須要考量其所下指令是要被港埠使用者遵守的，故而當應要對其所下指令負責。此再次突顯出港務長具備專業知識的重要性。另一方面，不管港務長所下指令是否以最審慎態度所作成的，實際負責操船者都應要冷靜判斷，尤其在拒絕接受港務長指令的情況下，更應謹慎評估，以免導致嚴重的後果。當然拒絕接受指令者應為其行為負責。以下特舉一發生於一九三六年的某一撞船事件加以說明：

某船在船渠長（Dock master）的監督下[7]，欲自泰晤士河內的某船渠倒俥退出，然而船渠長卻無視於渠口停有數艘駁船已阻礙到渠口的事實，仍舊下達船舶出渠的指令，引水人亦未判斷當前情勢，貿然依

7　船渠（Dock）：船渠指在港區內藉由閘門（Gate）控制的一部分封閉水域，用以裝、卸貨物或維修船舶（dock refers to an enclosed area of water which is used to load, unload and repair ships.）。通常在潮差（Tidal range）較大的內河港口，為確保碼頭有足夠水深讓船舶安全泊靠才會建構船渠。

據其指令啓動倒俥將船退出，直至船渠長發現船舶將碰上駁船時才發出要求船舶立即停俥的信號，繼而要求其採進俥以制止或減緩船舶後退速度。遺憾的是，引水人未能依據其信號立即停俥，致使大船的俥葉打到駁船而造成葉片受損。事後，船東以該船渠長未能依其職權移開駁船，即命令船舶退出渠口，顯然有疏職守，向海事法庭提出告訴。身爲被告的倫敦港務局則辯稱，該港港務長只是單純地要求船舶離開船席，並無給予任何更進一步的具體指令的義務，因而無需負責。

　　如同多數海事判例一樣，海事法庭依舊採取各打五十大板的作法，即法官認爲儘管港務長有疏於指示疏散駁船的過失，但身處船上卻未能及時將船停止的操船者亦應爲事故負責。因爲法官認爲船舶的安全只能由一人負其全責，當船舶欲退出船渠時，引水人理當遵從船渠長的指示，但引水人卻未必要遵從任何可能將船舶導入危險境地的指令，而此一是否會使船舶陷入險境的後果，完全取決於引水人的專業判斷與操船決策，究竟船舶是由引水人一人指揮的，尤其法律更不容許船舶操縱出現雙頭馬車式的指揮模式。除非船渠長所下達的指令毫無給予引水人有足夠時間以採取進一步因應措施的情況下，才可以判定引水人沒有過失，此表示法官在判定過失責任時仍應會給予引水人一個合理的機會（Reasonable chance）。另一方面，船渠長當然有權下達指令要船舶離開船席，但卻不一定具有指揮船舶實際運轉的權力，若果船渠長執意介入指揮，進而導致事故的發生，則其勢必要爲其疏失或不當作爲負責。此好比尚未登輪的引水人在引水船上可以對到港船舶作原則性的指引，但卻不能要求船長完全接受其有關操船上

的運作細節指令。法律上，船舶違反港務長的規定，船長應負完全責任，當然亦包括對引水人的行為負責。但實務上，港務長選擇執行其權限的程度依各港的運作習慣有很大出入，因為某些港口的港務長的權限甚至只是發給船舶進出港許可而已，有些港口則是可以直接介入指揮船舶的所有運動。至此，吾人可以確定的是，身為引水人當應遵從港務長的指示從事引航作業，只不過遇有引航或技術上的疑難時，就應依憑本身的操船專業加以判斷，並據以採行決策，因為幾乎所有港務長所下的指示都是原則性與例行性的。[8]

8　STCW 95 公約有關引水人在船時，船長與當值駕駛員之責任

49. Navigation with pilot embarked (Basic Principles to be Observed)

Despite the duties and obligations of a pilot, his presence on board does not relieve the master or officer in charge of the watch from their duties and obligations for the safety of the ship. The master and the pilot shall exchange information regarding navigation procedures, local conditions and the ship's characteristics. The master and officer of the watch shall co-operate closely with the pilot and maintain an accurate check of the ship's position and movement.

50. Navigation with pilot embarked (for officers in charge of a Navigational Watch)

If the officer of the watch is any doubt as to the pilot's actions or intentions, he should seek clarification from the pilot; if doubt still exists, he should notify the master immediately and take whatever action is necessary before the master arrives.

第六章 引水作業實務

6.1 引水人組織

　　長期以來，由於引水人的組織一直欠缺明確定位，使得引水人在面對外界的各種質疑或爭議性問題時，常有難以適從之感，更因此喪失諸多職業團體當應享有的權益，故而引水人常在各種不同場合表達為其組織爭取合法定位的企圖，更積極尋求主管機關允許成立工會或組織公司。然儘管引水人如何努力爭取，以及其執行引航業務的職業屬性明確，囿於現行職團法規的門檻限制，以及引水人管理規則第四條：「應共同設置引水人辦事處，辦理船舶招請領航手續」的規定，不僅引水人的夙願難以實現，反而為此一實質上純屬民營的專技團體承擔了些許公部門的特質，此亦是海運社會及一般大眾對引水人與其組織的定位難以明瞭之原因所在。事實上，國內除了高雄港之外，其他各港之引水人辦事處皆因組織規模過小，或成員人數不足而無法組織工會或成立公司。

　　另一方面，海運社會對於引水人應共同設置引水人辦事處一直存有不同意見。從航商的角度觀之，因目前各港引水人辦事處如同前述，雖為純民間專技組織，但卻又獲得主管機關授權執業，形同公法人機構，亦即享有一定程度的獨占與保護，故而主張應撤銷現行引水

人設置聯合辦事處的規定，否則個別引水人難以獨立設置辦事處承接引航業務，造成航商根本無法指定引水人或與個別引水人簽約，此顯然違背引水法開放航商可以長期或指定雇用特定引水人的精神。反之，若從引水人的角度觀之，倘若引水人不共同設置聯合辦事處，則現行引水工作的輪值調度機制將難以持續，此不僅背離港埠的固有運作習慣，更會嚴重影響引航作業的秩序與公平性，尤其未與引水人簽訂長期契約的船隻欲僱用引水人時恐會遭受抵制或不平等待遇。可見海運社會對引水業務運作之意見的分歧頗大，此亦是我國引水業務歷經數十載的改革運作仍無法獲致海運社會全然肯定的原因所在。其實，目前世界各國對各引水區域之引水人組織，除了非強制引水區外，亦多經由立法程序採單一組織之作法，並責成其承辦區域內的引水相關業務。

　　毫無疑問地，引水業務的運作成敗不能完全由引水人負責，而是要由相關各方的努力與配合始可達致。基本上，引水業務之順利發展與否端視：

1. 周延之法令規章；引水相關法令應隨大環境的變遷修訂以合時宜。
2. 政府主管機關應有縝密而公正的管理與監督
   (1)嚴格限制引水人的任用資格，即依據法規考試及格始能任用。
   (2)針對各港口之引水人名額，作全面性調查與合理分配，始不致發生業務繁忙港口成為大家爭奪的目標，而業務清淡的港口則有招募不到引水人的窘況。
   (3)對於涉及航商利益與引水人權益之爭議事項應以公正超然的立場介入協調，必要時更應適時展現公權力以制止任何有礙港區

安全與發展的不合理事項。

3. 引水人應有健全的組織

(1)引水人對內應互相砥礪充實學識和增進技能，以提升服務精神與效率；對外則應遵守和推行政府法令，維護國家主權。

(2)接受主管機關之指揮與監督。

(3)公平合理地妥善處理會員之進退、工作支配及福利事項，以保障引水人之工作穩定性，進而促進航運的發展。

4. 航商的支持

(1)航商應竭誠擁護國策，維護國家引水權；並客觀地針對引水費率之釐定，引水人名額是否足敷需要，引水制度等提供意見。

(2)充分尊重引水人的專業見解。

6.2 引水人組織之運作

基本上，眼前國內較爲具體之引水人組織就屬各港口的引水人辦事處，儘管我國海運社會目前仍沿襲大陸時期稱其爲引水公會，但在正式場合仍應稱引水人辦事處爲宜。其實，引水人辦事處乃係類似聯合事務所之組織，因爲任一引水人一旦經引水人考試及格且實習期滿，取得執業證書後，本可各自獨立設置引水人事務所執業，然爲了使領航業務能夠順利運作，是以集合同一港區各引水人，著其共同設置引水人辦事處，以利領航業務的進行。既然引水人辦事處係由引水人共同組成，其成員間之地位當然平等，但爲統一引水人辦事處之業

務推展，通常由全體成員共同推選主任、副主任各一名，負責行政事宜並推展引水相關事務。

　　從上述吾人得知，類似引水人之團體，成員的自律與相互尊重應是組織運作成敗的最重要因素，但基於成員資格取得的均一性，加諸各成員不僅皆是資深商船船長，更是來自各航運公司的菁英，故而多具主觀強烈的特質，因此單是依賴道德約束實難以維持一定程度的規範，所以訂定組織章程或自律公約是絕對有必要的，然而目前國內除了高雄港引水人公會外，其餘各港之引水人辦事處皆因具營業單位的屬性而不具法人地位，故而並不適用人民團體組織法及商業團體組織法之規定，亦即欠缺訂定章程的法律依據。但是為有效規範組織成員，各引水人辦事處仍都定下具內規性質的章程，以下特舉某港之組織章程草本以為參考：

　　○○港引水人辦事處組織章程草本

第一條　本辦事處定名為○○港引水人辦事處（○○ HARBOUR PILOT OFFICE）（以下簡稱本處）。

第二條　本處處址設於○○市，並得設分處於交通部航港局所轄各港埠。

第三條　本處以維護國家引水主權、確保港埠與水道之安全、提供航行之協助、促進港埠繁榮、服務航商為宗旨。

第四條　本處之任務包括左列事項：

　　一、提供航商有關船舶進出港口、錨泊、離靠碼頭之領航技術。

　　二、有關海難救助與救生搜索之協助。

三、政府、私人企業委辦或咨詢事項。

四、相關學術研究之技術與實務支援。

五、關於會員共同權益之維護與增進事項。

六、其他有關引水事項。

第五條　具有左列資格者方得為本處會員：

一、依引水法之規定並持有航政主管機關頒發之○○港區引水人登記證書者。

二、經本處考核引水實務成績及格者。

三、經本處大會審查合格者。

第六條　有左列情形之一者喪失本處會員資格：

一、喪失中華民國國籍者。

二、經主管機關撤銷執業證書者。

三、犯罪經判處有期徒刑宣告者，經判處徒刑而喪失引水人資格者，但處易科罰金或緩刑者除外。

四、經法院判決為無行為能力者。

五、行為不檢，嚴重破壞本處信譽與利益，或有違反法令、本處章程，或不遵守大會決議致危害團體情節重大，並經四分之三以上引水人認定同意者。

第七條　本處設主任一人、副主任一人、財務委員二人、職工福利管理委員一人，均由全體引水人以無記名投票選任。

前項主任、副主任當選人應報請主管機關核備後生效。

第八條　本處主任與副主任之任期為兩年，連選得連任，但以一次為限。

第九條　爲謀引水業務之順利推行，本處得聘用職工若干員，其名額及薪資由大會決議之。

前項職工之退休給付依據勞動基準法之規定辦理。

第十條　本處每年召開大會二次，必要時，經二分之一以上引水人之要求得召開臨時會，均由主任召集之。前項會議得報請主管機關派員列席。

第十一條　召集大會應於十五日前以書面通知引水人，但因緊急事故召開臨時大會時，經於開會前一日送達通知者，不在此限。

第十二條　大會所提各款重要決議案，以全體引水人過半數同意行之。因故無法出席者得以委託書行使權利，受委託者以代理一人爲限。

第十三條　主任之職權如左：

一、召集引水人大會。

二、執行大會決議案。

三、推行政府法令。

四、督促引水人執業與辦事處員工之業務。

五、對外之協商交涉。

六、確實維護本處之利益。

七、引水收入之監督、保管與撥用。

八、必要時得聘請專業人員協助處理相關事務。

九、引水人輪值之安排。

十、內部紛爭之調解。

第十四條　副主任之職權如左：

　　　　一、協助召集引水人大會。

　　　　二、協助執行大會決議案。

　　　　三、主任休假或因故不能執行職務時代理主任。

　　　　四、其他協助主任之事項。

第十五條　本處引水人享有權利如左：

　　　　一、工作權、發言權及表決權。

　　　　二、選舉及被選舉權。

　　　　三、在本處業務範圍內得請求協助之權利。

　　　　四、得享受本處所舉辦各項事業之權利。

　　　　五、其他公共享有之權利。

　　　　六、引水同仁公約所載事項之權利。

第十六條　本處引水人應履行義務如左：

　　　　一、遵守本處公約及決議案。

　　　　二、出席各種應出席之會議。

　　　　三、擔任本處所推派或選派之職務。

　　　　四、依照輪值表履行領航業務。

　　　　五、遵守引水相關法令積極維護本處利益。

　　　　六、其他依法應履行之義務。

第十七條　本處引水人如有違反本處章程與決議或不正當言行而損
　　　　及本處信譽者，得按其情節輕重由主任提請召開大會並
　　　　經由大會決議予以警告或停權處分。

第十八條　本處組織解散時，其剩餘資產或負債由全體引水人推舉

專業清算人作清算處理。

第十九條　本章程需經本處引水人四分之三以上同意，修正時亦需經引水人四分之三決議行之。

本章程經前項會員大會通過後，應報請航港局與○○縣（市）政府核准備案後施行，修改時亦同。

第二十條　本章程未規定事項悉依有關法令辦理。

　　從上述引水人辦事處之組織章程內容吾人得知，引水人辦事處應是自律性與自主性極高的專技人才組織，其運作的順暢與否端賴成員的信守公約與自我約束。因為全體成員遵守團隊運作的法則，才是維持此營業共同體於一定水準與永續的基礎，否則此一組織的運作勢必雜亂無章，因此遵守紀律之心，乃是成員進入引水人組織的必要認知。另為確保辦事處的運作正常與引水人免於分心，依據章程第九條規定辦事處應僱用可以參與輪值的調度員數名，以及會計與出納各一名專職處理會務。

　　除了上述規範組織成員的章程之外，引水人辦事處更要有下列相關硬體設備的支援：

1. 自力發電設備：由於引航作業具有全天候提供服務的特質，設若遭遇電力中止致使對外聯絡中斷，其後果輕則影響航商權益，重者可能帶來難以估計的損害。尤其颱風期間更是船舶最需要引水人提供協助之時，但卻也是電力最易中斷之時，故而設置自力供電設備以確保引航作業與對外聯絡不中斷是絕對有必要地。

2. 獨立的通訊設備：引航作業首重船、岸間的通訊聯絡，故而應避免發生到港船舶呼叫不到引水站，或是引水站呼叫不到抵港船舶

的窘況發生，因此引水人辦事處應於既有的港埠通訊網外，自行裝置高功率特高頻無線電話（VHF），並建立電郵網站以利船舶與航商全天候的應用。

3. 氣象觀測儀器：大氣環境因素影響船舶操縱至巨，因此引水人應利用氣象網站與簡易氣象觀測儀器，如風向儀、氣壓計等，隨時了解當地的天候變化趨勢，以提供到港船隻相關資訊與作為操船之參考。

4. 所屬引水區內之海圖、引航相關圖書與有效的航海圖表。

5. 引水船：依據我國現行引水人管理規則第七條：「專供引水工作所用之引水船，由引水人辦事處置備，並得申請電信主管機關核准設置無線電臺，以利執業」。然因引水船不僅造價昂貴，其營運管理與保養維修更是耗費不貲，而且皆需仰賴專才，故而國內引水人辦事處目前皆依據引水人管理規則第八條：「引水人辦事處未置備引水船者，由引水人辦事處租用適當之船舶代用」的規定，採行租用引水船的模式運作。

6.3 引水費率

如同前述，引水業務因具備公益、必須性與獨占性的特質，但也因此特殊性使得其必須承擔下列義務：

1. 對所有需要服務者提供服務之義務；

2. 提供適當的服務之義務；

3. 提供合理費率的服務之義務；

4. 對需要服務者不得有差別待遇，亦即要提供公平的服務。

吾人必須強調的是，上述義務乃是本於公益事業的本質所產生的，而非依據契約所衍生的。其次，儘管公益事業具有公益性與獨占性，但此並不表示公益事業的費率決定就必須堅持以最低成本提供最佳服務（Best service at least cost）的思維。毫無疑問的，從商業運作角度而言，以最低的價錢提供最好的服務對消費者而言是最為理想的，但此畢竟只是理想而已。因為吾人必須考慮到上述最低成本乃是指總生產費或總成本，而此總成本則包括了營運費用與資本報酬二大要素。前者包含降低價率時的提攤、稅金、為求營業穩定所需的公積金；後者則包含資本的公積金。亦即，

總成本 ＝ 營運費用＋降低價率時的提攤＋稅金＋各種公積金＋資本報酬

可見牽涉因素甚廣，而且依公益事業營業項目的不同，計費細目亦會有所差異，其中尤以公積金的提撥最是難以拿捏，之所要提撥公積金乃因公益事業不能一日稍歇，設或遇有非常狀態仍要維持其正常運作之故。因而有關公益事業（維持港口正常運作）之費率決定絕非僅憑愈低愈好的單純思維所能定奪的。但不論如何其費率的制定原則總是不變的，一般在決定公益事業的費率必須遵守下列原則：

1. 公平與合理的費率原則

公益事業的費率乃是使用者針對其所享受到的服務所支付的對價報酬，因而與服務品質的優劣有密切的關係，亦即費率本身並非獨立

地，而是依據其與服務間的關係來作決定的。換言之，費率如定的太高的情況下使用者會減少，反之，費率定的太低的情況下，服務的品質與內容勢必亦會隨之降低，因此要在兩者間取得一平衡點始能促進整體公共利益的提升。

2. 表定費率的原則

公益事業的費率必須顧及不特定多數的一般大眾的公平適用性。故而不能像締結契約一般地自由決定費率，而是要依據事前決定的表定費率，針對具備一定條件的需要者，收取固定且無差別待遇的費率。

3. 費率穩定性的原則

為施行公共管理，公共事業的費率就必須經主管機關的監督、認可與核准。另一方面，需要者當然不希望提供日常服務的公益事業的費率是不穩定的。

從上述吾人可以得知，公益事業的費率之安定性與依據經濟環境變動的自由費率制度是截然不同地。值得一提的是，處於當前通貨膨漲的時代，除了物價與工資成本日趨高漲外，公益事業的費率決策更常遭遇政治性的不當干預與抑制，結果使得許多公益事業的費率水平之合理性盡失，致公益事業的經營愈為困難，而過低的不當費率終將導致服務品質的愈趨低落，此一發展對於需要者顯然是不利的。因此欲決定合理的費率雖需監督機關與需要者的充分理解與合作，另一方面，公益事業團體本身亦要體認大環境的變動，進而提升服務品質以

換取較多的認同與支持，才是維持公益事業持續運作之正途。

　　如同其他獨占的公營事業一樣，引水費率的合理與否長久以來一直是海運社會爭議的焦點，尤其作為消費者的航商，無不透過各種管道與場合積極表達調降引水費率的強烈企圖，少數航商更將引水費率視之為阻礙海運企業發展的負面因素。反之，若從引水人作為海技提供者的角度來看，固然提升港口的整體競爭力勢必要大幅調降港埠費用的方向是絕對正確的，但是港埠費用所內含的項目何其多，為何總是要拿引水費作為調降港埠費用的首要選項？因為引水費對整體港埠費用所占的比率實微不足道，請參閱下列有關日本港灣費用的結構比率：

表 6.1　港埠費用結構比率（43,000 G/T **全貨櫃船，假設貨櫃處理量為** 500 TEU）

港埠費用項目	引水費（海灣）	引水費（港區）	拖船費	繫纜	租稅	裝卸費	設施使用費	理貨費用
百分比	5%	2%	4%	1%	6%	44%	30%	8%

資料來源：海洋展望 / 平成八年

表 .6.2　港埠費用結構比率（3,994 G/T **貨櫃接駁船，假設貨櫃處理量為** 300 TEU）

港埠費用項目	引水費（港區）	拖船費	繫纜	租稅	裝卸費	設施使用費	理貨費用
百分比	2 %	6 %	0.5 %	1 %	48 %	34 %	9 %

資料來源：海洋展望 / 平成八年

雖日本的港埠費用結構或許與我國港口的情形有所差異，但至少可以表達一定程度的意義。從上表吾人得知，港埠費用的最大支出當屬裝卸費與港埠設施使用費，至於港區引水費則僅占整體港埠費用的百分之二左右，加諸灣靠我國港口之船舶並無海灣引水費之支出，可見灣靠我國港口船舶的港區引水費占其總港埠費用的比率（約百分之二點零至二點七）亦是極其低微的。

至於什麼樣的費率水平才算是合理的，至今為止產官學界仍無人可以提出足以說服相關各造的立論依據與計算公式。事實上，若從國際經貿與公平互惠的角度來看，處於眼前地球村的大環境下，對於灣靠我國港口的船舶收取引水費，本應採取對等待遇的方式處理，亦即對來港船舶所徵收的引水費只要與貿易對手國所收取者相近即算是合理的收費，然為確保港埠競爭力，或可將引水費率調降至比區域內週邊鄰近港口稍低。其實，航商在為屬輪作選擇灣靠港口的決策時，引水費絕不會是其主要考量，究竟航商在分析泊靠港埠條件時，最在意的乃是貨源的多寡與轉運商機的有無，其後才是港埠設施的良窳，港埠管理機關的配合度以及其所能提供的服務水準與收費標準。需知對於以商業利潤為最先考量的航商而言，任何一個沒有貨源的港口即使免徵收引水費亦難以吸引航商到來，反之，若果一個貨源充裕的港口即使港埠規費高昂乃至軟硬體條件不盡完備，仍可吸引所有船舶的到來，此從六〇年代的沙烏地阿拉伯港口與眼前中國沿海各港船席一位難求的蓬勃景象即可印證。故而單純地認為引水費的高低會影響航商灣靠港埠意願的說詞顯然模糊了問題的焦點。

可見引水費率之訂定應採「相互主義」與「平等主義」兼顧，

前者即是人之待我如何，即以之對待其人之義也。後者符合當前世界貿易精神，即內、外（船舶）人之權利能力一律平等是也。惟此乃原則，於必要之情形，仍得依法令予以限制或依現實環境調整，是又不待言者也。

　　基本上，引水費率可分從費率的結構（Rate structure）與費率水準（Level of rate）二方面來探討。基本上，引水費率的結構主要顯現在其計費公式，包括計費的基礎（Rate base），例如船舶的總噸位（Gross tonnage）、水呎（Draft）、船長（LOA）、時間（Time duration）即是，以及依據此等基礎所分列的收費級距。至於費率水準，則視費率公式中的相關係數的高低而定，通常都會表現在各級收費的費率上。在施行管制的費率制度下，引水費率的結構如果合理，則比較不會每年調整，反之，費率的水準則會隨市場環境的變動逐年或定期檢討修正，例如隨著物價指數的變動加以調整。

　　目前世界各主要海運國家大都以船舶的總噸位與船舶最大吃水（Max draft）作為計算引水費[1]的主要依據，而部分國家則在前項計費基礎上另加徵收基本費（Basic charge）或附加費（Additional charge），請參閱下表：

1　中國港口的引水費依據船舶的淨噸位收費

表 6.3　**各主要海運國家引水費率計算基礎**

國家或地區	計費基礎					
	基本費	總噸位	水呎	船長	小時	船寬
臺灣		◯	◯			
日本、韓國	◯	◯	◯			
香港、雪梨	◯	◯				
新加坡		◯			◯	
泰國		◯	◯			
美國（LA）				◯		
法國	◯		◯	◯		◯
加拿大	◯				◯	

資料來源：Japanese Pilots' Association, Pilotage Tariff in the World 1996, March 1997

　　從上表得知，各國的引水費率計算基礎不盡相同，此當與各國引航主管機關與海運社會的主張與認知不同有關，如支持引水費應內含基本費一方認為徵收基本費不僅可使收費項目化繁為簡，更可達致大小型船舶公平收費的目標，反之，支持依據船舶水呎收費者，則認為水呎的深淺最可反應出航商的營收狀況，因而引水費隨著航商獲利的增加遞升徵收，或貨載情況不佳遞減收費，應是符合公平正義的作法。至於噸位費在計費公式中所占比率較少，乃是因為船大並不表示貨載多，究竟空船進出港口的情況頗多，所以水呎費在整體引水費中應占較大比重才是合理的；當然持反對意見者則認為許多船舶都是在重載的情況下進出港口的，而且在當港所裝載的貨物並不多，若依船

舶水呎徵收引水費即表示該船進、出港都要徵收高額引水費，顯然是不合理的作法。可見相關各方對引水費的結構都存有相當分歧的看法，而且無論採行任何一種計費方法都會有反對的聲音。

　　基本上，我國港口引水費之計算係由下列三項計費基礎加總所得者：

1. 水呎費：即依據船舶實際最深水呎計算的引水費。而費率表係將船舶的總噸位區分成五個級距的水呎費率標準，欲求取水呎費必須以船舶水呎在不同的總噸位級距區內交叉讀取水呎費，即水呎相同的情況下大船所需支付的引水費較高。

2. 噸位費：依據船舶總噸位計算之引水費。以每五百總噸為一級距。

3. 附加費：一般只有在引水人需要於正常勤務外，增加時間、勞務與心志的付出情況下才會加計附加費。例如等候費、取消費、夜航費、無動力船舶加倍費等即是。

　　因此我國目前的引水費可以下列公式計算之：

$$P = B\,(T/500) + C\,D$$

式中 B：噸位費率，T：船舶總噸位，C：水呎費率，D：最深水呎

　　上述公式所求出者只是單段引航作業的「基本引水費」，也就是計算各港口引水費的基數。

　　因為各港口的船舶引航難易度不同、航行險阻（Navigational hazards）不同、引航時間也不同，故而若各港一律以「基本引水費」計收，顯不合理。

　　因此實務上多在當地航政主管機關監督下，邀集航商、船務代

理業與引水人協商各港口進、出港引水費的「段數」（引水費加權指數：Pilotage-weighted index）。故而船舶進出港實收的引水費應是「基本引水費」乘以「段數」。例如高雄港進港以一點四段計費；出港時，引水人在防波堤內離船以一段計費，故而一艘船舶進、出高雄港的正常引水費總額應是以船舶的總噸位級距與最深吃水，從引水費率表查得的「基本引水費」乘以二點四段。又基隆港因冬季東北季風盛行期海況惡劣，航商體念引水人辛勞，遂將進港航程訂爲二點零段；出港時，同樣是引水人在防波堤內離船以一段計費，故而一艘船舶進、出基隆港的引水費總額應是以船舶的總噸位級距與最深吃水，從引水費率表查得的「基本引水費」乘以三點零段。此外，若船長要求引水人在防波堤外離船，則要加計一段引水費。此一引領船舶出防波堤口加計一段的計費方式，國外港口亦有同例，例如日本大阪港即是。

基本上，船東爲降低營運成本少有要求引水人將船舶帶出港口防波堤外。究竟開船時，引水人都會將船引領至出港航道上，船長只要對準港口朝防波堤口前進數百公尺即可出港，船東怎可能願意增加此支出。但事實上，有少數狀況比較特殊的船舶，謹慎的船長仍會不計增加引水費用，要求引水人將船帶出港口外。尤其是以被租傭船爲最，因爲處此運航條件下的引水費有時是由租船人（Charterer）支付的，而爲保護船東利益，船長就不計引水費的增加了。

也因爲上述將船舶引領出防波堤加計一段收費的計費方式，造成多數船東選擇出港時，要求引水人在抵達防波堤前離船，以減少支出。結果在職場上，引水人常遭遇少數不理解的船長埋怨國內引水人

可以出海引領船舶進港，卻不願將船引領出海。事實上，是船長不知
道船東要節省一段（外送）引水費的支出，不希望引水人將船引領至
外海。也因爲涉及引水費用[2]增加的敏感問題，一般引水人如遇有船
長要求將船駛出防波堤，通常會先諮詢船務代理業者尋求確認，以免
滋生無謂爭議。

此外，若果引航作業涉及上述第三項所包括的非例行服務，則需
增收附加費。

另從上述，吾人可看出我國的引水費計算公式中並未含列基本
費，此亦是我國港口引水費結構在東北亞地區成爲較獨特形式的原
因。也因此近年來許多相關研究報告陸續提出我國引水費的結構應改
含基本費較爲合理的建議。因爲計費公式若欠缺基本費，常會發生引
水人引領小型船舶所收取的引水費不敷其出勤的基本成本之窘況，此
從隱含在費率表中的最低可能收費即可得知，例如一水呎小於一點
八三公尺，總噸位小於五百噸之船舶出港時，其引水費僅有七百六十
元，若爲國內航線之國輪更要以三分之一計收，此對引領一艘船舶需
要三千元固定成本的引水人而言，絕對是一件貼錢的白工。毫無疑問
地，無基本費的費率結構，只有將小型船舶的負擔附加在大型船舶

---

2 我國現行引水費率表係於一九九八年訂定，有關總噸位的計費級距僅訂
 至六萬噸級。此乃因當年無人預知貨櫃船可以發展至超過十萬噸以上，
 郵輪更動輒超過十五萬噸以上。顯然現行費率表並未合理反應此一船舶
 大型化的趨勢，因此各港引水人辦事處提議在引水費率表增列總噸位超
 過十萬噸船舶的級距，以符合費率表既有逐級調高的原始意旨。然國內
 航商以成本考量悍然拒絕。

上，從而產生交叉補貼的現象。此從費率表中的水呎費與噸位費之費率，並未隨船舶水呎與總噸位的增加而遞減的結構即可推知。顯然此種計費方式對大型船船東而言是極不公平的。而在這種不合理的費率結構下，引水人方面為維持引水業務的正常運作與財務收支的平衡穩定，只有被迫採行附加收費的方式進行調整，此舉當然引發航商之怨懟，從而累積成為航商與引水人間的不良關係。

憶及一九九七至一九九八年間，在某大航商的高階經理人帶領下，國內航商與引水人間曾為引水制度的改革與引水費率的調整，引發明顯對立的不快，雖作為航政主管機關的交通部亦全程介入協調，最終雙方仍以不滿意但勉強接受的心境收場，很明顯地，兩造間的爭議雖告一段落，而且確亦維持相當時日，但令人遺憾的是，航商與引水人長期以來所建立的互信與和諧已被破壞無遺，此無疑是對我國海運社會最為嚴重的一次斷傷，蓋一個國家的引水費率斷無由引水人單方面漫天喊價的理由，但更不能完全任由少數航商操縱，究竟國家有其顧及公益與公平的海運政策。尤其是主導的航商每以國籍航商與國輪需要保護為由，但審視其經營的龐大船隊幾乎皆懸掛權宜籍旗，似此偏頗取巧逃脫稅徵的商業運作，難道是我國航港政策積極保護之標的嗎？。

因此在費率結構中含列基本費應是吾人努力的方向，尤其從引水人勞務付出與對價報酬的角度觀之，引水人咸認為應全面改採計收基本費，並依船舶噸位或水呎加徵附加費的架構較為合理。因為實務上除了特殊船舶與巨型船舶外，操縱小型船舶進、出港口或離、靠碼頭所耗費的勤務時間與操船風險都不見得比操縱大型船舶低。此乃因為

小型船舶大都屬船況較差的高齡船，故而操縱性能常是操船者難以預期的，亦即要付出更多的心力始能完成引航作業。似此，若依舊對小型船舶徵收相對偏低的引水費，對大型船舶的船東顯然是不合理的。而欲改正此不合理現象似乎只有改採計收基本費一途。

　　然而如同前述引水費一樣，基本費究竟要如何訂定才是合理亦是值得探討的問題，吾人以為在釐定基本費時必須反應引水人執業時之各項成本，此包括機會成本、設備成本、用人成本與交通費用等。因為對經常處於狂風巨浪中執行業務的引水人而言，若未能獲取合理的報酬似不公平，尤其極可能日後無人願意從事此一高風險的行業。當然所訂定的基本費亦不能高於周邊國家鄰近港口的費率。

　　事實上，除了上述基本費的分歧看法外，有關現行引水收費較具爭議的乃是多人引水與國內航線船舶按表訂費率三分之一收費的問題。首先，談及長期以來一直引發航商詬病的多人引水制度，亦即所謂的「共同引水」（Cooperative pilot, Dual pilot, Extra pilot 或 Assistant pilot）制，乃起因於大型或特殊船舶，諸如汽車專用船、超級油輪、大型貨櫃船等，由於此等船舶的船橋設計與甲板貨載之高度嚴重影響操船者之視界，或引水區基於其特有的環境或泊位考量，因而要求船方額外增僱引水人。從航商的角度來看，節省港埠費用與支出一直是其不變的經營鐵則，因而認為僱用第二引水人不僅不合理，更是增加航商的負擔，進而影響航商與港埠的競爭力，因為國外除非少數極大型的船舶有僱用二人或以上的引水人之成例外，餘者莫不僱用一人引水，我國引水業務之運作焉能自外於國際海運社會之習慣，何況第二引水人之功能通常只是協助瞭望而已。反之，從引航實務的角度來

看，所謂操船的難易度與視界的良否，除了受船舶本身的設計限制外，更受外在環境條件的影響，因而此乃是相對性的問題，例如某船在高雄港內運作時操船者並無感受到操船水域受限的壓迫感，反之，該船一旦進入基隆港則操船者立即感受到操船水域不足的壓迫感，因而諸如距離判斷與視界障礙等不確定因素與恐懼感即隨之產生，從而增加了操船的難度。是故爲確保引航的安全，並傳授新進引水人的操船技術乃主張上述特殊或巨型船舶應雇用第二引水人協助引領爲宜。而爲減輕航商的負擔，第二引水人通常採取折扣優惠。然儘管引水人方面曾作多方努力爭取維持既有的共同引水制度，交通部仍於一九九七年十二月四日以交航字第○○八五九六號函令臺灣省引水人辦事處自一九九八年四月一日起取消強制二人（或三人）引水，改爲一人。但基於安全需要，航商得自行決定增雇引水人。至此爭議多年的共同引水問題始告落幕。值得一提的是，儘管目前仍規定極少數特殊或巨型船舶進出港時需僱用二人引水，但航商大都能夠理解與接受，究竟國外港口確實亦有類似規定，只不過基於各港港埠環境的不同致所訂定的門檻有所差異而已。

其次，談及國內航線國輪船舶按表訂費率三分之一收費的問題，事實上有其特殊的時代背景因素。回顧國民政府轉進來臺之初，因國輪集中臺灣致航線短縮，故而航運業呈現蕭條景象，航商無不慘淡經營，其時引水人方面雖收入微薄但基於同舟共濟之誼，從未提出增收引水費之議。及至韓戰發生後，國際航運突呈蓬勃景象，國際運費呈直線上漲，因此政府基於我國碼頭與引水收費均較國際行情低廉甚多，乃同意引水費之調升，然政府爲維護我國航運之發展並體恤國

籍航商之艱難，臺灣省政府交通處遂電令引水人辦事處自一九五一年元月起國輪引水費以五成記帳方式收費，實則五成免收之意。及至六○年代中東戰爭興起，國際海上運輸更是活躍，惜因我國商船隊之船齡老舊而不具競爭力，因而爲保護國籍航商，省交通處遂再以行政命令規定國輪引水費以三分之二記帳方式免收，即按引水費率表三分之一收費。及至一九九八年四月一日起始取消國際航線國輪按引水費率表三分之一收費之規定。但國內航線國輪仍按表訂費率三分之一收費。據臺灣省引水人辦事處估計至一九九八年四月一日爲止，全國航商記帳積欠之引水費高達上億新臺幣。引水人辦事處曾一度興起訴訟討債的企圖，但念及此乃時空背景造成的遺憾，更爲確保海運社會的和諧因而作罷。

另外，之所以保留國內航線國輪仍按表訂費率三分之一收費的規定，乃是因爲早自海峽兩岸仍處於軍事對峙常態時期，政府與軍方爲確保離島的軍用與民生物資免於匱乏，即徵租民間商船從事運補任務，而參與運補之航商多係規模極小營運困難的一船公司，因此政府本於該等航商對國防與公益的貢獻特別予以優惠，當然引水人方面亦樂於接受。很遺憾地，當初政府體念經營離島航線之小船東經營困難的美意，如今正被少數航商不當地擴大解釋，亦即近來常有少數營運規模頗大的航商以其龐然巨輪某段時期內僅灣靠國內港口爲由，央求比照國內航線國輪三分之一收費，此顯然是曲解了政府當初優惠國內航線國輪三分之一收費的原意。其實從眼前的時代趨勢來看，引水人提供引航服務進而依表收費乃屬準商業行爲，政府主管機關實不宜動輒以行政命令介入，何況在世界貿易組織的框架下更不容許任何國家

有國民差別待遇的作為，因而吾人認為在國內航線航商目前經營已獲
改善，乃至獲利頗豐的情況下，實無再予以優惠收費的理由。若果政
府真要貼補國籍航商，亦應由交通或財經部門編列預算專款補助才
是，而非由具純民間專技團體性質的引水人組織單獨吸收。

　　如同前述，蓋唯有全面調整引水費率或改徵基本費，乃至取消國
輪的優惠才是走向引水費合理收費的正途，否則引水人勢必要持續背
負不合理收費之指摘，而且亦難以消弭航商的疑惑與怨懟。

　　最後，論及引水費，勢必要考慮到專供引水人搭乘的引水船費
用。引水船費用乃是遇有航商或船長雇用引水人引領船舶才發生的，
故而當亦屬引水作業的成本項目。基本上，引水船的收費方式可分成
獨立計費或內含於引水費內。前者多屬民營引水船業者，由船公司僱
請付費，如臺灣港口即是；後者則多屬港口公司或引水人組織所有，
中國港口即是。毫無疑問地，引水船當然愈大愈好、愈快愈好，但總
要讓業者可合理獲利，否則民營業者怎可能引進性能優越的船機與航
儀？因此目前普遍的現象是，港口公司或引水人組織所擁有的引水船
的性能普遍較佳，因為其只要預先編列預算就可訂造較高規格引水
船；反之，由航商自行僱用的民營引水船，由於航商不願支付較高成
本，引水船業者只能勉予維持，因而船況普遍欠佳。

6.3.1 引水酬金

　　如同前述，某些合於法令規定准予豁免僱用引水人的船舶，由船
長自行引領本船進出引水區的情況下，船東或運航人通常都會給予船

長額外津貼，一般稱爲引水酬金（Gratuity to master for piloting）。以美國與日本爲例，此一引水酬金的支付方法是由船東協會與船員工會依據協議訂定的。但在我國則由船東採自由心證作單方面決定，此或許與國籍船長缺乏公會組織的奧援有關。依據全日本海員工會與船東協會所簽訂的勞動協約：「總噸位一千噸以上的船舶在國內各港（遠洋船則包括國外港口），未僱用引水人的情況下進港、出港、通過海峽時，進港、出港、通過海峽、更換錨地各計一次，依據船舶噸數給與一定金額的引水酬金。」；反觀我國，目前國內砂石船船東係採每進出一次港口，即支付船長三、四千元新台幣的方式以示慰勞。至於遠洋航線船舶，早期一萬總噸以下船舶進出日本港口多可由國籍船長自行引領，船東再依據日本引水費率表打折後給予引水酬金，或是不論港口地遠近與船舶吃水的深淺，一律支付極其微薄的固定酬金。但如今日本政府基於環保與海上交通安全考量，已修法提高自行引領的門檻，加諸船東風險管理的意識高漲，故而大幅減少由船長自行引領進、出港口的機會，只不過川航港灣或海灣的部分還是由船長自行爲之。

　　經查詢各國引水酬金制度吾人發現，英國是在強制引水區未僱用引水人的情況下，船東或租船人才會給予引水酬金，反之，美國與日本則不限制於強制引水區域內，蓋只要船長未僱用引水人自行引領，即使在非強制引水區內亦可支領引水酬金，亦即擴張了適用範圍。本來，豁免強制引水的認定制度，在法律上就是針對強制引水區設立的，因此若從行使相關資格的勞務報酬角度來看，顯然英國的制度較爲合理。除此之外，我們在職場上時常發現，由於部分船東或租船人

給予船長的引水酬金著實與港口引水費不成比例，故而船長常不願配合而僱用引水人，因爲船長認爲與其支領微薄的酬金而需承擔重大的責任與壓力，不如將操船事宜交由專業的引水人。其實，引水酬金的多寡應不是船長的首要考量，船長所要考慮與評估的是自己是否能安全且從容地勝任特定港口或航道的引航作業。因爲若未能作妥充分準備與審愼計畫而貿然自行引領，極可能帶來得不償失的後果。

6.4 引水實務

　　基本上，我們知道引水人在執行業務的過程中，雖與船長、船東、船務代理和港埠管理機關皆有緊密的聯繫與關連性，但若就實務面觀之，則引水人與船長間之關係最爲直接密切，其中又以引航過程中的船舶操縱過程爲重心，因此兩者間之齟齬與不同感受總是難免地，故而如何化解二者間的見解差異，以及處理好情緒控制是最重要地。

　　如同前述，當船舶抵達引水區後，或欲自泊位啓航離港時，雖有引水人登輪協助，但船長仍應切實留意引水人之操船情形，因爲船長在法律上負有確保船舶安全的最終責任（Final responsibility），引水人登輪執行領航業務僅爲船長之技術顧問（Advisor），屬專業建議性質，遇有不當操作或危急情況，船長可隨時收回指揮權。因此船長不僅要了解本船之操縱性能，尚需具備豐富的船舶操縱知識，始能融會貫通而靈活運用。值得一提的是，隨著船舶科技的日新月益，以及船上起居活動的多樣化，部分船長常忽略了抵港前溫習當地水文與港

灣常識的重要性，因而相對地提高了其對引水人的依賴度，甚至抱持引水人上船後即事不關己的偏頗態度。職場上常見少數船長船舶都已駛進港口了，還在詢問他的船舶究竟要靠泊哪一個碼頭。實務上，船舶進港的船席早已排定，而且當地船務代理或公司都會預為告知，以讓船長有充分時間研讀相關知識並做準備。似此，連欲靠泊的碼頭都不知道，一旦遇有引水人採取異於常理的作為或不作為時，肩負全船安危大責的船長焉能迅速因應，進而接手掌握狀況。

另依國際慣例，引水人執行操船運作時所下的指令，均需透過船長下達執行，惟實務上並非如此，此乃因多數船長皆信任引水人的經驗與專業技能，但卻常忽略了引水人雖有豐富之港灣知識及操船技術，但對每艘船舶之性能或許不及船長熟悉的事實。所以船長除應訓令當值駕駛員與船員隨時注意本船安全外，當引水人因行為、能力或錯誤判斷致使本船趨向危險時，亦應隨時準備接替引水人職務，親自指揮船舶，以策安全。此表示船長、當值駕駛員與船員依據引水人的建議採取任何行動之前，仍應冷靜判斷引水人所下的指令是否合理，若有任何疑慮應即反應尋求進一步的確認。

為此，依據國際海事組織第 A.893(21) 號決議案（Resolution）「航程計畫指南（Guidelines For Voyage Planning）」，明確規定船舶航行必須預先擬妥航行計畫，對船舶自起始點至終點的航程，做完整詳盡闡述的操縱程序（Complete description of a vessel's voyage from start to finish）以供駕駛台團隊成員詳閱、遵循並行全程監督。而施行航行計畫的目的就是要確保：

1. 海上人命安全（Safety of life at sea）；

2. 船舶航行的安全與效率（Safety and efficiency of navigation, and）；

3. 海洋環境的保護（Protection of the marine environment）。

　　其次，航行計畫的基本程序應包括：

1. 評估（Appraisal）

2. 計畫（Planning）

3. 執行（Execution）

4. 監視（Monitoring）

　　相同的，在引水區內的引航作業，亦有類似的「引航水路計畫（Pilot Passage Plan）」，簡稱「引航計畫」。基本上，「引航計畫」並無一定制式規範，內容可繁可簡，端視引領船舶的操縱性能、船長對港口的熟悉度，以及欲泊靠碼頭的難易度而定。「引航計畫」可在引水人登船時提出與船長討論，亦可在船舶抵港前以電子郵件預先發至船上，以供船長預為參酌。以下就是郵輪「VVV Seas」抵達基隆港前由引水人辦事處製作，並發送至船上的「引航計畫」。（參閱圖6.1、圖6.2）。

　　至於在引領船舶的過程中，船長授予引水人操控船舶的自由度之多寡，常因船長的不同而有很大的落差，一般言之，經常灣靠固定港口之小型沿岸航行船舶的船長常會修正、否定，甚或駁回引水人的指令，而大型船舶的船長則較易接受引水人的建議與指令。尤其遠洋航線的船長多有被動的傾向，亦即其雖會謹慎地觀察船舶的操縱，但卻少於介入或干預。此種態度的差異很顯然係因遠、近洋航線船長的訓練與養成背景的不同所致。因為近洋航線船的船長除了進出港口的頻度較高外，更常被船公司或船東要求自行引領船舶進出，乃至泊靠

Pilot Passage Plan for M.V. "VVV Seas"
ETA : 0530 Hrs, MAY 12,2013

※ PILOTAGE

Pilot boarding ground： 2.5 miles NNW of Entrance
(Pilot will boarding 3.0 miles off if Master requested)
Embarkation side ： Starboard side ; One meter above sea level
Approach course and speed to boarding station：160° (T)/ 8~9 Knots

※ BERTH AND TUG DETAILS

Intended berth：E-3/4
Starboard side alongside
Estimated transit time to berth：60 – 70 minutes
Tug rendezvous position ： Port Entrance
Number of tugs ： One（1）ZP Tug (Compulsory)
Tug's bollard pull：3,200 HP
Monoeuvring：Turning on the spot will be done in the basin nearby Inner Anchorage
Mooring arrangement：3 x 2 x 2 Fore & Aft

※ LOCAL WEATHER AND SEA CONDITIONS at pilot boarding station

Tidal information (heights and times) ：L 0534/81; H 0938/93 ; L1627/27
Current information：
The speed is necessary to effect safe entry at the harbor entrance due to predominate vortex in the immediate vicinity of the entrance.

※LOCAL REGULATIONS：

Reporting Keelung VTS 20/10 miles before arrival by CH 14
Calling Pilot Station 10 miles before arrival by CH 14/12
maximum allowable draft：9 meters

圖 6.1   基隆港船舶引航計畫細目

某些港口，因而自然隨著時日的增長建立起本身對操船技術的自信，當然對港口的熟悉亦是其自恃無礙的最大主因。反之，大型遠洋船舶的船長除了因船大吃水較深操縱不易致所要求的安全係數較高外，更因甚少有機會親自操縱船舶進出港口，而且接近陸岸的期間亦相對較長，故而運轉較爲生疏與排斥冒險的心理是可以預期的，也因而比較

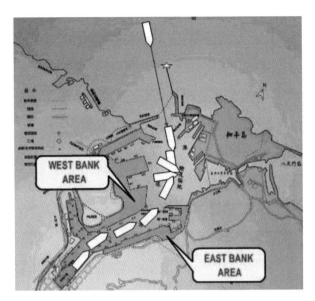

圖 6.2　基隆港船舶引航計畫示意圖

信任引水人。當然欠缺當地港灣常識與實際船舶操縱經驗都是其懼於質疑（Challenge）或干預（Interfere）引水人的原因。其次，在非強制引水區域，沿岸航線船舶的船長常依其本身對船舶操縱的自信來決定是否僱用引水人，反之，專事遠洋航線之大型船舶的船長即使法規上未強迫其僱用引水人，但基於安全與效率起見，以及顧及一旦發生海事時可以藉口本身未實質操控船舶，而純屬制度下的無知受害者自居而脫罪之考量，多會主動要求僱用引水人。類此船長則不論港口採行強制引水與否皆不是很重要地。

　　再者，從引水人的角度來看，或許是專業的傲慢使然，幾乎所有引水人都不願意見到船長干預其操船運作。因為引水人不僅認為由不具引航資格的人來干預其操船是不榮譽的，更會將海事的發生歸咎於

船長的不當介入（Unwarranted intrusion）所致。究竟船長即使擁有再長的海上資歷，在其正式成爲引水人之前總要經過一段期間的基本訓練。因爲在引航的專業領域中，引水人是要處於沒有時間供其諮詢，而且每每要在各種意想不到的狀況下立即作出決定的獨立作業環境，所以引水人務必具備評估當前情勢的最高資格標準。相對於此，船長在引水人眼中所應負的責任就是忠實的告知船舶的操縱特性與確保船員皆能施行引水人所下達的指令。值得一提的是，或許是基於民族優越感的作祟，吾人在職場上常會遭遇歐美船長態度堅決地介入操船作業，不容否認地，某些船長的考量是可以理解的，但極大部分卻是因爲不了解港埠環境與作業習慣而引起的。一般只要針對其質疑處加以說明，通常即會化解僵局。

　　原則上，當船長將船舶操縱權交予引水人後，引水人即應對其所採作爲負法律上的責任，而船長亦只有在有明確證據顯示引水人能力不足或不能勝任其職務的情況下才可介入。毋庸置疑地，實務上確實有船長合理干預（Proper interference）引水人操船的情況，但究竟是罕有的。若果吾人鼓勵類似干預行動，則船上勢必會產生航行主導權分歧的窘況，而此常是所有紛爭的源頭，也是造成許多海難事故與意外的主因。因而除非是引水人酗酒或其操縱作爲確定會使船舶陷入險境等情況，否則船長的干預是不應鼓勵的。因爲從往昔案例我們得知，因船長對引水人的「不當干預」（Improper interference）所引發的問題與爭議所在多有，但究竟如何才算是法律上所認定的「不當干預」呢？基本上「不當干預」一詞在法律上具備有下列雙重意義：

1. 在沒有正當理由的情況下干預引水人的指令；

2. 當有明顯且合理的情況或證據顯示應干預引水人時卻未干預。

當然因船長的不當干預進而造成海事時，船長勢必要為其行為負責，而且船長對該損害所應負的責任並不能轉移給引水人。但此並不意味著引水人能夠完全免責，即使船長強勢的表達意圖確實會左右其思考，但畢竟操船指令是經由引水人的口中發出的。所以一旦事故發生，引水人似乎很難全身而退。反之，亦有船長認為其只是復誦引水人指令，故而主張不負肇事責任。其實，操船指令由誰的口中發出並不重要，重點乃在船長是否能在引水人應發出操船指令而未發出，或不應下達指令卻下達時，能夠適時且直接的代其發出應發的正確指令，或是本於自身的較佳專業判斷直接否定或駁回引水人的指令與所採行動。

另一方面，某些近洋船或小船之駕駛台常常只有船長一人當值，此表示船長必須兼掌俥、舵的操控，因而對引水人所下達的俥令與舵令雖口頭上完全同意，但實際上卻是敷衍虛應自矜自是。似此，吾人稱之為置換性干預（Convert interference），當屬另類的不當干預。此等不當干預在設備新穎的船舶最是不易察覺，例如時下常見的船艏橫向推進器（Bow thruster）或可變螺距俥葉（CPP），乃至吊艙式全方位推進系統（Azi Pods）常是船長藉以扞格引水人與介入操船運作的機具。由於類似的干預動作皆屬設施功率或動能的微調累積，故而引水人實在很難即時察覺，也因而影響到引水人的正常判斷與採取正確因應措施的時機，而最嚴重的是，此等操船輔助設施通常並未設有操作記錄器，故而一旦事故發生後船長常會掩飾其隱瞞行為而故作無事狀。此使得不知情的引水人蒙受原本可以避免的肇事責任。類

似情形在外籍船隻最常發生，因為船長與其船員常用英文以外的第三語言或本國方言交換不願被引水人知悉的訊息，而此等訊息對引水人而言通常是負面而且必須知道的。處此情形下引水人當然會心神不定地質疑其所下指令是否會被確實且適當地執行或遵守，進而影響到引水人的操船專注力與彼此的信賴。因此為避免類似誤會，引水人在駕駛台期間船長與船員應儘量以英語溝通或傳達指令，若有必要非以第三語言下達指令不可時，亦應於下達指令後以英語向引水人解釋。相同地，引水人當著外籍船長面前以中文向纜工或拖船下達指令致船長有所質疑時，亦應以英語解釋所下達指令的企圖與必要性，以釋船長的疑慮。

此外，我們必須體認到多數人對船長與引水人的權責分野不甚了解的事實，因此為了船舶的安全，最好的發展方向就是要確認兩者間只有一人負有船舶的實質操控權，以避免駕駛台出現職權不清的雙頭馬車（Divided command）局面。當然法律上從未明訂引水人在船時，船長需全程在駕駛台陪同作業，實務上只要駕駛台有適格駕駛員當值即可，船長通常僅在風險較高的關鍵時刻或難度較高的特殊環境才會到駕駛台監督，因為對大多數船長而言，在寬闊水域陪同引水人作業，除了象徵性表達其關切外，並無任何實質意義。然而在港內操船的整個過程都屬高風險局面，故而船長當應全程參與實質運作。

一般在引水區內較易引發海事的原因不外：

1. 大部分港區皆屬狹窄水域，故而無論在船舶操縱或避讓上都比在寬闊的大海上困難。

2. 引水區內之交通密度較大。

3. 引水區內之水道或航道複雜，如小型船舶穿梭交錯，淺灘急彎遍布。

4. 相關作業者與引水人之協調不良，如拖船、帶纜人員的配合度差。

5. 天候海況惡劣，如颱風、強勁季節風、濃霧等。

6. 船舶狀況不良，船員素質低劣。

7. 港口交通管理的疏失或導航標誌的功能不彰。

8. 船舶與船舶間，或是船舶與陸岸間的聯絡不良。

因此為讓事故風險降至最低，船長對泊靠港口的船舶引領作業程序亦應作一定程度的了解。相關資訊可經由港口船務代理公司或直接查閱世界主要港口指南（Guide to Port Entry）即可查得，以下特列出基隆港船舶引領作業規定[3]，供讀者參考：

1. 為增進基隆港（以下簡稱本港）船舶進出港作業之安全，提昇服務品質及效率，特訂定本規定。

2. 本港船舶引領作業，除法令另有規定外，悉依本規定辦理。

3. 為執行引水業務，引水人辦事處應參酌進出港船舶艘數及進出港時間分布情形，於每日十七時前將當夜輪值名單及次日日間輪值名單，分別電傳基隆市國際輪船商業同業公會，基隆市船務代理商業同業公會及本局航政組。

   夜間時段即使無船進出港，引水人辦事處至少亦應留值引水人兩名，並於辦事處待命，以應付任何突發事件或緊急需要。

---

3 交通部 82.8.26 交航（82）字第三四〇八三號函准予備查，基隆港務局 82.9.1 航監字第一六八七〇號函頒發。

4. 船舶所有人或其代理人（以下簡稱申雇人）申雇引水人，應於預定引領時間二小時前，將引領時間、停泊地點及船舶各項資料電傳引水人辦事處，以利安排引水人，但夜間開航船舶應於下班前為之。

前項預計引領時間或停泊地點如有變更，在上班時間內（週一至週五上午八時至下午十七時，週六上午八時至十二時，不含星期例假日）應於一小時前電傳引水人辦事處，在非上班時間應於二小時前，以電傳或電話通知，以電話通知者應於次日補送書面資料。

申雇人未依第一項規定申雇引水人，或引領時間、移泊地點變更，未依第二項規定時間事前通知，引水人辦事處得權衡情況安排引水人，但應於最短時間內引領之。

5. 申雇人於申雇引水人後，應於預定進出港或移泊時間前半小時，以電話再與引水人辦事處確認引領時間。

6. 引水人引領船舶進出港之申請、通信、登離輪地點，應依左列規定辦理：

(1) 引水人引領船舶進出港，應於登輪俟船方完成各項準備後，始可以超高頻無線電話港勤網通知引水人辦事處，並逕向船舶交通管制中心申請核准進出港口。但進港船舶得在未登輪前申請，由船舶交通管制中心視情況核准之。

(2) 進港船舶，引水人應於引水站附近登輪引領，如天候惡劣，引水人無法出海登輪時，可於防波堤內登輪，但引水人應於登輪前通知船舶交通管制中心。

(3) 出港船舶，引水人引領至外港主航道，經船長認同無安全顧慮且同意後，始得離船。

(4) 引水人引領船舶進出港，船舶交通管制中心未核准前，不得擅自將船舶引至港口附近等候。

(5) 如有兩艘以上船舶申請在同一時段進港或出港，應以出港船優先，同為進港或出港則應依其停泊位置、航行水域、天候狀況與船舶離靠方式，由各輪引水人相互協調，並徵得船長同意後，以最安全且有效率之順序引領之，但各輪進出港次序應由引水人辦事處通報本局船舶交通管制中心核准。

7. 引水人引領船舶進出港或在港內移泊，應於船方告知已完成各項準備後，始可呼叫拖船與帶纜人員。

8. 引水人如認為岸邊機具（橋式起重機、碼頭起重機、吸穀機等）停放位置不當，應於預定靠泊時間三十分鐘前，通知繫纜領班轉知現場單位，將上述機具移至安全位置後，再予執行靠離作業。

9. 拖船應僱協助船舶靠離船席，於抵達作業地點時，拖船船長應以超高頻無線電話港勤網向引水人報到。作業完畢，引水人亦應以超高頻無線電話港勤網向拖船船長指示作業完畢。

10. 繫纜人員抵達作業地點後，應以超高頻無線電話港勤網向引水人報到，在船舶未依本局指示靠妥及繫纜作業未全部妥善完成並經船長同意前，引水人不得離船。

11. 引水人登輪後，所擬引領船舶如無法依預定時間引領時，應按左列規定辦理：

(1) 船方預計三十鐘內可完成各項準備者，引水人應在船等候。

(2) 船方預計三十鐘以上，一小時內始能完成各項準備者，引水人亦應在船等候。但如有他船待引領，得通知船長及申僱人後，前往引領他船。

(3) 船方預計一小時以上始能完成各項準備者，引水人得照會船長及申雇人後離船。

引水人依前項第一、二款在船等候超過三十分鐘以上，如船方無法提示充分之事證，可顯示該船能於預定時間完成各項準備者，引水人得照會船長及申僱人後離船。

引水人如認為該船無法於預定時間內完成各項準備，經徵詢船長書面同意，並通知申僱人後，得立即離船，不受本條第一、二項之限制。

12.引水人所引領之船舶，如無法依預定時間引領，其等候費及取消費應按左列規定計收：

(1) 引領之船舶完成各項準備之時間，與預計時間誤差在三十分鐘以內者，或因港口檢查單位已在預計開船時間登輪，未能完成檢查者，不得收取等候費。

(2) 引水人依第十一條第一項第二款規定離船改領他船者，按實際在船等候時間收取等候費，不得計收取消費。

(3) 引水人依第十一條第一項第三款規定離船者，按取消費計收。

(4) 引水人依第十一條第二項規定離船者，按取消費計收，但申僱人如提出具體證據，足以證明該船確依預定時間完成各項準備者，應改按實際在船等候時間收取等候費。

(5) 引水人不願在船等候，經依第十一條第三項徵得船長同意離船

者，不得收取取消費，已發生等候之事實者，得收取等後費。

前項等候時間，不足半小時以半小時計算，取消費則按一人一次引水費計收。

13.申僱人對於引領作業或各項引水費之計收有意見時，得檢附相關文件向本局申請處理，如申僱人或引水人辦事處不服本局之處理意見時，得向交通部申請解釋。

14.本規定如有未盡事宜，得隨時修正之。

15.本規定自發布日起實施。

6.5 引水人與船長的溝通互動

從管理學角度來看，良好的溝通互動絕對是成就船長與引水人保持良好關係與安全引航之關鍵，當然還有其他影響因素，諸如文化、經驗與嚴謹度的差異等，但是終究還是溝通互動支撐著所有引航作業的成功結果。

眾所周知，船長與引水人的職責在本質上本就有所差異，例如船長於施行相關職務時，通常只會聚焦於其本船及任何與本船相關事項；反之，引水人除了要確保他（她）所引領的船舶時時處於最佳與安全的狀態下，牢記於心的更是他（她）們對國家、社會大眾、港口與其他相關業者所負的責任。（A captain is focused on the ship and everything connected to it; a pilot wants the best for the ship they are piloting, keeping in mind their responsibilities towards the State and general public, the port and everything that is connected with that.）

　　然而兩者職務期許的不同，並不意味著兩者不能合作。從引航安全的角度來看，船長與引水人當然可以在尊重與理解的前提下，從各自觀點自許爲船舶的風險管理人相互協助，進而促使引航風險降至可接受的底線。

　　很明顯地，引發駕駛台「關係」不睦，甚至惡化的主因，絕大多數是當事人未能設身處地爲他人著想，也就是欠缺心理學所謂的「神入」（Empathy）覺悟。「神入」一詞係指認同與了解其他人的狀況、感受與動機。它需要將自己置身於他人處境的包容力，與良好傾聽技巧的教化。

　　如同上述，從海運實務的角度觀之，船長與引水人的立場並不對立，而且兩者都有共同的目的：「完成安全且有效率的航程」（Both have the same aim: to have a save and efficient voyage）。只不過他（她）們是以不同的觀點與作爲致力於此目的。因此只有當船長與引水人充分了解與認同共組團隊的運作，始能有助於保障所有利害關係者間的利益平衡（Balance of all interest.），也惟有在各造的利益獲得保障的前提下，始能讓引航運作暢順發展。

　　談及船長與引水人的互動，毫無選擇的，即使在極少數不愉快的案例中，受限於當下不可逆轉的環境與情況，船長仍需無奈地與登輪的引水人一起工作；相同地，引水人儘管面對船方的配合不力或運作缺失，仍必須與被引領船舶及與其船員一起工作。處此背景下，雙方欲完全擺脫「妥協」顯然是不可能的。

　　引航進行過程中，務必避免的駕駛台場景就是在猜疑的氛圍下，船長與引水人分別以「駕駛台上的陌生人」，和「港口的外來

客」（"stranger on the bridge" and "stranger in the port"）的眼光與態度
緊盯對方的舉動與作為，且雙方心理上隨時都準備在對方犯下錯誤第
一步時立即糾正或接手。若果不幸陷入此等互不信任的情境，則即使
再優秀的引水人與船長都難以順心平和地完成引航作業。

圖 6.3　　避免船長與引水人相互信任不足

　　另一方面，儘管國內、外海事法規一再強調船長對船舶的安全負
有最終責任。但實務上，一旦發生事故，常見航商與船長每以「誰主
導船舶操縱？」、「誰主導船舶操縱，誰就應負責？」（Who take/
dominate the conn？）的主張提出辯駁。很顯然地，無論從避免爭議
或促進合作氛圍的角度來看，引水人一旦上船，為表示尊重與提供專
業協助的熱忱，最先應釐清與確切表明的就是自船長手中平和地移轉
接掌操船的時機與宣示，以作為提供安全引航建議的責任分野。至於
爭議誰該為船舶的最終安全負責，在引航當下是毫無意義也無必要
的。而實務上宣示操船時機與承擔責任的分野，就是由船長、駕駛台

團隊所有成員與引水人經由「簡報」（Briefing）討論達成共識。

從往昔的諸多海事案例發現，未能分享引航協議或計畫，甚至是根本沒有計劃，常是海事發生的根源（The root of the problem）。很顯然地，禍端的主因歸咎於未確實對預期航程進行簡報，致無法以及時且可相互理解的方法提供正確的資訊，終將嚴重危害到合理安全的引航作業過程。

「簡報」是船長與引水人相對性的互動，是一種達到充分理解對方企圖與想法的手段，通常都以擬定的引航計畫作為核心，因此原則上駕駛台團隊的所有成員都應參加簡報。基本上，引水人所作簡報的型式可依引航水域的大小、作業的長短，以及船舶操縱模式而定。一般簡報內容包括潮汐、風、湧浪、港口的浪高、拖船種類與馬力、繫帶纜繩的方式、航道內的位置、港內速度、艱困（水域）區、引航中的放棄泊靠、水深及龍骨下水深（The pilot briefing will cover such things as tide, winds, swells, wave heights at port entrance, tugs and their power and order of making fast, positioning within the channel, speeds within the harbor, challenge areas, abort berths during the pilotage, depths and underkeel clearances etc.）等資訊。反之，船長則應毫無保留地忠實告知船舶的實況、限制與預期得到的協助或服務。（參閱圖 6.4、圖 6.5、圖 6.6）

圖 6.4　引水人與郵輪駕駛台團隊施行航前簡報

圖 6.5　郵輪開航前引水人參與駕駛台團隊的簡報

以澳大利亞海事安全主管機關所發出的 7/2009 號通報為例，通報內容詳載有關「駕駛台資源管理（Bridge Resources Management；BRM）的訊息。其內容如下：

「澳大利亞引水人期望船長與當值駕駛員能夠在引航過程中完全參與航行，船長與當值駕駛員必須持續監督船舶的安全進程，謹慎地

圖 6.6　郵輪船長利用電子航程圖檔簡報

評估引水人的建議,並以相互支持的態度將引水人完全納入駕駛台團隊,以確保有效安全的航行。當引水人登船時,所有 BRM 程序仍然適用。而且駕駛台團隊必須與引水人一起進行航前簡報,以確保在執行預定計畫前可以得到共同的見解。」

　　但實務上,由於引水人登船都在交通繁忙的情境或天候海況惡劣的環境下,因此在急於讓被引領船舶儘速脫離危險威脅或降低風險的考量下,幾乎所有引水人登船時,都會面臨相同的兩難;亦即他必須決定是否要依據法規要求,堅持立即與船長以具實質意義的方式討論計畫後,再接手進行引航作業,或是在脫離當下險境稍後的航程再進行討論。又若決定要進行討論,則應選擇在哪一適當時間點與船長分享引航計畫,以及引航計畫的探討要深入到何種深度(at what stage should the plan be shared with the Master, and in how much detail)?通常類似困惑在船舶進港時較為嚴重。相同的,船舶欲離開碼頭時,船長可能要忙於與港口官員或相關業務人員洽公,直到最後時刻才匆匆忙

忙趕上駕駛台，並在船期不得延誤的壓力下急於開船，因此常常僅能空出極其有限的時間與引水人討論引航計畫。顯然進行簡報本質上就存有條件性的時間與空間限制。

再從顧客需求的角度來看，船舶引航的本質既屬提供安全航行建議的服務業，因此引水人登船後，若遇有船長表明要在引航作業正式開始前，聽取完整的簡報時，就必須儘速進行簡報，並視當下情況許可決定是否要精簡、修正或增添引航計畫內容的解釋，必要時更要針對特定狀況詳細解說，以滿足船長的需求並排除其疑惑與不安。

相對於此，在某些情況下，當引水人到達駕駛台後，他可能發現船長不在駕駛台，甚至留下稍後再請他至駕駛台的指示。或是船長可能只做草率的招呼後即離開駕駛台，並主動表示同意由引水人接手進行引航，即明白地宣示放棄其固有操控權並託付給引水人。面對此等消極卸責的船長，引水人得更提高警覺切，勿氣餒影響情緒。

因此，為確保引水人的權益，謹慎的引水人登上引領船舶後，必須儘速完成一紙包括「船長與引水人的訊息交換（Master-Pilot Exchange；MPX）」的文件，以及航行計畫圖說的簡報。而且在引水人作完簡報後，應要求船長在相關文件上簽名以證明其了解簡報，以及雙方期望從對方得到的訊息。只有文件被簽署後，引水人才可要求轉移船舶操控權。最重要的是，文件敘述應明顯包括駕駛台團隊必須緊密監督引航作業，包括舵令，以及如有任何疑慮時要質疑引水人的聲明[4]（Importantly, the document states that the bridge team are to closely

---

4　質疑（Challenge）：如果（在引航過程中）發現不確定性，筆者鼓勵

monitor the pilotage including helm orders and to challenge the pilot f in doubt about anything.）。蓋唯有如此，才能強化船長與駕駛台團隊的責任意識與應有警覺。

其次，談及駕駛台團隊的整合（Integrating the bridge team）。數字上，引水人出現在駕駛台，駕駛台團隊理應增加一名成員才對，但在絕大多數情況下，最後常常演變成駕駛台團隊僅剩一人——唯一實際在引領船舶的引水人。此種情境特別容易發生在無視風險管理，而任由錯誤文化與環境發展的駕駛台團隊。

試想，如果駕駛台團隊對所討論的引航計畫不甚了解，或是對引水人所簡報的進程不感興趣，引水人如何整合駕駛台團隊？面對此一情況可以確定的是，後續的引航作業不會是輕鬆的任務。遇此情形引水人需要積極的分配各種任務給特定駕駛台團隊成員，如專司監督舵工操舵的正確性、定時在海圖上標出船位等，以強化駕駛台團隊成員的固有任務。

實務上，筆者常會預先告知船長在整個引航過程中將如何操作，以便在引航過程中隨時保持「共同的心理模型」（Common mental model），例如告知船長每一艘拖船將如何協助，以及為何要如此配置的理由。此不僅有助於讓船長分享引水人的心理智力模型，

船長儘速質問其疑惑，並以專業地方法詢問領港的企圖（不要譴責或脅嚇），以達致一個分享知識模式。（If uncertainty arises, I would encourage the captain to "challenge" as soon as he is in doubt, and ask the pilot about his intentions in a professional way [not blaming or threatening] , to achieve a shared mental model）。

更可讓船長藉由此溝通方式了解引水人操縱船舶的角色觀點，使得船長在稍後或日後的引航過程中遇有非預期操作時，可以隨時提出合乎專業水準的見解質問引水人。

6.6 船長自行進港

如同前述，一旦引水區或港口所在地的天氣狀況惡劣至某種程度時，港埠管理或營運機關通常會宣布港口封閉（Harbour closed），等待天候情況改善再行開放，此時引航作業當亦隨之暫停。基本上，停止引航作業的原因不外天候海況惡劣致引水船無法外出或引水人無法攀登上船，以及港埠當局基於安考量停止船舶進出港作業的情況。必須強調的是，「港口封閉」與「暫停引航（Pilotage suspended）」是不同的，前者意指港口全面停止作業，包括船舶進出與貨物裝卸，例如颱風來襲即是。反之，「暫停引航」乃是指引水船因天候或海況惡劣無法出海接船，故而暫停接船進港作業。此時若有船長請求自行港，或請求引水人引領船舶出港但在港口內離船，都是被允許的。

其實，採行封港措施不單是國內港口，國外港口亦常會發生。但可以確定的是，幾乎所有港埠管理機關宣布封港的目的都在確保進出船舶與港埠設施的安全，只不過各港口的封港條件不同而已，以基隆港爲例，霧季時節，當位於和平島桶盤嶼上之港埠台交通管制員（VTSO），無法目視到距離約二百二十五公尺外的東防波堤燈塔輪廓時，即可停止船舶進出港作業，以免發生危險。至於高雄港則只要風力達到七級即要停止船舶進出作業。然而爲考慮航商的利益，國內

港口即使達致封港條件，港埠管理機關亦不見得會發布封港指令，此無異將問題轉嫁給引水人與船長。蓋引水人在未封港的情況下當然要面對惡劣天候外出接船，但實際上卻常因海況惡劣而無法出海。另一方面，要船長在驚濤駭浪中苦等引水人登船，亦不見得是一件容易的事，尤其在引水區附近通常不是交通繁忙，就是運轉水域有限，實非船舶久留之處。因此顧及來自船東或運航人的商業壓力，船長通常會在天人交戰的情境下選擇自行進港。然從安全的角度來看，所有施行強制引水制度的港口基本上都是不鼓勵船長自行進港的，畢竟船長對當地港灣常識與潛在危險的認識是較為欠缺的，此尤以首次抵港的船長為最。但若從技術面觀之，對所有船長而言，既然能夠取得船長資歷，當應有一定程度的經驗與專業知識，故而自行進港亦不是什麼高難度的運作，只不過應作好事前的準備工作。因此任何一位船長一旦決定自行進港，就應考量下列整個進港過程中影響船舶操縱的因素：

6.6.1 外在因素

1. 天候狀況：風向與風力強度及其影響，如順風影響俥、舵效能，以及船舶減速或靜止時風的影響加劇的現象；
2. 大氣狀況：能見度的良否；
3. 水文狀況：潮流的方向與強度；漲潮或落潮；
4. 海象：湧、浪的方向與高度；
5. 港內航道與錨地之船舶數量與交通密度；
6. 引水人是否已在等待？

7. 進港後有無足夠的滑行距離？

6.6.2 內在因素

1. 本船狀況：貨載種類、吃水深淺、有無甲板貨、受風面積的大小；

2. 主機狀況：倒俥之延遲與推力的大小、啓動空氣（Starting air）量；

3. 船舶橫向推進器、錨具狀況是否正常？

　　而在考量上述各種因素之後，就應著手進行下列準備工作：

1. 備便引水梯：引水人通常在堤口即會登輪，故而應將引水梯備便，以免進港時引水人無法及時登輪而有所耽誤。事實上許多船舶常在此緊要關頭發生引水人無法登輪的情況。

2. 雙錨備便：一般只有在海況惡劣的情況下才會要求船長自行進港，而此當然會給對港口運作不甚熟悉的船長帶來相當程度的壓力，因此普遍存有進港速度過快的傾向。處此情況下，若再遇上港內縱深不足的港口，勢必於進港後就要減速停俥。一旦倒俥不來即會發生意外，此時只有依賴雙錨煞車。因爲此時船速仍快，拖船常是愛莫能助。

3. 建立連絡：指派一名駕駛員專門負責對外通訊連絡，以便讓船長專心操船。

4. 增派瞭望：指派專人負責瞭望，並隨時提供航行資訊。而瞭望當然包括雷達觀測，此尤以能見度不良時爲最。

5. 進港許可：除與引水站保持連絡外，進港前應先取得船舶交通中心（VTS）的進港許可，並確認航道已淨空。

6. 拖船待命：基本上，此乃屬引水人必須安排事項，但本於安全考量船長亦應加以關切。

7. 機艙配合：及早知會輪機員可能採取的操船運作與必須採取的措施。

8. 背景燈光：如同前述，船長自行進港通常只有在黑夜或能見度不佳致引水船難以航行的天候狀況下才會發生，處此情況下，船長進港更是需要導航設備的協助，設若此時導航設備之功能不彰，勢必給船長帶來操船上的困擾。以基隆港為例，儘管基隆港於東、西防波堤與延伸堤端皆設有圖示照射距離九浬的燈塔，可惜因三個燈塔之高度分別為十六點五公尺，十六點五公尺與十五點七公尺，致夜間常被岸上的強烈背景燈光所掩蓋，其中又以港區東岸貨櫃場的照明燈與新購橋式機的鮮艷 LED 燈飾為最。加諸前述港口燈塔的燈光強度不足，故而引水人或船長夜間操船進港時常需逼近至離港口半浬時，始能看清港口之位置所在[5]。似此，在欠缺有效導航設備可用的情況下趨近港口，不僅給進、出港船舶帶來困擾，更易增添航行風險。實際上，高雄港與麥寮港亦都存有類似困擾。值得一提的是，基隆港的光華燈塔塔高二十九點九公尺，因此在較遠之距離即可辨識裝置在其頂端，圖示照射距離僅八浬的紅燈。可見燈光高度是影響設置於港區內燈塔能見距

---

5 依據我國現行商港法第四十三條：「商港管理機關對鄰近港口之船舶入、出口處陸上燈光之位置及強度，得予以適當之限制；如有被誤認其為港口航行之燈光或損害港口航行燈光之能見度者，得拆除之。」

的的最主要因素，因爲燈塔高度愈高不僅表示地平距離（Horizon Distance）[6] 愈遠，更可避免港區與陸岸背景燈光的干擾。處此情況下，船長應及早審愼觀測雷達，以辨明港口方位與位置所在，進而以足以保有舵效的速度（Steerage way）趨近即可。切勿在未確認港口位置所在前即快速趨近。因爲在職場上吾人曾遇有少數船長會將鄰近基隆港的外木山漁港誤判爲基隆港口的驚險狀況。其實最安全的作法，就是要求引水船停留在港口中央處，以便作爲導航指標。因爲此一最基本且有效的服務，引水人絕對不會拒絕的。引水船都設置有 AIS 設備可資辨識。

　　再者，吾人相信所有謹愼的船長除了會作好上述準備事項外，當亦會考量到設若狀況不如預期時，又要如因應的問題。基本上，吾人從往昔船長自行進港所發生的海事案例加以歸類，即可發現最常發生的意外狀況不外：

1. 俥、舵異常；其實發生此一現象通常是操船者於船舶進入防波堤後急於停俥或是倒俥所造成的，此尤以配置可變螺距俥葉（CPP）的船舶爲最；另一方面，由於在高速情況下倒俥所產生的俥葉橫向推力常是難以克服的，因而才會發生失控的局面。

2. 倒俥不來；在此種情況下與其說倒車不來，不如說是船速過快，致主機無法啓動倒俥所致。尤其某些船舶非要駕駛台的主機轉數指示器（RPM Indicator）歸零，或船速降至一定節數下，才可下達倒俥指令。其實，類此限制有相當程度是輪機人員自我設限的

6　地平距離係指由球面上一點至水平線之距離。

結果，因爲當前的新式柴油機船並不一定要轉數表的指針歸零才可啓動倒俥。

3. 人爲因素；最常見者就屬駕駛台下達拋錨指令時，船艏部署人員無法及時下錨，甚至根本拋不出去，致使錨具無法產生應有的剎俥效能。

4. 引水梯未備妥，致引水人無法及時登輪。由於船長自行進港時壓力甚大，因而常無法面面俱顧，致疏於督促各種原屬例行作業的細節。

5. 港勤拖船未及時於港口處待命，並提供即時服務。

　　最後，吾人要強調的是，無論情況如何，只要船長存有任何疑慮或對本船狀況欠缺把握，就不應冒險自行進港，終究此乃基於安全考量，而無關個人顏面問題。何況天候氣象有其間歇週期特性，故而對於沒有安全把握的船長，吾人建議其應等候天候改善再行進港，因爲從長久的經驗得知，即使封港或引水人停止外接的時間從未超過十二小時的。

　　另一方面，引水人遇有船長要自行進港的情況下，就應積極配合提供船長所需與應知的相關資訊。並於該船在進入堤口前的整個進港過程中，乘坐引水船於堤口處透過無線電話與雷達扮演指引者的角色，並監視其操船運作，設若發現該船有任何不當操作或急迫危險時，應即提出警示與建議。而最重要的就是，及早部署拖船於堤口附近以防不測，並於船舶進入堤口後應儘速登輪化解風險。

6.7 引水人與船長對於船舶操縱的觀點比較

隨著現代科技的日新月益，各種科學領域之專業技術亦產生不同程度的變革，當然屬於理工範疇之船舶操縱這一門學科亦不能免。然而無論船舶科技如何地發達精進，因機具故障或人為操縱不當所引發之海事亦無法全然避免，蓋前者之發生多屬隨機偶發性質，而後者則端視操船者的專注態度、相關知識、技術與經驗的累積。可見單是硬體的改善，並不能確保航行的絕對安全。

常年以來，商港區域內海事頻傳，其中有由船長自行領航者，亦有引水人在船引領者，此再次突顯出引水人在船與否，絕非海事發生的必然因素之事實，因為儘管引水人對其執業之水域環境與船舶操縱的嫻熟，但其登輪領航終究僅是構成駕駛台團隊的臨時一員，因而船舶的安全運作還是需要船長與船員的高度配合。然而如同上述，儘管引水人與船長間之合作關係應是最為密切的，但實務上吾人卻常發現引水人與船長對操船運作的看法相去頗遠，而此專業技術與意見上的扞格常導致化險為夷之先機盡失，進而成為發生海難或事故的主因。

基本上，我國引水人之考試資格乃是以商船船長三年資歷為要件者，因而兩者之教育背景與專業歷程幾乎完全相同，所不同者乃船長一經引水人考試及格後，即可摒棄單調的海上航行與煩雜的行政工作而專注於船舶操縱與離、靠碼頭作業。正因為引水人每日與船共舞，時日一久自然練就一身自信主觀的操船技術，也因而常會忽略了船長的感受與關切。其實吾人皆知引水人在登輪的瞬間對船況與船性之了

解絕不如船長深入，所以船長所需扮演的角色應是主動積極的，因為其所採作為與態度常是影響整個操船運作成敗與環境氣氛良窳的主因，故而不論從提供服務或接受建議的角度來看，欲安全順利完成船舶引航任務，船長與引水人務必充分溝通與理解，並需相互尊重對方的意見與立場考量。亦惟有如此，始能營造出一個安全、效率、愉快的操船環境。

6.8 引水人與船長的共同目標

　　無論從執行職務或履行契約的角度來看，引水人與船長的共同目標絕對是一致的，亦即透過安全與有效率地操縱船舶，以順利完成航行與離、靠泊作業。是故「安全」應是兩者共同的最優先考量，所不同者乃是各自對安全的極限界定與容忍度不同而已。實務上，吾人發現引水人所認定的安全運作常是船長最難以容忍的冒險行為，例如引水人對船席距離或迴轉運動幅員常以短至數十呎的距離為安全基準，此誠大多數船長所難以接受的。其實因為專業背景的雷同，吾人相信只要引水人能夠誠摯地講述運作企圖與所受限制，幾乎所有船長都會接受的。不可否認地，在吾等漫長的海上生涯中，我們確實見過不少溫文有禮而且專業技能高超的引水人與船長，當然我們亦會遭遇極少數態度高傲的引水人或武斷跋扈的船長，而此兩者的組合常是促使整個駕駛台團隊人心惶惶陣腳大亂的揮發劑，更是危及船舶操縱運轉安全的最大負數。因而學習冷靜與尊重對方是絕對有必要的。

　　再者，談及效率，我們皆知時下各行各業莫不講求效率的提升，以達致節省時間與降低成本的企業目標。然而在講求效率的同時，人們卻常忽略了效率的要求是以安全作為前置條件的，因為任何缺乏安全考量的效率絕對是草率與不值得的。令人擔憂的是，在吾人的職場上，效率一詞常被用作敷衍應付與便宜行事的藉口。例如在某些情況下，引水人為節省時間或減少不便所提出的操船主張，對船長而言雖或有效率，但顯然不是最安全的方法。最常見的齟齬就屬拖船的僱用與使用時機。實務上，確有某些船長囿於公司的商業壓力而畏於僱用拖船協助操船；反之，亦有部分船長則堅持除非有一定艘數的拖船協助，否則不同意進行靠泊作業。其實，此皆是過猶不及，蓋藝高人膽大的作秀式操船雖不足取，然無謂地浪費港勤資源與增加船東負擔亦非吾人所樂見者。尤其對一營運正常的航運公司而言，拖船費用對整體營運成本與相對風險的比例是極為有限的，因此與其面對無法有效掌控的操船環境作內心掙扎，不如及早或多僱拖船協助以求心安並降低風險。所以吾人要強調的是，引水人與船長的操船運作首應著重於安全可行的評估，而非一味地追求所謂的效率。何況只要規劃得宜，安全與效率常是可以共存並容的。當然在安全無虞之後，同具船東受僱者身分的雙方就應儘可能為船東節縮開支，畢竟處此航運市場競爭激烈的大環境下，與吾人構成命運共同體的船東或航商之經營苦處亦所在多有。

6.9 引水人與船長對於船舶操縱的觀點差異

如上所述，與其說引水人與船長有關船舶操縱的觀點不同，不如說是兩者對於船舶操縱判斷上的差異較爲貼切，亦即兩者間基本上已存有主觀的認知落差。加諸少數引水人可能會因職業疲乏、體力的透支與精神上的壓力致使作業手法或服務品質無法獲致船長認同，凡此皆是造成雙方誤解日趨加深與所謂觀點不同的主因。不容否認地，長久以來，我航海界多以施展優良船藝（Observance of good seamanship）作爲操船教育與實務訓練之理想目標，然卻因個人觀感之不同而常被誤導爲藝高人膽大的灑脫獻技，而忽略了原本就應以安全爲首要訴求的最高操船境界。因此勢必與船長凡事以「安全」做優先考量的思維產生嚴重落差。而如何消除此等觀感上的落差當是雙方所應努力改善的方向。從實務上與技術上我們察覺一般較易產生兩方看法出入的船舶操縱因素不外下列諸項：

1. 距離的判斷

身爲航海人當知距離判斷對船舶操縱的重要性，尤其對於在限制水域或港區內之操船更具關鍵。基本上，引水人因執業水域環境的限制與安全作業的迫切性，故而對於距離的判斷要求常要較船長精準。再者，引水人經年累月地川航同一水域，透過經驗的累積自然會增添其對距離判斷的敏銳感。反之，船長終年航行大洋，茫茫大海根本毫無判斷距離的比較基準物可資模擬練習，故而對距離的判斷可能較不敏銳。至於距離判斷對操船的影響，主在作爲決定與調整船舶運動向

量的依據，因此準確的距離判斷當然最好。反之，過度保守甚至離譜的判斷亦會帶來不少操縱上的困擾，乃至使船舶陷入危險，此尤以狹窄的限制水域爲最。例如吾人常看到某些船長會因立於船舶艉艉的駕駛員所回報的距離與引水人所判斷的相去太遠，進而驚慌地干預或限制引水人用俥，甚至採取更激烈的不當反應，結果每是弄巧成拙。凡此皆是距離判斷不準確所引發的困擾。所以作爲一個航行員就需不斷地利用任何可能的機會練習距離判斷的能力與技巧。

2. 船速的判斷與掌控

有關船速的判斷與掌控不當常是船舶肇事的主因，如同陸上行車，所謂十次失事九次快，可見船速過快是航行於引水區域內的最大忌諱。有趣的是，儘管引水人每日在感受船速，實務上常是船長在提醒引水人船速太快。其實引水人皆能察覺到船速是否過快，只不過其容忍極限較高而已。但不能否認的是，在港區內快速行駛是所有船長都難以容忍的，以船長的立場與職責而言，在引水區域內之任何因船速過快所導致之海事，將是最明顯也不容原諒的錯行，因爲速度過快不僅表示因應偶發事件的時間餘裕相對的縮短，且其造成的損害常是無法挽救與彌補的。所以船長至少要作到告知，甚至適時合理干預引水人的基本義務。反之，引水人一旦發覺船長存有任何關於船速的焦慮時，除非船舶處於強風急流或其他特殊的必要情況下，最好立即採取善意的回應。究竟和緩船長焦慮的情緒亦是船東僱用引水人的主要功能之一。其實以臺灣各港區的水道長度與水域幅員來看，所謂離、靠碼頭作業的「快」與「慢」，在時間上相差極爲有限，故而在港區

內採較快的船速航行，操船者僅是獲致感覺上的「快」感而已，本質上卻屬不當之舉，所以在港區內時時保持「安全速度」航行是絕對有必要的。

3. 慣性的感應

由於人們對於慣性的感官轉換不如距離與速度具體，而且無法予以量化，所以慣性常是令操船者驚慌失措，乃至窮以應付的另一操船變數，尤其慣性對船舶操縱的影響常會超乎吾人想像與達到無法掌控的程度。從實務上吾人發現，即使資深引水人亦常對某一船舶的慣性感到不可思議，但差別的是較為資深的引水人或船長常可輕易的採取補救因應措施，反之，資歷較淺的引水人或船長可能會因反應稍緩甚或驚慌失措而釀成大禍，所以對於船性異於尋常的特殊船舶，若船長疏於預先告知與督促引水人亦是不適當的。基本上，引水人對於重載或肥瘦係數較大，乃至貨載狀況異常的船舶都會特加留意，只不過有時礙於天候或水文因素不得不作加速運動，或其他船長看似不合理的運作，然在此等情況下引水人大都會採取相對的因應與反制措施。

4. 船舶狀況與機具的認知差異

隨著時代的進步，當今船舶的俥、舵與其他操縱機具的可信度、敏銳度與強度都已明顯的改善。然不可否認的是，吾人所面對的船舶並不全屬穩定可靠的高標準船，何況即使新造船亦常設定有某種機具使用上的限制或一定程序，至於狀況較差的次標準船更隱藏許多無法防範的不確定性因素。基本上，一般引水人對於新船的直覺是俥

快舵靈，故而大都會採保留程度較低的作法，亦即警戒度可能稍會鬆弛，此時若遇有引水人採取任何船況所無法承受或負荷的操作，則當是船長提出忠告的最佳時機。當然對某一機具的正確操作或使用方法，每因人、船的不同而有所出入，基於「保護者」的立場，船長每會積極地干預，甚至事必躬親，而此幾乎是所有引水人最不願見到的情況。因為操船作業本是諸多運作的整合，故而操船者若失去任一操船因素的控制，可能會渾然不快，因為船長所採取的動作可能不是引水人想要的。儘管如此，吾人最應避免的仍就是有關操船機具掌控權的爭議，實務上不乏引水人與船長因欲掌控俥速或船艏橫向推進器（Bow thruster）而起爭執的，尤其美國的引水人常會因船長的干預或限制而拒絕領航。其實船長的干預是可以理解的，以船艏橫向推進器的使用方法而言，船長們對於少數引水人在極短的時間內將負荷自零轉至最大，甚至自一舷的最大值直接轉至另一舷的最大值，造成發電機負荷的瞬間極度變化，常耿耿於懷。故而最適切的作法就是船長在轉移操縱權的同時，應將機具的特殊限制與注意事項告知引水人，再從旁監督注意以防不測。究竟操縱權的轉移並不意味著船長責任的免除。另一方面，我們更相信所有引水人在安全的考量下，都會樂意依照船長指示行事的。再者，就是倒俥的使用，一般船長與引水人操船的最大差別就是船長大都少用倒俥，尤其是全速倒俥，而較傾向於採用加減速與轉向運作。此當與其平日少有機會使用倒俥有關，反之，引水人礙於水域環境的限制，且無運轉機具的後果顧慮，故而常會在適當時機從容地使用倒俥指令。

5. 船員能力評估的落差

　　吾人皆知時下船東為降低營運成本紛紛僱用專業技術水準較低的開發中國家的船員，致使船員的素質每呈參差不齊的情況，凡此莫不相當程度地影響到船舶的正常運作，但幾乎少有船長會主動預先告知引水人其船員素質程度的真實狀況，只有當船員動作緩慢無法配合預期操船作業時，才會怒氣沖沖地咆哮斥責，需知此等情緒性的發作完全無助於操船運作，且是絕對負面的。基本上，除了時常灣靠港口的定期班輪外，對於一般到港船舶引水人皆會以正常的專業評價看待所有船員，甚至常有高估船員素質的傾向。因此一旦遇上專業技能離基本要求甚遠的船員，則可能會使原本平順的操船運作變成險象環生。是故遇有船員大量更換或素質特差的情況下，船長當應主動告知引水人使其在採取相關措施時有所保留，以確保安全。

6. 對影響操船之外在因素的感應

　　在整個操船過程中操船者每因過度重視「船」的本身，而疏忽了外在環境因素的變化與影響，而此正是造成許多意外事故的主因。是故吾人在掌握專業操船知識之餘，亦應時加關切操船環境的變化，以便隨時調節本身所掌控的操船要素。而最易影響操船的外在環境因素不外下列：

(1) 風

　　風對引水區內的船舶之最大影響當屬風壓所造成之偏移作用，此主因船舶在港區附近水域運轉之船速多已減緩，其中尤以高乾舷或甲板貨積載船為最。一般引水人在有風的情況下，為減輕風壓對船舶運

動的影響多會以稍快的船速度運轉船舶，然少數船長常無法理解引水人之用意，甚至質疑引水人的作法。需知在某些情況下，靜止與緩慢並不絕對是安全的，蓋其只適合於無風無流的開闊水域情況下。事實上，在港區或引水區內，風常是影響操船的最主要因素，以下特舉一有關強風對港內操船影響的實例說明；

　　二○○四年九月九日，由於氣象局連續數日預測因颱風的影響，旺盛西南氣流將爲臺灣全島帶來豪大雨，故而一再地重複發布豪大雨的預報，但卻疏於關注同時位於本島近旁且即將成型的輕颱的動態，直至十一日凌晨，豪大雨一如預報所言造成北臺灣地區嚴重淹水，更是造成舉國關注豪雨而輕忽颱風的心防。結果當晚十時熱帶氣旋（TD）在距基隆外海東方七十公里處，轉強爲輕度颱風，並被命名爲「海馬」。氣象局於是在十一時發布海上及陸上颱風警報。此時多數民眾早已進入夢鄉，至於在海上作業漁民更是毫無預警地置身暴風圈內而不自知，其實，早自十一日早晨起，基隆港的風力已達七至八級，港區作業人員亦不知風力爲何會如此強勁，究竟氣象局並未發布任何異常氣象系統的預警，而且雨勢強大，能見度一度僅達二十公尺。但港務局並未發出港口封閉的指示，故而船舶進出港作業只得照常進行。

　　當日早晨八時，總噸位（G/T）五萬五千四百九十三噸，全長二百公尺的汽車專用船「七海公路號（M.V. Sevenseas Highway）」欲靠泊東十號貨櫃碼頭卸車，由於當時風向介於正北與西北之間，且風力強達三十節，陣風三十五節，亦即碼頭座向與風向呈九十度，此表示乾舷超高的汽車船在靠岸時要承受強勁的正橫向吹攏風，故而引

水人建議該輪暫停進港，俟風力稍降時再行進港較為安全，但航商礙於船期緊迫強烈要求即時進港，引水人遂應其要求出港登輪引航，結果一如引水人先前之判斷，該輪一進港後即因受風面積過大而造成操縱上的困難，所幸在林姓資深引水人的引領下，順利將該船調頭右靠於東十號碼頭，惟該輪在接靠時因承受強烈橫風，加諸高潮水位上漲，所以即使艋舺以拖船帶纜拉住，該船還是被「抬上」碼頭，致右船艋括傷，但機具未受損害。相同地，同日下午五時，該輪卸貨完畢，由於風力仍高達三十五至四十節，但航商依舊要求立即開船，雖該輪配置有一具二千四百匹馬力的船艋橫向推進器，但開船時仍僱用四艘三千二百匹馬力的拖船協助，二名資深引水人共計花費了三小時始將該輪拖離碼頭，其間艋、艉拖船各斷纜一次，並將該輪二度吹回碼頭。

從以上實例，吾人深切體認到大自然的力量確實是難以抗拒的，故而在類似異常強風之情況下不計一切後果堅持即時離、靠碼頭的強勢作法，實有待斟酌。試想若果為爭取數小時的船期因而發生海事，絕對是得不償失的。其實，國外許多港口常有因天候海況惡劣而採取暫時中止領航作業的例子，因為天候的變化有其週期性，亦即總有風力稍緩的時候，實無急於最惡劣的情況去挑戰大自然的必要。

(2) 水流

眾所周知，水流對船舶的影響乃視船速與水線下船體面積而定，因此受影響最大的當屬重載船，蓋其不僅吃水深且船速慢。是故在其他各種船況因素不變的情況下，克服水流最有效的因應措施就是加俥急行，否則極可能導致船位的嚴重偏移。從往昔的許多海事案例

顯示，引水區域內海難事故的發生常因船速過慢致船舶隨流漂移而不自知所致。另一方面，我們知道許多航運公司的在職訓練課程中常一再地要求船長抵達引水區時應儘量放緩船速，或在稍遠處停俥等候。毫無疑問地，在交通頻繁水域減緩船速是有必要的，但卻不能忽略船舶在強風急流下放緩船速，或停俥漂流可能遭受的負面影響。

(3) 他船的影響

我們知道無論在引水區或其附近水域皆是交通繁忙的幅輳水域，因而操船者必須不時地考量到他船對本船，乃至本船對他船的影響。此對進、出或航行於港口交通管制作業尚未發揮應有功能的港口更形重要，因為港埠管理者自喻為亂中有序，一切均在掌握中的混亂景象常令到港船隻裏足不前，進而造成局部水域船舶分布密度過高的窘況，結果不僅港埠效率未見提升，反是險象環生。需知在交通繁忙水域，航行操船固然重要，但等讓他船的技術與耐性更是確保船舶安全的必備要素。如同在其他職場一般，操船者的個性與修為不盡相同，因而及早建立聯絡，並預為評估他船的動態與可能影響當是謹慎的操船者所不能免者。是故往昔或因船舶間或船岸間的通訊品質不良而難以表明本身企圖與了解他船動態，致造成許多原可避免的不幸海事，然如今船舶通訊設備的完善與多元化，若操船者再採取自閉的操船行為實不可思議，更不值得原諒。

(4) 港埠設施的服務品質

隨著船舶的日趨巨型化與專門化，不僅造成船舶操縱愈趨困難，港埠水域亦隨之顯得相對窄化，是故除了引水人的專業技能外，現代操船的成功與否實有相當程度取決於港埠所能提供的服務與設

施，例如強化交通服務系統、配置大馬力港勤拖船、高效能的繫帶纜人員與建構高負荷的繫纜樁即是。而此等因素常是引水人所無法掌控者，更是諸多船長所難以理解與忍受的。令人遺憾的是，在可預期的未來此等不合理的現象恐難有所改善。處此環境背景下，操船者更需冷靜沉穩，進而對所採取的操船行動略加保留，以免自陷困境。

6.10 學習相互尊重

　　眾所周知，在船舶操縱的實務領域中，我們最常聽到來自船長的怨言是，由於引水人的一時疏忽讓其有寫不完的報告，其實引水人亦不願看到任何事故的發生，究竟兩者都會因海事的發生承受不同程度的傷害。尤其近年來少數航商囿於商業壓力的日趨高漲，動輒情緒性地批判引水人的服務品質，進而質疑引水人的專業技術，似此，不僅對於海事的防範無實際助益，亦否定了絕大多數克盡職守的引水人，更相當程度地影響了船長的自主判斷與思維，因而船長極可能受公司管理階層的影響，下意識或情緒性地對引水人產生排斥感，結果當然更加深了船長與引水人間的嫌隙。不容否認地，一個施行了幾十年的制度當有其改善的空間，但不應全盤性的否定，至少其專業技術與經驗累積絕不容懷疑。

　　另一方面，從整個大環境而言，我們必須理解的是，近年來由於航運經營型態與航商領導階層架構的大幅變革，使得航商之海務運作主導者不再一定要由具備航海背景者擔綱，而是一反傳統地以營業或業務人員領軍，甚至完全取代之，因而海技與運航部門的專業見解與

評斷常無法被公司高層接受，致無形中增添許多壓力，當然此等壓力最終都將轉移給立於最前線的船長來承受。令人遺憾的是，相同的情形亦發生在港埠管理與服務端的環節上，最常見的就是專業水準不足的港埠協調作業不僅無法實質協助港埠的使用者，反而常為船長與引水人的關係帶來減分的負面作用。處此背景下，吾人當可體會現今船長所需承受的壓力和無奈，是故船長對引水人的作為所表示之關切乃是基於敬業的本能，所以吾人必須強調的是，引水人務必了解到船長的關切動作絕對是善意也是必要的，而且唯有兩者的密切合作與配合才是確保海上安全的最基本要件。

　　不論如何，討論船舶操縱的重點似乎應放在如何防止事故的發生，因為防範於未然才是謹慎的操船者所應追求者。於此，吾人要鄭重提醒船長者，乃引水人絕非萬能亦不可能永遠確保操船作業的零故障，尤其引水人的登輪只是輔佐船長完成整個航程中的某一階段的運作而已，因而即使引水人在船，船長仍需負起航行安全的重責與相當程度的警覺性。值得一提的是，吾人發覺有不少可能肇啟意外事故的疏失常是由船長先行發覺，或處置得宜而安然度過者，而非經驗豐富與技術優良的引水人所發現者。是故身為船長亦應不時地經由現場觀摩練習有關操船上的各種判斷，以提升本身的專業技能，進而確保港航作業的安全。至於身為服務業的引水人更應本著以客為尊的理念尊重船長的意見與感受，以達致船舶安全、港埠效率與航商滿意的最高理想目標。

6.11 引水人執行職務時所面對的風險

　　基本上，引水人在執行引航過程中所要承受的風險，不外是因所引領的船舶發生事故或異常狀況，致造成船舶、財產的損失或是人命的傷亡，當然包括因船舶的不當運作致碼頭及其設施的損害。再者，就屬引水人本身在上、下船的過程中可能遭受的傷害。前者有相當程度受船舶狀況、操船技術與碼頭配合度影響，亦即屬技術面的問題，於此不另贅述。至於後者除了受引水人個人之身心體力狀況影響外，更與被引領船船長之操船運作、船員配合度與引水船之操作有關。

　　長期以來，國內外引水人於上、下船的過程中遭受肢體傷害，甚至喪失生命的事件不知凡幾，其中以麥寮港引水人唐文德領港於二○○二年十一月二十日墜海身亡的事故最令人不捨與不甘，因為該案事後雖經交通部於二○○四年三月二十六日所召開的海事復議委員會評定，涉案船舶「亞伯輪」（M.V. "Bro Albert"）與提供港勤拖船充當引水船的麥寮港務管理公司應有疏失，但船東與港務公司除了對海事復議委員會所評定的疏失提出異議外，更無承擔絲毫賠償責任與道歉的意願，故而一心只求公平正義的唐領港家屬只有走上訴訟一途。遺憾的是，訴訟結果是法院認定引水人本身具備航海專業，應有能力判斷安全攀爬引水梯的時機，如引水人認為引水梯不夠安全，當可拒絕攀爬，因而船方不用為引水人落海喪生負責。

　　此一意外事件給予吾人的啟示乃是有關海事案例的判決，學者專家的評議意見不一定會被一般地方法院所採納與尊重，同時亦突顯出國內引水人組織的薄弱無力與財團的悍然無顧。因為在國外，只要引

水人在執行領航勤務的整個過程中，毋庸說是引水人喪亡，即使因引水人本身的疏失致稍有受傷者，亦會提出高額的索賠要求，而且幾乎沒有索賠未成者。

眾所周知，影響引水人於上、下船過程中之人身安全最重要者就屬引水梯的配置，此包括引水梯本身的結構、強度、固定與相關的安全配套措施。事實上，有關引水人接送設備（Pilot transfer arrangements）之要求事項在一九七四年海上人命安全國際公約（Safety of Life at Sea Convention; SOLAS 1974）的第五章第二十三條規則中已有明確規定，茲摘錄其中有關引水梯的條文如下：

1. 適用

1.1 船舶所從事之航程係在可能僱用引水人之航線上，則應備有引水人接送設備。

2. 總則

2.1 所有作為接送引水人之設備，屬於引水人安全上下船之目的，應有效地達成之。引水人接送裝置應維持清潔、適當地維護保養及置放，並且應定期檢查，以確保能安全使用。該裝置僅能作人員上下船之用。

2.2 引水人接送設備之繫固及引水人上下船，應由負有責任之航行員監督之，該員應持有與駕駛台連繫之通信裝置，且應安排引導至駕駛台往返之安全通路。從事繫固操作機械設備之人員應以即將採納之安全程序講習之，而且設備使用前應予測試。

3. 接送設備

　　：

3.3 為了能安全且容易上下船舶，船舶應備有下列之一種設備：

　　.1 要求攀爬在水面上不少於一點五米且不大於九米之引水人軟
　　　　梯（Pilot ladder；以下稱引水梯），其位置及繫固應符合下
　　　　列規定：

　　.1.1　避離船舶任何可能之排放出口。

　　.1.2　位於船舶平行舯體部（Parallel hull section），且在實際
　　　　　可能範圍內，安裝於船舯之船長二分之一範圍內。

　　.1.3　每一踏級均穩妥貼靠於船舷，如有防磨擦護舷材等之構
　　　　　造上特徵，以致妨礙施行本規定時，應備有經主管官署
　　　　　認可之特殊設備以確保引水人能安全上下船。

　　.1.4　使用單根引水梯之長度應能從上下船處直達水面，並對
　　　　　船舶所有裝載情況、所有俯仰情況及向相反舷橫斜十五
　　　　　度情況，考慮適當之餘裕。繫固之索結、接環及繫固纜
　　　　　索應至少與邊索之強度相同。

　　.2 如自水面至上下船處之距離超過九米，應為舷梯
　　　　（Accommodation ladder）配合引水梯或其他同等安全及方便
　　　　措施。舷梯之設置應朝船艉，使用時舷梯之下端應位於船舶
　　　　平行舯體內穩妥貼靠於船舷，且在實施可能範圍內，安裝於
　　　　船舯之船長二分之一範圍內，而且避離所有排放出口。

4. 至船舶甲板之出入

⋮

引水梯、舷梯或其他裝置之頂部與船舶甲板間之人員上下之通道，應備有確保安全、容易使用及不受妨礙之措施，該通道藉下列方式達成：

.1 設有欄桿或舷牆之出入口時，應備有適當之扶手。

.2 使用舷牆短梯時，應備有兩支扶手支柱，其底部或接近底部以及較高位置應勞固於船體結構。該舷牆短梯應確實安裝固定於船體以防傾倒。

⋮

7. 相關設備

⋮

7.1 接送引水人時，下列相關設備應備妥在旁隨時可取用：

.1 引水人認為必要時隨時可取用之二條直徑不少於二十八公釐之馬尼拉繩，應適當地繫於船上。

.2 配有自燃燈之救生圈。

.3 救生用撇纜繩。

除了上述國際公約的規定外，國際引水人協會（International Maritime Pilots' Association; IMPA）亦對引水梯的構造、規格、固定與應採措施訂出細節性的規定（參閱圖 6.7、圖 6.8）。相信所有航運公司的海務管理人員，與經考試及格且持有證書的引水人、船長與航行員對於此等規定皆不陌生，然令人遺憾的是，在職場上吾人卻常見船方未確實遵守上述規定；當然更令人費解的是，前述唐領港的不幸

事故既非引水人攀登繩梯發生意外的第一次，爲何自上述條文訂定三十年以來引水人總還是默默忍受各種不符安全規定的引水梯，有時甚至連港口管制單位與海岸巡防機關已判定引水梯不符相關規定的船舶，引水人卻無視於本身的生命安全繼續提供引航服務。似此，引水人焉能指責引水梯不符安全規定，又如何能冀望船東正視引水梯安全的重要性。最有趣的是，從往昔的案例吾人發現，是有許多船東都有非經法律訴訟程序拒絕賠償引水人因攀登引水梯所引發的意外索賠之傾向，但是可以確定的是，幾乎沒有一位船東或運航人對於引水人因引水梯不符規定而拒絕登輪提出異議者。可見引水人上、下船舶的安全有相當大的程度取決於其本身的態度。亦即若要杜絕類似上述之不幸事故，引水人絕對有爲其本身及其同僚舉發不符安全規定引水梯與拒絕攀登該等不符規定的船舶之責任。

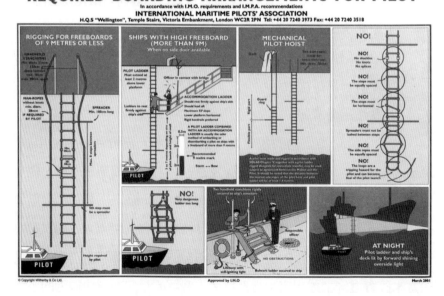

圖 6.7　IMPA 有關引水梯的構造、規格、固定與應採措施訂出細節性的規定

INSTALLATION

There are two ways to intall the pilot ladder magnet as illustrated below A & B.
Either of them will do.

A   B

磁吸盤

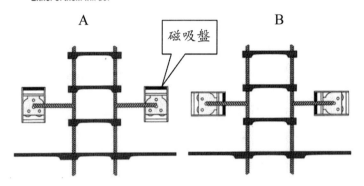

圖 6.8　引水梯磁吸固定（Holding magnets）裝置

　　爲確保引水人的安全與船東免於陷入因引水人遭受傷害所引發之索賠困擾，筆者特將個人從職場上所觀察之常見引水梯缺失列述如下：

1. 引水梯汙濁不堪；即梯級與繩索沾滿油汙；

　　（Appliance not clean; ladder or ropes greasy/oily）

2. 負責接送引水人之航行員未持有與駕駛台保持連絡之通訊設備；

　　（Responsible Officer not present with communication）

3. 未引導引水人經由安全通路至駕駛台或離船；

　　（No escort through a safe route）

4. 引水梯未繫固於遠離排水孔或其他排出管道處；

　　（Ladder not rigged well clear of discharges）

5. 引水梯繫固於距船艏或船艉少於四分之一船長處；

　　（Ladder rigged within 25% from fore part and 25% from aft end）

6. 引水梯未穩固地緊貼於船舷；

（All steps and spreaders not resting firmly on shipside）

7. 船舶處於輕載狀態下，從上、下船入出口至水面處未使用單一長度之引水梯；

（Pilot ladder is not of single length to reach water level in ballast）

8. 舷梯設置方向未朝船艉側；

（Accommodation ladder not leading aft）

9. 舷梯底部未穩固地緊貼於船舷；

（Lower end of accommodation ladder not firmly resting on ship side）

10.引水梯頂部與甲板銜接處不安全、不方便或有障礙；

（Pilot ladder head to deck not safe, not convenient and obstructing）

11.舷牆內梯兩側未設置頂部及底部均勞固繫於船體結構上之扶手欄杆；

（Bulwark ladder not having two hand hold stanchions rigidly secured at base and at a higher point）

12.舷牆內梯未緊固地繫勞於船體結構上；

（Bulwark ladder not well secured to vessel's construction）

13.舷牆開口向舷外側開啟；

（Bulwark sideport opening outward）

14.舷梯過於陡峭（與垂線夾角少於五十五度）；

（Combination ladder less than 55 degrees from the vertical）

　　從上述常見缺失吾人得知，欲求引水梯的物理結構與繫固措施符合國際安全規定並不是很困難或需耗費高昂成本的事，尤其處於當今

凡事講求安全的時代，斷無任其長期不被重視的理由。不容否認地，由於我國並非國際海事組織與其他國際組織的會員國或簽署國，故而欠缺相關國際公約或規定所賦予沿海國的約束力，也因此吾人可以確定的是，在可預期的未來，若果引水人未能提高警覺意識，進而採取積極防制作爲，則類似上述的引水梯缺失問題勢必會繼續存在，並成爲威脅引水人生命安全的潛在危機。（參閱圖 6.9～圖 6.16）。

圖 6.9　不符規定的引水梯：邊繩改用易滑手的 PE 繩（一）

圖 6.10　不符規定的引水梯：甲板欠缺扶手欄杆（二）

圖 6.11　不符規定的引水梯：舷內欠缺固定階梯（三）

圖 6.12　不符規定的引水梯：未緊貼船舷（四）

圖 6.13　不符規定的引水梯：過長浸水（五）

圖 6.14　不符規定的引水梯：雜物糾纏難以抓穩（六）

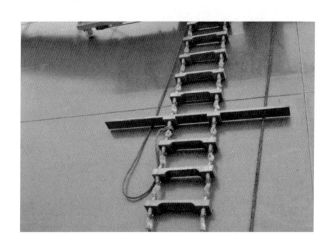

圖 6.15　不符規定的引水梯：引繩未拉緊（七）

圖 6.16　不符規定的引水梯：船舷內無固定階梯（八）

第七章 引水業務的展望

7.1 引水環境的變遷

　　眾所周知，近一世紀以來，對沿岸航行船舶提供操船相關協助，特別是進、出港口以及離、靠碼頭的實際運作，早已歸屬引水人的專業領域。如今此一專業更是促成與確保船舶在近海與沿岸安全航行的最主要助力。然而隨著船舶的日趨大型化、貨載的多樣化，以及人們環保意識的高漲，引水人在執行領航業務時若稍有疏失或誤判形勢，都可能對人命、財產與環境造成嚴重損害的後果，此不僅突顯出現今引水人所面對的工作環境是極其嚴酷的，更意味著引水人執行職務時所容許犯錯的空間亦愈趨縮減。

　　此外，由於引水人負有在整個引航過程中對船長提出最佳航行建言（Best navigational advice）的義務，冀以確保船舶能夠安全且具效率的進出或通過引水區域。可見引水人的建言關係船舶的安危至巨。毫無疑問地，引水人所提建言的品質勢必要經由教育、訓練、發證與個人經驗的累積等過程始能相對地提升，然而從實務上吾人發現引水人建言的精準度，更有相當大的程度是受船上駕駛台團隊所提供的可用資訊之水平所左右的，因此船舶駕駛台團隊運作的良窳與否，常是船方能否獲致最佳引航服務的關鍵。例如在當前的環境下，引水人可

以透過各種不同管道取得語音、視覺及書面訊息，例如船上裝置的避碰雷達（ARPA），自動識別系統（AIS）以及衛星定位系統（GPS）；與船長間的訊息交換；經由岸基船舶交通管制或港埠資訊系統所傳達的訊息。若果船舶駕駛台欠缺來自上述任一管道所提供的訊息，極可能對引水人在引航過程的安全執行與效率產生嚴重的影響。

另一方面，自從六○年代以來，海運產業已產生了很大的變化，亦即不僅船舶噸位與容積皆作大幅的增長，船舶的設計特性更是作了許多顛覆傳統的改變。然最遺憾的是，儘管人們長期以來一直沉醉於船舶大型化與專業化的人定勝天迷思中，海運社會卻直至此種質量上的變化對海運社會與生態環境產生許多影響後才驚覺到其所帶來的負面後果。就實務面而言，其中關係吾人最大的負面影響就屬國際海事組織針對歷年來一連串的海上汙染事件制定許多繁複的管制規章、公約與相關立法，進而促使社會大眾與擔負龐大選票壓力的政客們對海運社會毫不保留的進行破壞自然環境生態的汙名化運動。另一方面，上述的航運趨勢變化也連帶地使船長失去許多獲取與練習操船技術的機會，因為隨著船舶噸位與吃水的大幅增加，以及國際公約與沿海國所制定的各種嚴格規範，使得傳統上船長賴以展現優良船藝的近海或沿岸水域已不再容許船長任意的操縱，因而剝奪了許多資淺船長歷練船舶操縱的機會。凡此莫不意味著大環境對引水人乃至整個海運社會不僅沒有改善，反而變成更為艱辛險惡。

儘管局勢對引水人是不利的，但吾人仍應為時代的進步感到鼓舞，同時更要體認到船舶日趨大型化與快速化，相對所需的技術與需求將更為複雜化的事實，進而針對此等快速的科技開發思考操船技術

的調整與提升。因此任何一位具前瞻性的引水人勢必要對當前的高科技知識與發展作一定程度的認識。此外，由於引水人亦要遵守國際公約與管制規章，以最負責任與積極的行動對各種緊急與危險狀況採行防範措施，或是作成決策，所以新一代的引水人定要具備堅決的責任感與持續的求知慾，否則日後將難以從事此一充滿挑戰性的行業。

7.2 對海運環境變化應有的認識

如上所述，海運環境的變化當會某種程度的影響到引水作業的運作，因而身為引水人務必了解當前乃至未來的海運情勢，蓋惟有如此始足以認清本身在新趨勢中所應扮演的角色與時代使命，進而從容地承擔應有責任。而從近十年來的海運環境變化，吾人發現海運情勢對引水人所產生的影響，不外：

1. 來自航商的商業壓力日增

相信只要稍具職業敏感度的人都會留意到近年來灣靠我國各大商港的船舶每有貨載率偏低，或是停港時間明顯縮短的景象，雖吾人或可將此一景象解釋為國際大環境的景氣低迷與海峽兩岸經貿情勢消長變化所致者，但身為海運社會的成員總會有幾許不安與悲觀的感覺，究竟海運社會組成分子相互間之依存度（Interdependent）甚高，若果不能營造共榮的環境，又如何能維持相關業者的起碼共存呢？

毫無疑問地，隨著近年來國際經貿情勢的持續蕭條萎縮，除了少數在證券市場上極力炒作以獲取暴利的航商外，大多數海運業者都

有如陷入愁雲慘霧一般地慘淡經營，尤其令人同情的是，航商的營運窘況每隨著不斷增加的成本而愈顯惡化，而且這些日趨增加的成本有許多是航商所不能控制的外在成本，例如於二〇〇四年七月一日付諸施行的國際船舶與港口設施保全章程（ISPS Code），以及在二〇二〇年實施的低硫燃油管制即是。是故可以理解的是，面對上述經營窘況的船東或航商，在開源無望、支出反增的情況下，除了要與同業間展開激烈競爭外，勢必更要採取一切可能的措施藉以降低營運成本。然而在保有既定服務水平的前提下，欲大幅降低成本似乎是不可能的，因而吾人不得不對船東在當前全球各主要定期航線船噸過剩與運費低迷的窘況下，不作結構上的改變就可以順利進行降低成本的計畫產生合理的懷疑，而且預測在短時期內大多數的船東更可能因營運困難而無意願，亦無能力投資改善其屬輪物理上與服務上的品質。除此之外，隨著管理科學的興起與公司架構的更迭，眼前許多港埠管理機關、船東或航商所任用的高階管理階層，幾是全由行政與營業出身的人士取代航海背景的專業人才，故而愈加促使其對專業認知的隔閡深化，甚至不予重視。

在了解航商的處境後，吾人即可理解到航商所承受到的壓力，而為確保不被市場淘汰，航商與船東不僅要降低成本更要將壓力轉移，而在船東與航商縮衣節食的改革風暴中，首當其衝的當屬最弱勢的船員與引水人，因為此二團體組織的規模最小且動員力最弱，故而改革阻力亦最小。不可否認地，往昔船員薪資約占船舶運航總固定支出百分之十八至二十四的比例似嫌稍高，因而才會成為船東精簡開支的首要標的。反觀引水人方面，港區引水費僅占船舶泊靠港埠總費用的百

分之二，實是少得微乎其微，因而引水費的支出與航運經營的成敗並無必然的相關，而且對降低船舶營運成本的迫切性亦不高。然卻因引水人的收入在港區各勞動業界間位居首位的事實，遂成爲經常招致各方不合理指摘的原罪。可以確定的是，以航商的立場而言，若能在不觸犯引水人的前提下當然能省則省，所幸敢於無視港區的傳統和諧進而挑戰既有引水制度的航商終屬少數，故而一旦發生爭議一般航商多會選擇緘默回應，因爲引水人究竟是經常協助其排除各種疑難，確保運航順暢的專業技術提供者。

另一方面，囿於同業間的激烈競爭，邇來吾人發現除了航商的運航部門對港埠費用錙銖必較外，部分船務代理商在同業競爭的環境下，對港埠費用亦以統包制爲號召招攬船舶代理業務，而因爲其他公部門所制定的港埠費用與費率毫無議價空間，結果常發生船務代理商爲降低支出，要求引水人減少僱用拖船以增加其獲利的異常景象。我們知道，船長當然有權決定僱用拖船的艘數，但是船東與代理商卻忽略了在引水區域內引水人乃是實際操船者的事實。也只有引水人才知道安全且具效率的操船究竟需要何種外力的協助或配合。吾人可以預期的是，類似困擾當會陸續發生且會加劇，因而面對此等不合理的干預，引水人仍當以港埠與船舶安全爲最先考量，並堅持專業判斷與原則，否則寧可選擇不作爲，究竟涉及安全的事項是不容妥協與侵犯的。

2. 次標準船充斥

其次，由於海峽兩岸的特殊政治情勢，使得我國一直被排除於

國際海事組織及其他相關國際海事場合之外，因而非但無法參與國際公約會議，甚至連欲執行國際海事組織所規範的法制事項都難以援引適當的法規依據，或取得國際間的奧援，因而連帶地使得我國港口的管制與管理標準多趨於鬆散不實，結果造成我國港口次標準船（Sub-standard ships）充斥的難堪景象。我們知道，全球各沿海國本於國際安全管理規章（ISM Code）與港口國管制（Port State Control）公約所賦予確保海上人命安全與維護海洋自然環境生態的權力，對於不合乎安全與環保標準的次標準船無不全力抵制杯葛，甚至動輒扣船留置（Detain）。因而此等次標準船的船東只有被迫將屬輪調派至港口管制施行較為鬆散的國家或地區，很不幸地，我國即屬於此類國家，此或許是我國長期以來一直強調經濟掛帥又無緣參與國際海事組織的情勢所促成者，但也有很大程度與國家的海洋政策不夠明確與考用不一的人事制度有關。毫無疑問的，次標準船對港埠設施與海洋環境生態所帶來的肇事風險定會相對提高，尤其次標準船所僱用素質較差的船員更是對安全的一大威脅。似此，吾人可以預期的是，在無法有效管制的情況下，引水人日後面對次標準船的機會勢必增加，連帶地使得引航過程中的隱藏風險亦相對提高。另一方面，由於次標準船橫行於港區水域對於優質航商的屬輪，如同置身於漂浮的水雷陣中，終將成為航商評估灣靠港口安全性的主要因素。似此，勢必造成劣幣驅逐良幣的負面效應，而此一情勢演變當然嚴重斲傷國家與港口的形象，實非國家社會之福。

圖 7.1 次標準船（一）

圖 7.2 次標準船（二）

圖 7.3   次標準船（三）

3. 面對科技快速發展的事實

　　儘管引水人從事領航工作之目的並沒有改變，但是左右引水人執行業務的影響因素與環境卻發生了很大的變化，因此我們可以確定的是，在未來的日子裡，引水人勢必要展現其適應性與堅韌性始足以完成其使命，因為科技發展將會以更快的速度持續精進。值得慶幸的是，當今我國執業引水人多是自商船上轉業的資深船長，而且平均年齡亦不甚高，因而對相關科技新知的認識與接受度頗高。另一方面，由於我國各商港皆屬縱深較短的沿岸港口，所以在執行引航業務過程

中對定位航儀的依賴度並不高，故而較無類似其他內陸港口的引水人常需承擔河道航行與船舶定位的精神壓力。

7.3 引水人角色的重新定位

近年來有關「引水人」一詞的傳統釋義在歷經數百年的時代變遷後是否仍能適用常在學術界引起爭議。那就是長期以來引水人一直被定義為「當地知識的提供者（Provider of local knowledge）」。很明顯地，此一趨勢不僅阻擋了人們深入了解引水人負責實際操縱船舶，進而化解許多悲劇發生的事實之企圖，更無助於改善引水服務的適當性與有效性。

針對此一趨勢，吾人當有必要以嶄新的觀念對「引水人」一詞詳作闡釋。以時下的潮流趨勢觀之，引水人的首要任務應是努力實踐國際海事組織（IMO）力倡的「駕駛台資源管理（Bridge Resource Management）」概念，博得船舶駕駛台團隊的緊密合作，進而利用船上所有可用資源，並協調港埠相關服務，以便能夠安全且具效率地引導船舶通過或完成整個航程中最驚險的局面，而此當然指船舶暴露於航程中預期將遭遇的最險峻局面。

很顯然地，新時代的引水人角色已從早期單純的「當地知識提供者」進階為「高風險運作管理人（Manager of a high-risk operation）」。眾所周知，管理與專業技巧在當今高度重視時效與成本管控的大環境下，不僅是必需更是最重要的，而此正意味著以風險管理（Risk management）的角度來闡釋引水人的角色是最適當不過

的。其次，若從財務與航運管理的層面來看，則引水人的價值更非單純的當地知識提供者所能比擬者。因為引水人所提供的服務不僅關係船舶財產的安全，更涉及運航效率的問題，何況引水人所擁有的專業見解並不僅止於當地知識。

如同前述，由於大環境的改變，引水人日後在利用其專業技術執行其固有職務時，必要體認到下述作業環境特質：

1. 將持續遭受來自航商縮減成本的壓力

其實，此點與其他企業的經營並無不同，因為在市場經濟的領域裡經濟掛帥絕對是正確的，尤其「增加股東的財富」（Enhancing shareholder wealth）與「獲利最大化」（Maximizing profit）的訴求更是吾人耳熟能詳的。而此等訴求通常只有求助於引進高效率運作，進而降低成本來達致之。很遺憾地，所謂高效率運作常被擴大解釋或誤解成，凡是快的或是省錢的方法就是好的，結果此一錯誤認知使得安全考量每成為商業利益妥協下的犧牲品。

2. 幾近於零的肇事容忍度與超高標準的責任感要求

我們知道，無論在哪一社會中都存在有明示或默示（Explicit or implicit）的社會契約藉以約束其所有成員。而安全的標準（Standards of safety）通常就是此一契約的考量與反映。對海運社會而言，此可解釋為對涉及人員傷亡與海洋汙染事故的超低容忍度。前者表示人們對於人類生命價值的重視，後者則意味著人們對環境價值的關懷。從往昔發生的許多海難事故案例分析中吾人發現，儘管不是普遍性的認

知，但卻有愈來愈多的人相信引水人可以直接的扮演降低海難事故與海洋污染風險的角色。可見秉持超高標準的責任感是日後引水人執業的最基本認知，否則將難以面對肇事容忍度要趨近於零的嚴酷挑戰。

3. 如何確保安全與堅持原則

近年來由於民風的日趨開放，故而在吾人的周遭常會聽到各種不同的主張，海運社會亦然。只不過部分自我膨脹的主張常會凌駕專業認知與判斷。處此環境下，引水人應如何排除不當的外力干擾，堅守專業獨立判斷才是最為重要的。

針對上述職場特質，引水人當需客觀審慎地對本身所扮演的角色再作評估，期以降低社會的負面評價並滿足航商的需求。至於再評估的方法不外是比較眼前引水人所扮演的角色與傳統上引水人慣行的專業展現。

傳統上，每當外在環境因素針對引水人所扮演的角色與報酬的合理性提出質疑時，引水人常以本身的專業與作業環境的高風險性作回應，其中最常提出的辯護理由不外：

1. 當地港灣知識的取得不易

毫無疑問地，處於往昔那種航行資訊與相關刊物欠缺，航道水路標誌不清，又無正確投影與適當比例尺海圖的年代，當地港灣知識絕對是影響航行安全的最重要因素，但卻又不是那麼容易的可以取得。此亦是造成以往引水人地位不容挑戰的情境之主因，究竟人們對水文與海上行舟的知識相當有限。

2. 國防安全的重要性

在海權被認為最具國防優勢的年代，對於引水區域的資訊保密與限制是絕對有必要的。因此在兼顧國防與經濟發展的考量下，沿海國家莫不作成外籍船舶必須僱用本國引水人引領的規定。

相對於上述傳統引水人所面對的職場環境，顯然當前引水人所面對的情境已然產生相當的質變：

1. 當地港灣知識易於取得

我們知道，當今全球各主要水域的航道與水路無不充分的標誌著，海圖亦詳細記載著相關的水文資料，而且尚有潮汐表與其他相關訊息可資自由取用，故而儘管當地港灣知識仍屬重要，但其重要性已不再如以往一樣的具無可取代性的地位了。

2. 對國防安全的影響有限

隨著科技的日益精進，透過高功能衛星的偵測早已讓地表上的一切無所遁形，故而港口與沿岸形勢早已不是什麼高度機密了。尤其透過國際貿易的交流，通商港口的相關資訊更是唾手可得。

3. 引水人在保護港埠基礎設施（Port Infrastructure）與環境所扮演的角色

從第一次世界大戰至五○年代為止，絕大多數的貨船都是延襲固定型式建造的，特別是船舶主機的推力，載貨空間與容積等。事實上，直至如今海運社會的許多文化特質與經營理念仍深受該一時期的

船舶概念所影響著。如同前述，自從六○年代以來，海運社會已然產生了很大的變化，亦即除了船舶大型化外，在過去二十餘年間航運經營的風險水平亦隨之提升，若果未能採取抑制或降低發生危機的潛在因素，類似風險在可預期未來極有可能愈趨上升。其中危險貨與有害物質的種類與數量之日趨增加就是最令人擔憂的。

因此引水人除了要扮妥確保航行安全與保護港埠基礎設施的角色外，另一個最重要的任務就是要降低海洋汙染的風險。尤其是歐美先進國家的社會大眾、安全機構與環保機關愈來愈欲依賴引水人的登船，並利用他們的專業作為降低作業與環境危機的必要功能。這是早期引水人從未曾有過的社會使命。

4. 重視團隊的紀律

眾所周知，處於當今營運船舶承擔重大商業壓力的環境下，參與其間作業的人們之安全餘裕（Margins of safety）幾已被逼迫到極限的地步，故而引水人不可能再以自立於駕駛台團隊之外的個體獨自單兵作業。另一方面，在當前的環境下若欲確保船舶作最有效與安全的運作，各引水區域的引水人組織勢必要保持高功能的正常運作，而且其成員更要接受團隊紀律的約束。

5. 專業操船技巧的精進

我們之所以強調操船技巧的精進，乃因技巧（Skill）與知識（Knowledge）間存著很大的差異。基本上，知識只要透過研習或閱讀即可獲致，然而技巧則非經有系統的培訓與演練不可得。尤其類

似船舶引航這種高水平的專業技巧，更需要長時間不斷的努力始能達到一定程度的目標，而且惟有透過定期的練習才會保持既有水準於不墜。關於此點，航空界早已充分了解，然海運社會卻未能跟進。

7.4 如何改善既有引水制度

近年來不少學術與研究機構曾針對我國引水制度與引水業務的現況陸續發表許多相關論著。很遺憾地，或因引水團體的保守自閉與過度強調專業，故而幾乎所有研究結論都是呈現貶多於褒的負面撰述。細究其因吾人發現，除了絕大多數論著的研究方法是採取傳統與單向的方式作評估外，參與研究或執筆者有許多並不具備航海或港埠管理的專業背景，顯然如此偏頗的研究方向與研究方法對引水人是不公平的。因而近來有人倡議改用其它方式來檢驗引水制度與功能，毫無疑問地，引水人的服務品質與效率依舊是研究者最感興趣的，因而現職引水人在職訓練的實施狀況遂成為評估的首要選項，其次就是引水人組織是否已建立一套對新進引水人施予相對於其執業需求的訓練系統。

事實上，訓練只不過是整個引水體系運作中的一環而已，何況在引進訓練計畫時，常因過度考量必須性與實用性而作了某些妥協，故而常影響到其預期效能。因此若欲提升未來引水人的專業標準與改善既有引水制度，勢必要從下列方向著手進行：

1. 重視人為因素（Human factors）

　　從往昔許多肇事分析中我們知道，如同其他產業一樣，海上意外事故的發生有八成是起因於人為因素。令人遺憾的是，儘管人為疏失所占比例是如此的高，但直至目前為止，所有引水人的相關訓練課程依舊忽略了人為因素的重要性，亦即一如以往喜愛聚焦於個人專業技巧的發展與經驗的傳承。

　　其實，若對人為因素深入探討即可發現選擇正確人選的重要性。由於引水人培育訓練的成本是非常昂貴的，因而如何挑選與錄用新人關係重大，不容否認地，在整個挑選過程中似乎很難完全避免看走眼的風險，因此甄試委員務必嚴謹審慎從應考人員中挑選態度正確與才能適格的人選。

2. 結合人為因素與專業技巧的訓練

　　隨著各種精準定位系統與電子海圖的問世，意味著引水人將來要面對的就是如何有效的使用這些科技產品。而此當然要藉由訓練達致之。

　　至於新人的培育訓練最好是採用航空公司訓練新人的模式，即採行工作知識與行為並重的訓練課程。因為傳統的引水人訓練方法都是以專業知識為主，再輔之定期的模擬機訓練。類此訓練方法的成效如何，頗有爭議空間。但也因此法難以評估，故而只有任其延續下去。所以欲求有效的訓練計畫最好從新開始建立。

3. 資格能力的稽核

　　為取得社會大眾對引水人專業的信任與尊重，最重要的作法就屬定期對引水人的資格能力進行稽核。因為眼前的運作實在很難稽核，此乃因為引水人處理突發狀況的能力很難充分的評定，尤其實務上幾乎所有狀況都是無法倒帶回轉的，此更增加稽核的難度。

4. 專業的組織

　　未來的引水人需要一個能夠代表引水人利益，並能制定足以有效約束個人行為與倫理規範的管理章程之專業組織。但不容否認地，由於引水工作的獨立與孤立特質，欲達成協議並非易事。

5. 積極參與並改善公共關係

　　眾所周知，若要讓一產業能在當前的世界生存下去，則產業中各不同部門間除了要充分理解外，最重要的就是要有充分的聯絡與合作。很不幸地，近年來海運社會中常有少數對當前引水業務與運作持不同意見，甚至為反對而反對者，很顯然地，這些持不同觀點的異議者所付出的代價，就是剝奪了其本身原可吸取許多海運相關功能知識的機會而不自知。結果常要為其行為承擔責任，而其後果可以從單純的負面經濟效應以至重大的海難事故。

　　反之，姑不論持不同意見者的影響如何，引水人若要更有效掌控其自身的命運，當然需要以更緊密的結合進入海運社會網絡中，進而成為一股穩定的力量。蓋惟有如此始能獲致各方的善意，進而展現如同既有專業一般的親和力。究竟眼前這種自外於海運社會的作法對已

是弱勢的引水人團體而言絕對是負面的。因此引水人應受鼓勵多方參與有關海運問題研究、船務工作組織、航運社團等相關團體，期以全方位深入了解海運與港埠相關產業之營運走向，促進相互間的良性互動關係，進而建構工作共同體之宏觀概念。

至於如何著手改善目前引水制度的缺失與不合理現象，學者建議應比照先進海運國家於各國際港口由港埠主管機關、專家、學者、引水人與航商共同組成「引水諮詢委員會」（Pilotage Advisory Committee），以便針對該港口的固有條件與特殊環境就下列問題研擬意見：

1. 有關各引水區之引水人名額；
2. 有關各引水區之引水費率；
3. 有關各引水區之引水業務協調事宜；
4. 有關各引水區劃分之建議；
5. 有關引水人資格之建議；
6. 有關「強制引水」或「非強制引水」之建議；
7. 其他引水業務相關事宜。

毫無疑問地，經引水諮詢委員會針對上述引水相關事宜進行研討所作成的結論，再提供給航政主管機關作為處理引水業務之參考，當可避免有司的主觀看法，進而可減少爭議。其實，早在一九四六年十月我國即舉行過第一次引水費率諮詢委員會，只不過成員僅包括當地航政機關、航業公會、招商局與引水人團體。其後陸續於一九四七年六月、一九五〇年五月分別召開諮詢會議。之後卻因種種原因未再召開過類似諮詢會議。

7.5 引水業務之展望與隱憂

7.5.1 如何面對外界開放競爭的聲浪

　　我們知道，近年來主張全面開放引水業務，乃至倡言以競爭手段提昇服務品質的聲浪不斷。其實，若從經濟學的角度來看，所有理性論者都會同意經由競爭是可以達致最大效率的說法，可惜的是此一說法或許適用於其他產業，但卻不適用於引水業。因爲競爭將會腐化引水人的能力以致無法適當地執行其業務。

　　如同前述，引水人的最主要功能之一就是如何在高風險的運作中作出獨立的判斷，然而在競爭的環境下不僅難以作出獨立的判斷，更會潛在地貶低引水人作爲風險管理者所作出的貢獻。尤其在當前的經濟環境中，所有船舶與船員無不被船東壓迫至幾近極限的工作處境，船長更是遭受空前未有的重大商業壓力與心理壓力。因此引水人絕不能容許這一環境阻礙其對有關安全事項施展獨立專業判斷的能力。很明顯地，在船東的經濟需求與確保安全通（航）路的公共利益間存有極大的衝突，因爲從社會大眾的利益來看，人們肯定希望引水人在引領船舶時能夠完全免於經濟壓力，而自由發揮其獨立判斷。惟有如此引水人始能保護國家與社會大眾的利益，當然亦能保護船東的利益，此充分突顯出引水人獨立角色的重要性。因爲如果引水人本於航行安全所作出的健全判斷之責任被妥協掉，那麼引水人勢必會破壞整個海運社會的利益。

　　其次，降低營運成本是重要的，但亦要顧及效率，而所謂的效率

不僅包括服務的成本，更包含全面性的效率，至目前為止我們尚未看到任何透過競爭以改善引水服務的安全性之成功先例。事實上，企圖藉由引進競爭機制來砍掉如此重大安全服務的成本，不僅會適得其反地增加成本，更會對船舶的運航安全產生負面的影響。

另一方面，由於引航過程中的任一疏失將會對海洋環境、所有港埠使用者、海運相關產業及當地社區帶來極大的災禍，亦即受害者並不僅限於船東或船舶管理人。因而若從公共利益的角度來看，則一個運作正常且具安全文化的單一提供系統，才是最安全也是最具成本考量者。

其實，只要對引水人的角色有著充分的認識，就知道開放競爭是不可行的想法，這也是許多明智的船東與船務顧問持保留態度之原因所在。因為引水人一旦處於競爭的環境下，既有的團隊架構將喪失殆盡，互相殘殺不可避免，最終得利的將是面對媒體鏡頭數落航商如何破壞港埠與汙染海岸的政客們。

毫無疑問地，企圖將引水業務置於市場經濟傘下的鬥爭將會持續的進行，此亦表示未來的引水人將要一再地重複解釋引水業務與競爭不能共存的特殊引水文化。當然這一針對引水業務的所作成的衝擊，將不止於引水人，亦會波及港口管理機關與船東。您會認為採行競爭性引水制度仍能確保引水費率的穩定，而且對入港船舶毫無區別待遇嗎？絕不可能的。因為部分採行此制度的引水區，已經發生了許多問題，尤其是壓力因素，例如引水人因過度疲勞，使得肇事率急遽的上升，以阿根廷與大堡礁為例，肇事率曾高達百分之四十。最後，誠如美國引水協會主席斯巴克船長（Capt. Jack Sparks）於一九九八年三月

在國際引水協會第十三屆大會所言：「以美國如此崇尚自由企業，平
等競爭機會的資本主義國家，政府仍然認爲特別是有關『公共利益』
及『政府責任』的行業，最好是在管理下獨占，而強制引水即爲其中
之一。顯然主張開放競爭的人們忘卻了，強制引水的最主要目的在於
保障『公共利益』，需知當引水人一味地爭取業務，而忽略了政府與
人民的利益，不啻是扭曲了原本規劃強制引水的美意。」

7.5.2 攜帶式引航裝置的適用性

　　近年來只要有涉及引水人的海事發生，總會有學界或業界提出讓
引水人採用攜帶式引航裝置（Portable pilotage unit；PPU）的建議。
事實上，儘管 PPU 有許多好處，但因國內商港都屬位於沿岸，且縱
深較短的淺盤型港口，引水人登船後都可目視岸形與港區，也就是需
要依賴電子航儀導航的時程與機會甚少，不似國外的內河港口需要長
時沿江河航行，引水人需依賴其自備版本的電子海圖導航，或在引航
應用軟體上加註安全標誌與提醒，以確保安全，故而國內引水人傾向
不使用 PPU，以免登輪後因急於要裝置 PPU 設施，反而延遲了關鍵
引航作業。

　　毫無疑問地，功能上 PPU 確屬可增進安全的高度精密助導航
（Highly precise aid to navigation）設施。其次，使用 PPU 不僅因爲
其是重要的航行工具，同時也是引水人與船長或船員間作資訊、教
學與聯絡溝通的工具。尤其 PPU 已被證實在對船舶運動發展中態勢
（Tendency）的預期，以及解釋即將發生的操作，如轉向慣性特別有

用。但事實上，僅憑 PPU 就可避免海難發生的想法恐過於單純，因而 PPU 的問世也帶來是否引進潛藏的風險（Hidden risks）？或是更加助長舊有的壞習慣的爭議。因此吾人當然要思考 PPU 究竟是萬靈丹？還是潘朵拉的盒子？

在進入探討 PPU 之前，吾人應先回顧相關各方多年來努力取得共識的標準引航情境（Pilotage paradigm）：

1. 充分體認引航情境並非單純，而是一個結合許多相互連結事件的複雜網絡。（Complex web of interconnected issues）。

2. 船上的駕駛台團隊必須隨時準備跟進引航進程，並積極參與引航作業。

3. 駕駛台團隊必須具備駕駛台資源管理（BRM）與英文語言技巧，始能成為引水人有效的夥伴，並支持引航作業。

4. 航運公司必須體認到他們的駕駛員與船長在引航過程中不得分心進行其他兼任工作，而是要專心協助並確認引航進程的順暢進行。唯有如此，潛藏在許多船舶的船員惡習才能被發現，並且徹底改變。

5. 引水人必須參與，並結合駕駛台團隊完成引航作業的操作。

6. 政府單位與港口機關必須諮詢其引水人建立並公布標準化航路，如此才能在引航區內建立預備的航程計畫。

儘管上述理想情境是各方共識，但是職場實際情境常非如此。故而我們應嚴肅思考，如果引水人個人過度陷於「PPU 泡沫」之中，那麼理想中的 BRM 會變成什麼呢？又引水人如何能確保所有駕駛台團隊員能以同樣的心智分享其引航計畫？似此，也就造成引航計畫只存

在引水人個人腦中的資訊獨享現象，進而創造了「單點缺失（Single-point failure）」的風險。如同前述，安全引航運作的重點在於將引水人納入駕駛台團隊中，或是立於可以促成駕駛台團隊的其他人藉由積極監督引水人的操船指令，以確認船舶一直處於安全的位置。也就是要創造鼓勵駕駛台團隊成員合理質疑引水人操縱指令的情境。而所有這些運作都是以事先一致同意的引航計畫作爲範本。

很幸運的，隨著電子海圖的精進發展，讓所有引航計畫更易形成，且易於被遵循或迅速修正。尤其任何因內外在環境因素所引發的情境變化，都可藉由引水人的當場解釋，以化解船長與駕駛員的疑慮。然而，儘管有 PPU 促成引航計畫的實用性與便利性，但有關人爲因素衍生的事故依舊會發生在引水區域內。因此引水人與駕駛台團隊成員必須了解到：

1. 船上 PPU 作業用的插座與 PPU 本身擁有的獨立高精準天線的高度差異，以及計算器（Predictor）常常與船上設備不相容的事實。可見 PPU 的出現既非潘朵拉的盒子，亦非萬靈丹，但可以確定的是，PPU 是受長距離引航作業者歡迎的航行者工具箱。

2. PPU 可以提升航行計畫的分享與了解，以及提升駕駛台團隊與引水人間的 BRM 互動。

3. 任何 PPU 都要有資訊來源，而資訊來源的品質決定位置的準確性，並支持顯示出來的資訊品質。

7.5.3 引水業的隱憂

眾所周知，由於我國在國際社會的特殊處境，加諸近年來國內社會價值與道德觀念銳變的衝擊，使得引水業如同許多傳統產業一樣遭逢前所未有的挫折與無奈，儘管吾人皆知此一具歷史傳承的專業領域絕不能輕言棄守，但事實的演變卻令人不得不承認大**趨勢**絕非吾人所能掌控。至於引水業的隱憂為何呢？不外：

1. 缺乏保障

由於我國既未加入國際海事組織，亦非相關國際公約之簽署國，使得主管機關不敢放手執行國際公約的相關規定，因而日後引水人在職場上得繼續面對各種次標準船湧入國內港口的景象，卻未能採取有效的制衡措施。另一方面，由於國內民粹意識高漲，政商關係質變，使得既有航政管理的公平合理機制喪失無遺，導致權衡法制公平的天平常往航商財團一側傾斜，而弱勢的引水人只能默默承擔。

2. 後繼乏人

由於大環境的變遷，航商競相僱用廉價的外籍船員。另一方面，由於社會上的多元誘惑，使得年輕人投入航海志業者日趨減少，或已投入卻多未能持續服務海上以至取得船長資格。致引水人考試報考人數逐年減少，至二〇〇四年報考人數已從一九九五年的五十一人降至二十七人。若果持續此一趨勢，則在日後需才孔急之際當要放寬錄取標準，又在報考人數有限的情況下，勢必會產生錄取比率過高之結果，而此通通有獎的局面將無異於直接換發證書，屆時不僅會淡化

甚至完全喪失考試的意義，而且錄取者的專業水準更令人擔憂。然若一再堅持目前的報考資格，日後極可能因海事人力嚴重斷層面臨報考人稀的窘況。

3. 財團覬覦，外力介入

吾人皆知引水業的產值雖無法與時下電子科技業者之高獲利相比擬，但卻是極為穩定的收入，故而每引起營運範圍涉及港埠經營或船隊龐大的財團之覬覦。因此常透過各種管道與場合刻意抵制引水人團體，甚至援引政治力的介入企圖影響，乃至主導引航主管機關，乃至考選機關的政策走向。

參考文獻

1. 唐桐蓀，楊璧如，引水業務，中國交通建設學會，臺北，1955 年 2 月，1-12 頁。

2. 徐萬民，李恭忠，中國古代引航業的產生，中國引航史，人民交通出版社，北京，2001 年，APR.，3-23 頁。

3. 舒瑞金，引水人法律地位之探討，高雄港，高雄港務局，高雄，2001 年 4 月，17-20 頁。

4. 方信雄，船長與引水人對於船舶操縱的觀點比較，中華民國船長公會四十週年特刊，臺北，2001 年 7 月，108-115 頁。

5. 我國引水制度整體規劃之研究，中華海運研究協會，臺北，1998 年 12 月，50-61 頁。

6. 我國引水制度及引水法修法方向之研究，中華民國引水協會，臺北，2001 年 12 月，17-31 頁。

7. 丁漢利、舒瑞金，引水法法律關係總說，中華民國引水協會，台北，2001 年 12 月，2-14 頁。

8. 藤崎 道好，水先法の沿革，水先法の研究，成山堂書店，東京，昭和 42（1970）年 3 月，51-97 頁。

9. 藤崎 道好，水先契約の性質，水先契約の研究，成山堂書店，東京，昭和 45（1973）年 2 月，25-43 頁。

10.井上 欣三，強制水先船型基準と港灣整備，船長，日本船長協

會，東京，平成 11（1999）年，38-50 頁。

11. 小山　敬，パイロットの爲の BRM について，船長，日本船長協會，東京，平成 12（2000）年 8 月，44-55 頁。

12. 山谷　襄次，內海水先人から見た來島海峽及びその周邊海域での船舶の航行狀況について，日本航海學會誌，東京，平成 14（2002）年 6 月，14-19 頁。

13. 水先制度の拔本改革のあり方について、交通政策審議会、平成 17（2005）年 11 月

14. G.K. Green, The law of Pilotage, Lloyd's of London Press Limited, London, 1978, p.p.2-41.

15. Richard Douglas, Division of control between master and pilot, Lloyd's of London Press Limited, London, 1997, para.21.3-21.67

16. Capt. Steve, The future maritime pilot, Seaways, The International Journal of The Nautical Institute, U.K. DEC 2000, p.p. 11-16.

17. Peter Moth, Pilots to get total picture, Safety at sea international, DEC 2002, p.p. 24-25.

18. Michael Grey, Defensive pilots, Lloyd's List Maritime Asia, Autumn 2003, Hong Kong, p.p.43

19. Paul Stanley, Portable Pilot Unit, "Horses for courses", Seaways, AG 2016, p.p.23-24

附錄一　引水法

中華民國九十一年一月三十日總統（91）華總一義字第 09100020650
號令修正公布

第一章　總則

第一條

本法所稱引水，係指在港埠、沿海、內河或湖泊之水道引領船舶航行
而言。

第二條

本法所稱引水人，係指在中華民國港埠、沿海、內河或湖泊執行領航
業務之人。

本法所稱學習引水人，係指隨同引水人上船學習領航業務之人。

第三條

引水主管機關，在中央為交通部，在地方為當地航政主管機關。

第四條

引水區域之劃分或變更，由交通部定之。

第五條

交通部基於航道及航行之安全，對引水制度之施行，分強制引水與自
由引水兩種。

強制引水之實施，由交通部以命令定之。

第六條

強制引水對於左列中華民國船舶不適用之：

一　軍艦。

二　公務船舶。

三　引水船。

四　未滿一千總噸之船舶。

五　渡輪。

六　遊艇。

七　其他經當地航政主管機關核准之國內航線或港區工程用之船舶。

前項第七款之核准辦法，由當地航政主管機關擬訂，報請交通部核定之。

未滿五百總噸之非中華民國船舶準用第一項規定。

第七條

各引水區域之引水人，其最低名額由當地航政主管機關擬定，呈報交通部核備，變更時亦同。

第八條

專供引水工作所用之引水船，應申請當地航政主管機關註冊編列號數，並發給執照。

第九條

前條引水船，應具備左列標誌：

一　引水船船艏，應用白漆標明船名及號碼，船艉應用白漆標明船名及所屬港口。

二　引水船執行業務時，應於桅頂懸掛國際通用或中華民國規定之引水旗號。

第十條

各引水區域之引水費率，由當地航政主管機關擬定，呈報交通部核准後施行，調整時亦同。

第二章　引水人資格

第十一條

中華民國國民經引水人考試及格者，得任引水人。

第十二條

（刪除）

第十三條

有左列各款情形之一者，不得為引水人：

一　喪失中華民國國籍者。

二　受停止執行領航業務期間尚未屆滿，或經廢止執業證書者。

三　視覺、聽覺、體格衰退，不能執行職務，經檢查屬實者。

四　年逾六十五歲者。

五　犯罪經判處徒刑三年以上確定者。

第十四條

（刪除）

第十五條

（刪除）

第三章　引水人之僱用

第十六條

中華民國船舶在一千總噸以上，非中華民國船舶在五百總噸以上，航行於強制引水區域或出入強制引水港口時，均應僱用引水人；非強制引水船舶，當地航政主管機關認爲必要時，亦得規定僱用引水人。

在強制引水區域之航行船舶，經當地航政主管機關核准，得指定或僱用長期引水人。

第十七條

招請引水人之船舶，應懸掛國際通用或中華民國規定之招請引水人信號，並得由船舶所有人或船長事前向當地引水人辦事處辦理招請手續。

第十八條

二艘以上之船舶同時懸掛招請引水人信號時，引水人應對先到港之船舶應招，倘其中有船舶遇險時，引水人需先應該船舶之招請。

第十九條

船長於引水人應招後或領航中，發現其體力、經驗或技術等不克勝任或領航不當時，得基於船舶航行安全之原因，採取必要之措施，或拒絕其領航，另行招請他人充任，並將具體事實，報告當地航政主管機關。

第二十條

引水人應招登船從事領航時，船長應將招請引水人之信號撤去，改懸引水人在船之信號，並將船舶運轉性能、噸位、長度、吃水、速率等告知引水人。

引水人要求檢閱有關證書時，船長不得拒絕。

第四章　引水人執行業務

第二十一條

引水人持有交通部發給之執業證書，並向引水區域之當地航政主管機關登記領有登記證書後，始得執行領航業務。

第二十二條

引水人應於指定引水區域內，執行領航業務。

第二十三條

引水人必須經指定醫院檢查體格合格後，始得執行領航業務，引水人在其繼續執行業務期間，每年應受檢查視覺、聽覺、體格一次，當地航政主管機關認為必要時，並得隨時予以檢查。

第二十四條

引水人執行領航業務時，應攜帶執業證書及有關證件，如遇船長索閱時，引水人不得拒絕。

第二十五條

引水人執行領航業務時，其所乘之引水船應懸掛國際通用或中華民國規定之引水船信號，夜間並應懸掛燈號。

引水人離去引水船或非執行業務時，應將引水船信號或燈號撤除。

第二十六條

引水人每次領航船舶僅以一艘為限，但因喪失或部分喪失航行能力而被拖帶者，不在此限。

第二十七條

引水人於必要時，得請由船舶所有人或船長僱用拖船協助之。

第二十八條

引水人領航船舶時，得攜帶有證件之學習引水人一名，如經船長之許可，得攜帶學習引水人二名。

第二十九條

引水人經應招僱用後，其所領航之船舶無論航行與否，或在港內移泊或由拖船拖帶，船舶所有人或船長均應依規定給予引水費，如遇特殊情形，需引水人停留時，並應給予停留時間內之各項費用。

前項給費標準，依各引水區域引水費率表之規定。

第三十條

引水人遇有船長不合理之要求，如違反中華民國或國際航海法規與避碰章程或有其他正當理由不能執行業務時，得拒絕領航其船舶，但應將具體事實，報告當地航政主管機關。

第三十一條

引水人發現左列情事，應用最迅速方法，報告有關機關，並應於抵港時，將一切詳細情形再用書面報告之：

一　水道有變遷者

二　水道上有新障礙妨害航行安全者

三　燈塔、燈船、標桿、浮標及一切有關航行標誌之位置變更，或應發之燈號、信號、聲號失去常態或作用者。

四　船舶有遇險者

五　船舶違反航行法令者

第三十二條

引水人應招登船執行領航業務時，仍需尊重船長之指揮權。

第三十三條

引水人應招領航時，船長應有適當措施使引水人能安全上下其船舶。

第五章 罰則

第三十四條

引水人因業務上之過失致人於死者，處五年以下有期徒刑。

第三十五條

引水人因業務上之過失傷害人者，處一年以下有期徒刑、拘役或科新臺幣三萬元以下罰金；致重傷者，處三年以下有期徒刑。

前項之罪，需告訴乃論。

第三十六條

引水人因業務上之過失，致其領航之船舶沉沒者，處三年以下有期徒刑、拘役或科新臺幣三萬元以下罰金；致破壞者，處一年以下有期徒刑、拘役或科新臺幣三萬元以下罰金；。

前項之罪，需告訴乃論。

第三十七條

前三條規定於未領有執業證書而非正式受僱從事臨時或緊急引水業務者準用之。

第三十八條

引水人有下列各款情形之一者，當地航政主管機關得予警告之處分；情節重大者，得報請交通部收回其執業證書：

一　怠忽業務或違反業務上之義務者。

二　違反航行安全規章而致災害損失者。

三　因職務上過失而致海難者。

四　因引水人之原因，致船舶、貨物遭受損害、延誤船期或人員傷亡者。

五　其他違反本法或依據本法所發布之命令者。

前項收回執業證書之期間，為三個月至二年。

引水人在二年內，經警告達三次者，收回執業證書三個月。

第三十九條

引水人、船舶所有人或船長有左列各款情事之一者，處新臺幣六千元以上六萬元以下罰鍰：

一　違反第十六條之規定者。

二　違反第十八條或第二十六條之規定者。

三　違反第十七條、第二十條或第二十五條之規定者。

四　引水人無正當理由拒絕招請，或已應招請而不領航，或已領航而濫收引水費者。

五　船長無正當理由拒用引水人，或拒絕攜帶學習引水人上船，或強迫引水人逾越引水區域執行業務者。

六　船舶所有人或船長關於船舶之吃水或載重，對引水人作不實之報告者。

七　船舶所有人或船長僱用業經廢止執業證書或停止執業或不合格之引水人領航船舶者。

八　船長無意招請引水人而懸掛招請引水人信號或懸掛易被誤為招請引水人信號者。

第四十條

本法關於引水人之罰則，對情形特殊之引水區域執行領航業務者適用之。

第六章　附則

第四十一條

本法關於船長之規定，於代理船長適用之。

第四十二條

學習引水人之資格與學習、情形特殊引水區域之引水人之資格、引水人執業證書與登記證書之核發、證照費之收取、引水人執業之監督、引水人辦事處之設置、監督及管理等事項之規則，由交通部定之。

第四十三條

本法自公布日施行。

附錄二 引水人管理規則

中華民國九十三年十二月二日交通部交航發字第 093B000105 號令修正發布第 13 條條文

第一章 總 則

第 1 條

本規則依引水法第四十二條規定訂定之。

第 2 條

經交通部劃分之情形特殊引水區域，其引水人及引水人之資格，由當地航政主管機關按其實際情形擬訂，報請交通部核定。

第 3 條

情形特殊之引水區域，其引水人之管理，得由當地航政主管機關另擬辦法，報請交通部核准實施。

第 4 條

各引水區域之引水人，應共同設置引水人辦事處，辦理船舶招請領航手續。

各引水人辦事處應訂定公約，由引水人簽約共同信守，並報請當地航政主管機關核備後實施。

引水人辦事處受當地航政主管機關之監督。

第 5 條

引水人辦事處應設置輪值簿，分組按日牌示輪值，並將輪值名單報送當地航政主管機關。

第 6 條

引水人辦事處應置備各該引水區域形勢圖、水位潮汐表誌及航行有關各種儀器資料、引水法規等，以備引水人參考使用。

第 7 條

專供引水工作所用之引水船，由引水人辦事處置備，並得申請電信主管機關核准設置無線電臺，以利執業。

第 8 條

引水人辦事處未置備引水船者，由引水人辦事處租用適當之船舶代用。但需具備引水法第九條規定之標誌，以資識別。

第 9 條

引水人辦事處無力置備或租用引水船者，得報請航政主管機關協助之。

第 10 條

引水人辦事處所需各項設備費用，由引水人辦事處按引水人所收引水費比例徵收。

航政主管機關必要時，得要求引水人辦事處於一定時間內改善領航設施及服務。

引水人辦事處應於每年年終將設備狀況及經費用使用情形，報請當地航政主管機關備查。

第 11 條

供引水工作所用之引水船，在指定之引水區域內行駛時，得免辦進出港手續。

第二章　引水人之執業證書及登記證書

第 12 條

引水人需經引水考試及格持有考試及格證書後，應先向交通部請領執業證書。

執業證書領取後，應向指定引水區域之當地航政主管機關申請登記，領取登記證書後，始得執行領航業務。

引水人辦事處對於前項領有登記證書之引水人，依照主管機關規定之名額依次遞補執行領航業務。

第 12-1 條

引水人分為左列兩種：

一、甲種引水人，指得在港埠沿海引領本規則第十四條規定噸位船舶
　　航行之引水人。

二、乙種引水人，指得在內河、湖泊引領本規則第十五條規定噸位船
　　舶航行之引水人。

第 13 條

引水人向交通部申請核發執業證書（格式如附件一），應繳送下列文件：

一、申請書（格式如附件二）。

二、考試院引水人特種考試及格證書正本。

三、最近三個月內公立醫院或教學醫院體格檢查合格證明書。

四、最近三個月內二吋半身正面脫帽照片二張。

五、證書費新臺幣二千元。

引水人向交通部申請換發執業證書，應繳送下列文件：

一、申請書（格式如附件二）。

二、考試院引水人特種考試及格證書影本。

三、最近三個月內公立醫院或教學醫院體格檢查合格證明書。

四、最近三個月內二吋半身正面脫帽照片二張。

五、證書費新臺幣二千元。

六、繳驗最近五年內曾擔任引水人一年以上職務證明文件。

七、繳銷原領執業證書。

引水人向交通部申請補發執業證書，應繳送下列文件：

一、申請書（格式如附件二，並應於備註欄說明申請補發之理由）。

二、最近三個月內二吋半身正面脫帽照片二張。

三、證書費新臺幣二千元。

第 14 條

依第十二條之一規定取得甲種引水人執業證書者，限制在港埠沿海領航未滿一萬五千總噸之船舶，但經當地航政主管機關核准者不在此限。

前項引水人經服務滿二年未受引水法規定停止領航以上懲戒處分者，得領航一萬五千總噸以上之船舶。

前項引水人受有停止領航以上懲戒處分者，其服務年資應扣除停航期間。

第 15 條

依第十二條之一規定取得乙種引水人執業證書者，限制在內河、湖泊

領航未滿三千總噸之船舶。但經航政主管機關核准者不在此限。

滿三千總噸之船舶。但經航政主管機關核准者不在此限。

前項引水人經服務滿二年未受引水法規定停止領航以上懲戒處分者，得領航三千總噸以上之船舶。

前項引水人受有停止領航以上懲戒處分者，其服務年資應扣除停航期間。

第 16 條

引水人執業證書之有效期間不得超過五年，期滿應即申請換發，並將原有證書繳銷。

第 17 條

引水人需檢具左列書表證件，向指定引水區域之當地航政主管機關申請登記，發給登記證書：

一、申請書。

二、履歷表。

三、體格檢查證明書。

四、執業證書。

五、服務保證書。

六、照片五張。

前項登記證書之有效期限與執業證書同，格式由當地航政主管機關擬訂，報交通部核備。

第 18 條

在強制引水區域之航行船舶，經當地航政主管機關核准僱用之長期引水人，應在引水人登記證書上註明領航船舶之公司名稱及航行區域或航線。

第 19 條

當地航政主管機關核發引水人登記證書，應依引水人考試榜示之先後次序辦理。

辦妥登記之引水人因名額屆滿尚未領有登記證書者，遇有缺出即依登記先後次序遞補發給。

第 20 條

引水人不在繼續執行業務期間依引水法第二十三條施行體格檢查，應送請當地航政主管機關記載於引水人登記證書內，以憑查核。

第 21 條

引水人因證書登記事項有變更時，應自變更之日起二十日內，檢同有關證明文件分向交通部及當地航政主管機關申請換發執業證書及登記證書。

第 22 條

引水人之執業證書及登記證書，如有遺失或破損難以辨認時，應申請補發或換發。

第 23 條

引水人之執業證書及登記證書無論新發、補發或換發，應依規定繳付證書費。

引水人之執業證書與登記證書費用相同。

第 24 條

引水人之執業證書或登記證書因故註銷或停止執業之處分時，應分別繳交交通部及當地航政主管機關，不得藉故拒絕。

第 25 條

引水人退休時，其引領之執業證書及登記證書，由引水人辦事處負責繳交原發機關註銷。

第三章 學習引水人

第 26 條

學習引水人應隨同引水人上船學習領航。但不得單獨執行領航業務。

第 27 條

中華民國國民經甲種引水人考試錄取者，得申請在港埠沿海為學習引水人。

第 28 條

中華民國國民經乙種引水人考試錄取者，得申請在內河、湖泊為學習引水人。

第 29 條

有引水法第十三條規定之情事之一者，不得為學習引水人。

第 30 條

學習引水人應尊重指導引水人及船長之指揮權。

第 31 條

學習引水人學習領航期間為三個月。

第 32 條

學習引水人學習領航期滿，由引水人辦事處出具學習成績考核表以密件函送交通部轉送考選部。

第四章　引水人執業之監督

第 33 條

引水人應依照輪值簿之規定，按時到達引水人辦事處，聽候招請執業。

第 34 條

引水人執行領航業務時，應攜帶執業證書及有關證件，備供當地航政主管機關派員查驗。

第 35 條

引水人應於領航完畢後，將被領船舶名稱、國籍、吃水、登船地點及時間，在檢疫站或其他地點稽延時間、停泊時間及服務情形，逐項記載於引水紀錄單內，送由船長簽證後裝訂成簿，送請當地航政主管機關查驗蓋章，以憑考核。

引水紀錄單由引水人辦事處擬定報當地航政主管機關核備。

第 36 條

引水人領航船舶出入港口，應遵照港埠管理機關規定之碼頭或錨位停泊，如遇特殊情形，應於船舶進入港口時，請求港埠管理機關指定處所停泊。

第 37 條

協助領航及靠離作業之拖船及繫纜人員故意不配合引水人指令執行業務者，引水人得要求更換之，並將具體事實報請當地商港管理機關調查處理。

第 38 條

航政主管機關得視當地水域情況，規定特種船舶或超過一定噸位、長

度之船舶應僱用兩名以上之引水人。但該等引水人應會合後協同領航，不得分次登船。

第 39 條

引水人執行領航業務時，在未完成任務前非經船長同意不得離船。

第 40 條

航政主管機關因業務需要得傳詢引水人，非有正當理由不得拒絕。

第 41 條

引水人在指定執業之引水區域內，如遇有船舶所有人或船長僱用不合格之引水人領航時，得立即報請當地航政主管機關令其解僱，並由合格之引水人接替其工作。

第 42 條

（刪除）

第 43 條

引水人於領航途中發現顯示招請港務巡船之信號時，應立即用無線電報告當地航政主管機關或商港管理機關。

第 44 條

引水人於領航途中，發現懸有立待救助之信號時，於不甚危害其所領船舶、海員旅客之範圍內，應立即請被領船舶之船長從速設法施救，並以最迅速方法通知有關主管機關派船駛往救助。

第 45 條

引水人發現船舶遭遇海難時，除應依照引水法第三十一條之規定辦理外，並應就其所知將該船之方位、吃水、船舶遭遇險難原因等詳為註明。

第 46 條

引水人遇港務巡船駛近被領船舶，並欲靠登該船時，應立即使被領船舶配合或停駛。

第 47 條

引水人對於引水區域內有關國防軍事祕密，應絕對保守，不得洩露，如有違反，應依法懲處之。

第 48 條

引水人在戰時應服從引水主管機關之調遣，未經許可不得擅離職守，如有違反，應依法論處。

第 49 條

引水人領航船舶所收引水費，需依各該引水區域引水費率表之規定，並於領航完畢時，請船舶所有人或船長將引水費全數繳清。

第 50 條

引水人不遵照本規則第五條之規定輪值不到或不聽候招請領航者，航政主管機得以怠忽業務論處。

第五章　附　則

第 51 條

本規則自公布日施行。

附錄三　歷屆引水人考試考古題

一、請列舉引水人開放自由競爭的得失利弊。

建議答案

贊成開放（利點）

1. 符合自由化之國際潮流；

2. 現有類似公營之制度僵硬，更因獨攬經營，每使有關引水人之調度及服務品質之問題層出不窮；

3. 透過競爭可降低航商成本；

4. 整合港埠資源；

5. 競爭激烈可激勵引水人勤練技術；

6. 降低等候引水人機率，可提高運航效率；

7. 引水人員額充沛，有利調度。

反對開放（弊點）

1. 在市場自由競爭之原則下，引水人勢必會選擇船舶以及主張休假的權利，故而船況不良的老舊船舶，或遇有天候不良情況引水人可能拒絕領航，此對規模較小航商極為不利；

2. 由於我國海事人才早有嚴重斷層現象，一旦開放，將造成應考人數稀少，錄取比例大幅升高，結果難以確保引水人應有的素質。此尤以港埠之天然環境條件欠佳者為甚；

3. 全球各主要港口不乏由單一引水站提供服務者，顯有其應有考量；

4. 業務繁忙的港口成為大家爭奪的目標；反之，業務清淡的港口則發生羅

致無方勞逸不均資源浪費的窘況，所以有關引水人名額的擬定應有具體審慎的規定，以免業務的盛衰成為應考人衡量投考港口的唯一考量；

5. 防止惡性競爭；依據引水人管理規則第五條：「引水人辦事處應設置輪值簿，分組按日牌示輪值，並將輪值名單報送當地航政主管機關。」之規定，純係針對防範早期長江引水人爭攬業務的混亂現象再生所設計者，因為往昔引水人之證照取得容易，故而除了長期受僱於輪船公司充任江輪上之引水人外，其餘短期臨時受僱的業務機會，全憑私人友誼關係請託介紹，所以造成派系互相競爭兜攬業務的亂象，而為防止次一亂象的發生才有日後分組輪值的辦法出現。

6. 待遇降低勢必使服務態度乃至專業素質變差；礙於航商所施壓力終會影響引水人的專業獨立判斷進而降低服務品質。

二、引水法中對引水人因業務上過失致罪，其屬於告訴乃論之罪者有二條，請分別說明之。

建議答案

引水法中有關引水人因業務上過失致罪，屬於告訴乃論之罪者有以下二條：

1. 第三十五條：
   引水人因業務上之過失傷害人者，處一年以下有期徒刑、拘役或科新臺幣三萬元以下罰金；致重傷者，處三年以下有期徒刑。
   前項之罪，需告訴乃論。

2. 第三十六條：
   引水人因業務上之過失，致其領航之船舶沉沒者，處三年以下有期徒刑、拘役或科新臺幣三萬元以下罰金；致破壞者，處一年以下有期徒刑、拘役或科新臺幣三萬元以下罰金；前項之罪，需告訴乃論。
   至於「告訴乃論」一詞又稱為親告罪，亦即只有被害人本人或其法定有

告訴權之親屬才可提出告訴，如果沒有告訴權的人向法院告訴者，檢察官不作任何處分，法院則可作諭知不受理之判決。

三、請依據引水人管理規則第三十七條，說明引水人得要求更換拖船及繫纜人員規定。

建議答案

依據引水人管理規則第三十七條：「協助領航及靠離作業之拖船及繫纜人員，故意不配合引水人指令執行業務者，引水人得要求更換之，並將具體事實報請當地商港管理機關調查處理。」

從上述條文得知欲更換拖船及繫纜人員的先決條件為故意不配合指令者，至於處理則需報請當地商港管理機關調查處理，以免生無謂爭執。

四、請依據引水法及引水人管理規則說明，三名引水人合法應招登輪至作業完成離船，三人之身份的組成，有幾種情形？分別說明之。

建議答案

1. 一名引水人帶領二名學習引水人上船

   依據：引水法第二十八條

   引水人領航船舶時，得攜帶有證件之學習引水人一名，如經船長之許可，得攜帶學習引水人二名。

2. 不同（跨）引水區域的引水人及學習引水人同時登船

   依據：引水法第二十二條

   引水人應於指定引水區域內，執行領航業務。

   說明：我國部分水文條件較不理想的港口，由於引水人登船的安全可虞，故而每需在前一港口登船。

3. 二名引水人帶領一名學習引水人上船

   依據：引水人管理規則第三十八條

   航政主管機關得視當地水域情況，規定特種船舶或超過一定噸位、長度之船舶應僱用兩名以上之引水人。但該等引水人應會合後協同領航，不得分次登船。

   說明：雖自一九九八年四月一日起，交通部取消強制二人引水，但船長仍可自行依實際需要僱用第二名引水人。

4. 強制引水區域之引水人（二名或一名學習引水人）連同內河或湖泊之長期引水人

   依據：引水人管理規則第四十二條：「在強制引水區域之內河或湖泊航行船舶，經當地航政主管機關核准僱用之長期引水人，不得越級領航或兼任其他工作。」

   說明：凡欲航往位處強制引水區域之內河或湖泊之船舶，可能發生跨引水區域之情形，由於長期引水人不得越級領航或兼任其他工作。故而長期引水人可能連同強制引水區域之引水人一起登輪，俟進入內河或湖泊水域再接手引航，此情形在國外常有，但國內較無可能發生。

5. 特殊情形下之安全需求

   此一狀況係指特定船舶在特定水域的安全運轉需求，如長度超過三百公尺的大型郵輪欲進入水域狹窄之基隆港內港泊靠客運碼頭，基於安全考量就指派三名引水人協助靠泊。此型郵輪通常在駕駛台兩側各部署一名引水人，第三名引水人則部署於船艏，主在觀測船舶迴轉時的離岸距離。

五、引水人若因有違反引水人管理規則第四章某三條條文規定之事項，可受到「應依法懲處之」、「應依法論處」、「得以怠忽業務論處」之處分，試問該三條條文所指係何事？

建議答案

1. 依據引水人管理規則第四十七條：

   引水人對於引水區域內有關國防軍事機密，應絕對保守，不得洩露，如有違反，應依法懲處之。

2. 依據引水人管理規則第四十八條：

   引水人在戰時應服從引水主管機關之調遣，未經許可不得擅離職守，如有違反，應依法論處。

3. 依據引水人管理規則第五十條：

   引水人不遵照本規則第五條之規定輪值不到或不聽候招請領航者，航政主管機關得以怠忽業務論處。

六、汝為某港的引水人，某日發現水道上有一沉船有礙航行安全，但無人遇險，依據引水法規定，汝應採取何種措施？

建議答案

依據引水法第三十一條：「引水人發現左列情事，應用最迅速方法，報告有關機關，並應於抵港時，將一切詳細情形再用書面報告之：

一、水道有變遷者；

二、水道上有新障礙妨害航行安全者；

三、燈塔、燈船、標桿、浮標及一切有關航行標誌之位置變更，或應發之燈號、信號、聲號失去常態或作用者；

四、船舶有遇險者；

五、船舶違反航行法令者。」

本題之情形適用上述第二及第四項之規定。

七、引水法第二十七條規定，引水人必要時得請由船長僱用拖船協助之，在一項領航作業實施前，引水人擬使用二艘拖船協助，但船長認為僅用一艘已足，設汝為該引水人應採取何種因應措施？又該措施在法規條文上有何依據？請一併說明之。

建議答案

1. 倘無安全顧慮且技術上可行時，可能僅會延長作業時間的情況下，應尊重船長的意見。

   依據引水法第三十二條：「引水人應招登船執行領航業務時，仍需尊重船長之指揮權。」

2. 若非僱用二艘拖船不足以確保船舶與港口設施的安全時，應以本身對引水區域之熟悉與專業知識向船長解釋僱用二艘拖船的理由與必要性。若果船長仍不同意時，得以引航安全為由拒絕領航其船舶，並將實情報告當地航政主管機關。

   依據引水法第三十條：「引水人遇有船長不合理之要求，如違反中華民國或國際航海法規與避碰章程或有其他正當理由不能執行業務時，得拒絕領航其船舶，但應將具體事實，報告當地航政主管機關。」

八、某一千九百九十九總噸之國籍研究船，在實施非強制引水之甲商港，僱有引水人領航，但在實施強制引水之乙商港卻自行領航。又有某四百九十九總噸之外籍漁船，首航甲、乙兩商港均僱有引水人領航，其後進出該港多次，均未再僱用引水人，上述兩船情形皆合法，請引據有關法律條文加以探討。

建議答案

1. 依據引水法第六條規定：「強制引水對於左列中華民國船舶不適用之：

一、軍艦

二、公務船舶

三、引水船

四、未滿一千總噸之船舶

五、渡輪

六、遊艇

七、其他經當地航政主管機關核准之國內航線或港區工程用之船舶。

前項第七款之核准辦法，由當地航政主管機關擬訂，報請交通部核定之。

未滿五百總噸之非中華民國船舶準用第一項規定。」

2. 依據引水法第十六條：「中華民國船舶在一千總噸以上，非中華民國船舶在五百總噸以上，航行於強制引水區域或出入強制引水港口時，均應僱用引水人；非強制引水船舶，當地航政主管機關認為必要時，亦得規定僱用引水人。」

說明：

(1) 研究船因係公務船，故依據引水法第六條規定在乙商港可依上法自行領航。至於在實施非強制引水的甲商港僱用引水人純依船長的需求作決定。

(2) 研究船在甲商港時，若當地航政主管機關認為必要時，亦得規定僱用引水人。

(3) 漁船首航某港口時，或因航道及港口狀況不熟悉，當地航政主管機關認為有必要招請引水人。至於後來未再僱用引水人乃是援用上述第六條第二項之規定。

九、引水人執業時，遇有那些情事，需向當地航政主管機關作成口頭或書面報告？

建議答案

1. 依據法引水法：

第三十條：「引水人遇有船長不合理之要求，如違反中華民國或國際航海法
規與避碰章程或有其他正當理由不能執行業務時，得拒絕領航其船舶，
但應將具體事實，報告當地航政主管機關。」

第三十一條：「引水人發現左列情事，應用最迅速方法，報告有關機關，並
應於抵港時，將一切詳細情形再用書面報告之：

一、水道有變遷者

二、水道上有新障礙妨害航行安全者

三、燈塔、燈船、標桿、浮標及一切有關航行標誌之位置變更，或應發
之燈號、信號、聲號失去常態或作用者。

四、船舶有遇險者

五、船舶違反航行法令者

2. 依據引水人管理規則：

第三十七條：「協助領航及靠離作業之拖船及繫纜人員，故意不配合引
水人指令執行業務者，引水人得要求更換之，並將具體事實報請當地商
港管理機關調查處理。」

第四十一條：「引水人在指定執業之引水區域內，如遇有船舶所有人或
船長僱用不合格之引水人領航時，得立即報請當地航政主管機關令其解
僱，並由合格之引水人接替其工作。」

第四十三條：「引水人於領航途中發現顯示招請港務巡船之信號時，應
立即用無線電報告當地航政主管機關或商港管理機關。」

第四十四條：「引水人於領航途中發現，發現懸有立待救助之信號時，
於不甚危害其所領船舶、海員、旅客之範圍內，應立即請被領船舶之船
長從速設法施救，並以最迅速方法通知有關主管機關派船駛往救助。

第四十五條：「引水人發現船舶遭遇海難時，除應依照引水法第三十一條之規定辦理外，並應就其所知將該船之方位、吃水、船舶遭遇險難原因等詳為註明。

十、請依引水人管理規則，說明執業引水人對其引水人辦事處有那些應遵守之管理規定事項或義務。

建議答案

第四條（參與辦事處運作，接受公約規範）：

一、各引水區域之引水人，應共同設置引水人辦事處，辦理船舶招請領航手續。

二、各引水人辦事處應訂定公約，由引水人簽約共同信守，並報請當地航政主管機關核備後實施。

第十條（分攤費用之義務）：

引水人辦事處所需各項設備費用。由引水人辦事處按引水人所收引水費比例徵收。

第二十五條（繳回證件之義務）：

引水人退休時，其所領之執業證書及登記證書。由引水人辦事處負責繳交原發機關註銷。

第三十二條（負責學習引水人之訓練與考核）：

學習引水人學習領航期滿，由引水人辦事處出具學習成績考核表，以密件函送交通部轉送考選部。

第三十三條（輪值當班）：

引水人應依照輪值簿之規定，按時到達引水人辦事處，聽候招請執業。

十一、試問在何種情形下，船長得拒絕引水人領航其船舶？又在何情形下，引水人亦得拒絕領航其船舶？

建議答案

1. 依據引水法規定，船長遇有下情況可以拒絕引水人領航其船舶：

第十九條（引水人不適任）：

　　船長於引水人應招後或領航中，發現其體力、經驗或技術等不克勝任或領航不當時，得基於船舶航行安全之原因，採取必要之措施，或拒絕其領航，另行招請他人充任，並將具體事實，報告當地航政主管機關。

2. 依據引水法之規定，引水人遇有下情況可以拒絕船長領航其船舶：

第二十條第二項（拒絕出示證書）：

　　引水人要求檢閱有關證書時，船長不得拒絕。

第三十條（船長提出不合理之要求）：

　　引水人遇有船長不合理之要求，如違反中華民國或國際航海法規與避碰章程或有其他正當理由不能執行業務時，得拒絕領航其船舶，但應將具體事實，報告當地航政主管機關。

第三十三條（不能確保引水人上、下船之安全）：

　　引水人應招領航時，船長應有適當措施使引水人能安全上下其船舶。

十二、某商港引水人於港外領航時，發現航道外側附近有一小型漁船擱淺，船上有立待救助之人，依據引水人管理規則，引水人應採取那些行動或措施？

建議答案

依據引水人管理規則

第四十四條：

　　引水人於領航途中發現，發現懸有立待救助之信號時，於不甚危害其所領船舶、海員、旅客之範圍內，應立即請被領船舶之船長從速設法施救，並以最迅速方法通知有關主管機關派船駛往救助。

第四十五條：

　　引水人發現船舶遭遇海難時，除應依照引水法第三十一條之規定辦理外，並應就其所知將該船之方位、吃水、船舶遭遇險難原因等詳爲註明。

　　從上述條文得知，小型漁船擱淺，船上雖有立待救助之人，但因位處航道外側故不影響船舶航行安全，但仍應：

1. 以最迅速方法通知有關主管機關派船駛往救助。

2. 通報主管機關該船之方位、吃水、船舶遭遇險難原因，需要何種協助。

3. 作成書面報告。

十三、依據引水法第二十條，船長對應招登船之引水人，應有那些配合措施，俾利領航，如有違反，船長可受到何處分？

建議答案

　　依據引水法第二十條：

　　「引水人應招登船從事領航時，船長應將招請引水人之信號撤去，改懸引水人在船之信號，並將船舶運轉性能、噸位、長度、吃水、速率等告知引水人。

　　引水人要求檢閱有關證書時，船長不得拒絕。」

　　設若船長違反前項規定時，則可依據引水法第三十九條第三項、第六項規定予以罰鍰處分。即引水人、船舶所有人或船長有左列各款情事之一者，處新臺幣六千元以上六萬元以下罰鍰：

三、違反第十七條、第二十條或第二十五條之規定者。

六、船舶所有人或船長關於船舶之吃水或載重，對引水人作不實之報告者。

十四、某商港興建中，預期營運之初，仍有賴他港引水人之支援，按
　　　現行引水有關法規，有何措施得使他港引水人，能在此新建
　　　商港引水區合法地執行領航業務。

建議答案

1. 依據引水法：

　　第四條（暫行宣布將新港併入同一引水區）：

　　引水區域之劃分或變更，由交通部定之。

　　第五條（宣布為非強制引水區）：

　　交通部基於航道及航行之安全，對引水制度之施行，分強制引水與非強
　　制引水兩種。

　　強制引水之實施，由交通部以命令定之。

2. 依據引水人管理規則：

　　第二條：「經交通部劃分之情形特殊引水區域，其引水人及引水人資
　　格，由當地航政主管機關按其實際情形擬訂，報請交通部核定。」

　　第三條：「情形特殊引水區域，其引水人之管理，得由當地航政主管機
　　關另擬辦法，報請交通部核准實施。」

　　法律上，他港執業引水人支援新建商港引水業務具有「過渡性措施，合
　　法性承攬」屬性。

十五、引水法第十一條及第十三條均明文規定引水人之必要資格需為
　　　中華民國國民，試述其意義。

建議答案

依據憲法第三條：具有中華民國國籍者，為中華民國國民。

引水人之必要資格需為中華民國國民之意義不外基於下列考量：

1. 維護國家主權，保障引水權

一主權獨立國家的領土，固然重要，不容外人侵犯，而一國之領海亦同樣重要，不許外籍船舶任意侵入，尤其是海口門戶，更不容任意闖入。我國自一八四二年被迫簽定南京條約以來，沿海貿易權、引水權以及內河航行權全為外人所侵奪，直至抗戰勝利始全面收回上述三權，並於一九四五年九月公布引水法，於一九四六年四月一日施行。一九六〇年六月修訂引水法刪除舊法第三十條「在沿海國際商港，得暫時僱用外籍引水人」之規定，以確保我國引水權之獨立自主。同法第十一條更明訂引水人之資格，應以中華民國國民經引水考試及格者充任之。

2. 配合國防政策，保障海防安全

吾人從往昔列強侵華史實得知，外敵得以長驅直入我內河與沿海口岸皆係得助於曾領有外籍人士主持之海關所發給執照的外籍引水人所引領，故歷年來國防軍事上的慘痛教訓皆是內水與港埠為外人洞悉以及允許外籍引水人存在的惡果。儘管如今科技發達，但保守一定程度的港埠作業習慣與機密性當有助於國防安全之維護。

3. 強化法律規範，易於有效管理

任用本國國民為引水人，較易使之受法律之規範，而有助於管理及引水制度之維持運作，更可多盡國民之義務。反之，若僱用外籍引水人勢難以我國之法律加以規範，更有抵制之可能。

4. 保障國民工作權，並鼓勵年青一代投入航海事業

憲法第十五條明訂人民之工作權應予保障，港埠在我國屬稀有公共財，而引水工作更是有限，何況引水人乃是多數海運人才之生涯目標與榮耀，設若引水權旁落外人手中，勢必嚴重打擊年青一代投入此行的決心與熱忱。

5. 難以落實正常值班

具雙重國籍者，因每需往返僑居地探親，常要求同仁代班或替班，此影響正常輪值調度至鉅，進而造成工作時間過長或缺乏充分休息，而降低

引水人之服務品質。

6. 提升港埠效率,符合航商要求

本國國民基於愛國愛鄉,求好心切的心理投入引水作業,當會竭盡所能提升服務品質,進而提升港埠效率。

十六、引水人在其執業引水區域內,發現船舶所有人僱用不合格之人引領其船舶,應如何處理此事?依據引水有關法規,該船舶所有人,可受到如何之處罰?

建議答案

1. 依據引水人管理規則第四十一條:「引水人在指定執業之引水區域內,如遇有船舶所有人或船長僱用不合格之引水人領航時,得立即報請當地航政主管機關令其解僱,並由合格之引水人接替其工作。」

2. 依據引水法第三十九條第七項:「船舶所有人或船長僱用業經廢止執業證書或停止執業或不合格之引水人領航船舶者。處新臺幣六千元以上六萬元以下罰鍰。」

十七、按現行辦法,一身健康品德優良之中華民國國民,參加甲種引水人考試錄取後,應經哪些程序,領取哪些證書後,方得在其諳習引水區域執行領航?(請扼要作答)

建議答案

1. 依據專門職業及技術人員特種考試引水人考試錄取人員學習辦法:

第二條:「專門職業及技術人員特種考試引水人考試錄取人員,由考選部函送交通部按其類科及報考引水區域,分發各該轄區引水人辦事處學習。」

第四條:「學習引水期間為三個月,特殊港區得酌予延長。」

第七條：「引水人辦事處應於學習引水人學習期滿七日內填妥專門職業及技術人員特種考試引水人考試錄取人員學習成績考核表，並以密件函送交通部轉考選部，經核定及格者，始完成考試程序，由考選部報請考試院發給考試及格證書。」

2. 依據引水法：

第二十一條：「引水人持有交通部發給之執業證書，並向引水區域之當地航政主管機關登記領有登記證書後，始得執行領航業務。」

3. 依據引水人管理規則：

第十二條：

「引水人需經引水人考試及格持有考試及格證書後，應先向交通部請領執業證書，執業證書領取後，應向指定引水區域之當地航政主管機關申請登記領取登記證書後，始得執行領航業務。

引水人辦事處對於前項領有登記證書之引水人，依照主管機關規定之名額，依次遞補執行領航業務。」

第十九條：

「當地航政主管機關核發引水人登記證書，應依引水人考試榜示之先後次序辦理。辦妥登記之引水人因名額屆滿尚未領有登記證書者，遇有缺出，即依登記先後次序遞補發給。」

十八、倘中油繫泊船長在引領油輪靠泊深澳能源專用碼頭時，因過失致使所領航船舶破壞時，應如何處罰？

建議答案

依據引水法第四十條：「本法關於引水人之罰則，對情形特殊之引水區域執行領航業務者適用之。」

因此，依據引水法第三十六條：

引水人因業務上之過失，致其領航之船舶沉沒者，處三年以下有期徒
刑、拘役或科新臺幣三萬元以下罰金；致破壞者，處一年以下有期徒刑、
拘役或科新臺幣三萬元以下罰金；

前項之罪，需告訴乃論。

十九、試問引水船應具備何標誌？

建議答案

依據引水法：

第八條：

專供引水工作所用之引水船，應申請當地航政主管機關註冊編列號數，
並發給執照。

第九條：

前條引水船，應具備左列標誌：

一、引水船船艏，應用白漆標明船名及號碼，船艉應用白漆標明船名及
所屬港口。

二、引水船執行業務時，應於桅頂懸掛國際通用或中華民國規定之引水
旗號。

第二十五條：

引水人執行領航業務時，其所乘之引水船應懸掛國際通用或中華民國規
定之引水船信號，夜間並應懸掛燈號。

引水人離去引水船或非執行業務時，應將引水船信號或燈號撤除。

二十、試問引水法中有何關於船長職責與義務之條文？

建議答案

第十九條：

船長於引水人應招後或領航中，發現其體力、經驗或技術等不克勝任或

領航不當時，得基於船舶航行安全之原因，採取必要之措施，或拒絕其領航，另行招請他人充任，並將具體事實，報告當地航政主管機關。

第二十條：

引水人應招登船從事領航時，船長應將招請引水人之信號撤去，改懸引水人在船之信號，並將船舶運轉性能、噸位、長度、吃水、速率等告知引水人。

引水人要求檢閱有關證書時，船長不得拒絕。

第二十七條：

引水人於必要時，得請由船舶所有人或船長僱用拖船協助之。

第二十九條：

引水人經應招僱用後，其所領航之船舶無論航行與否，或在港內移泊或由拖船拖帶，船舶所有人或船長均應依規定給予引水費，如遇特殊情形，需引水人停留時，並應給予停留時間內之各項費用。

前項給費標準，依各引水區域引水費率表之規定。

第三十條：

引水人遇有船長不合理之要求，如違反中華民國或國際航海法規與避碰章程或其他正當理由不能執行業務時，得拒絕領航其船舶，但應將具體事實，報告當地航政主管機關。

第三十二條：

引水人應招登船執行領航業務時，仍需尊重船長之指揮權。

第三十三條：

引水人應招領航時，船長應有適當措施使引水人能安全上下其船舶。

第三十九條：

引水人、船舶所有人或船長有左列各款情事之一者，處新臺幣六千元以上六萬元以下罰鍰：

五、船長無正當理由拒用引水人，或拒絕攜帶學習引水人上船，或強迫
　　引水人逾越引水區域執行業務者。

六、船舶所有人或船長關於船舶之吃水或載重，對引水人作不實之報告
　　者。

七、船舶所有人或船長僱用業經廢止執業證書或停止執業或不合格之引
　　水人領航船舶者。

八、船長無意招請引水人而懸掛招請引水人信號或懸掛易被誤為招請引水
　　人信號者。

第四十一條：

　　本法關於船長之規定，於代理船長適用之。

二十一、請列舉出引水法中有關學習引水人之相關條款。

建議答案

第二條第二項：

　　本法所稱學習引水人，係指隨同引水人上船學習領航業務之人。

第二十八條：

　　引水人領航船舶時，得攜帶有證件之學習引水人一名，如經船長之許
　　可，得攜帶學習引水人二名。

第四十二條：

　　學習引水人之資格與學習、情形特殊引水區域之引水人之資格、引水人
　　執業證書與登記證書之核發、證照費之收取、引水人執業之監督、引水
　　人辦事處之設置、監督及管理等事項之規則，由交通部定之。

二十二、請列舉出引水法中有關引水費率之相關條款。

建議答案

第十條：

各引水區域之引水費率，由當地航政主管機關擬定，呈報交通部核准後施行，調整時亦同。

第二十九條：

引水人經應招僱用後，其所領航之船舶無論航行與否，或在港內移泊或由拖船拖帶，船舶所有人或船長均應依規定給予引水費，如遇特殊情形，需引水人停留時，並應給予停留時間內之各項費用。

前項給費標準，依各引水區域引水費率表之規定。

第三十九條第四項：

引水人、船舶所有人或船長有左列各款情事之一者，處新臺幣六千元以上六萬元以下罰鍰：

四、引水人無正當理由拒絕招請，或已應招請而不領航，或已領航而濫收引水費者。

二十三、試問現行引水法中有關引水人之積極與消極資格為何？

建議答案

1. 積極資格

　第十一條：

　中華民國國民經引水人考試及格者，得任引水人。

　第二十一條：

　引水人持有交通部發給之執業證書，並向引水區域之當地航政主管機關登記領有登記證書後，始得執行領航業務。

　第二十三條：

　引水人必須經指定醫院檢查體格合格後，始得執行領航業務，引水人在其繼續執行業務期間，每年應受檢查視覺、聽覺、體格一次，當地航政主管機關認為必要時，並得隨時予以檢查。

2. 消極資格

第十三條：

有左列各款情形之一者，不得爲引水人：

一、喪失中華民國國籍者。

二、受停止執行領航業務期間尚未屆滿，或經廢止執業證書者。

三、視覺、聽覺、體格衰退，不能執行職務，經檢查屬實者。

四、年逾六十五歲者。

五、犯罪經判處徒刑三年以上確定者。

二十四、試以商港法之規定說明商港管理機關有那些指泊權？

建議答案

1. 依據商港法第二十條：

   (1) 商港區域內各類工作船，交通船之行駛，漁船之作業，應經商港管理機關之許可。停泊非作業之船舶，商港管理機關認爲妨礙船席調度或港區安全時，得指定地點令其移泊或疏散他處停泊；如不遵辦得逕行移泊。

   (2) 商港管理機關爲維護港區秩序，疏導航運，便利作業，得對港區內小船註冊之艘數停泊位置，行駛及作業，予以限制；必要時並得將已註冊之小船移置他處停放。

2. 依據商港法第二十二條：

   商港管理機關爲配合船舶載運進口大宗民生必須品或工業原料之運輸，應優先指定船席停泊裝卸。

3. 依據商港法第二十八條：

   船舶入港，應依商港管理機關指定之船席或錨地停泊。但有危急情況需作必要之緊急停泊者，得於不妨害商港安全之情形下停泊，事後以書面申述理由向商港管理機關報備。

4. 依據商港法第二十九條：

    (1) 核子船舶或裝載核子物料之船舶，非經原子能主管機關核准，不得入港。

    (2) 前項船舶，應接受商港管理機關認為必要之檢查。其有危及公共安全之虞者，船長應立即處理，並以優先方法通知商港管理機關採取緊急措施。

5. 依據商港法第三十條：

    入港船舶裝載爆炸性、壓縮性、易燃性、氧化性、有毒性、傳染性、放射性、腐蝕性之危險物品者，應先申請商港管理機關指定停泊地點後，方得入港。

6. 依據商港法第三十九條：

    船舶應在商港管理機關指定之地點裝卸貨物或上下船員及旅客。

7. 依據商港法第四十條：

    在商港區域內停泊或行駛之船舶，應依航行避碰及商港管理機關之規定。

二十五、試就汝之觀點闡述「港市合一」之優劣。

建議答案

1. 優點

    (1) 改善地方財源；可充實提升市政建設水準；

    (2) 港市整體規劃，加速改善港埠設施；

    (3) 確保資源之充分利用；

    (4) 提升運輸建設，強化交通網路系統功能；

    (5) 行政管理統一，減少溝通上之阻礙；

    (6) 合理有效之經營，朝多元化功能開發；

    (7) 港市建設的統一開發與規劃，可減少重複投資造成之浪費；

(8) 增進市民的使命感；

(9) 符合時勢潮流。

2. 劣點

(1) 不易管理；現有港、市職能定位不同，而且各自遵循之法規系統不同，使得管理經營理念與行政程序亦有所差異，因此一旦港市合一在推行港埠政策時勢必會遭遇許多困擾；

(2) 事權不一；目前國內港埠由交通部航港局承襲港務局管理，有其歷史傳承與規模，更具事權統一之完整性。如採市港合一恐將分割港務公司現有統一經營管理國際商港之權限，致事權無法統一；

(3) 惡性競爭與地方政制勢力的把持；目前各國際商港之費率表係由交通部統一制定，故而各港很難透過費率手段進行營運業務上之競爭。港市合一後，各級政府極可能介入費率之擬定，即易受各市議會及不同利益團體把持；

(4) 管理人才缺乏；港埠之經營管理經驗並非短時間即可獲致，尤其目前國際商港業務競爭激烈，均需借助精通航運，貿易及港埠工程之專才。因此若改由市或地方政府經營，勢必會遭遇人才資源不足的困擾；

(5) 修法的必要性；現行商港法，航業法等相關法規均需作適當修改。而且行政組織亦有重新調整的必要；

(6) 難以達致行政與營運的目標；目前各港務公司諸多 (前港務局) 員工的薪資與職等皆較一般行政機關為高，要其降低薪資甚或放棄職位恐非易事。

二十六、引水人應招登船執行業務時，如遇技術上或其他理由與船長發生爭執時，應如何處理？

建議答案

1. 依據引水法第三十條：

   「引水人遇有船長不合理之要求，如違反中華民國或國際航海法規與避碰章程或有其他正當理由不能執行業務時，得拒絕領航其船舶，但應將具體事實，報告當地航政主管機關。」

2. 依據引水法第三十二條：

   「引水人應招登船執行領航業務時，仍需尊重船長之指揮權。」

3. 依據我國現行船員法第五十八條第一項規定：「船舶之指揮，由船長負責；船長為執行職務，有命令與管理在船海員及在船上其他人員之權」。即船舶之指揮僅由船長負責。

4. 依據引水人管理規則第三十九條：「引水人在執行領航業務時，在未完成任務前非經船長同意不得離船。」

   從上述規定吾人得知，引水人應招登船執行業務時，設若與船長意見相左時，除了有明顯與立即的危險存在之情況下，否則引水人除了接受船長的建議外，就是將船就近帶到最安全之泊地錨泊，直至爭議或問題化解為止。需知引水人是在解決問題而非製造問題的，一旦駕駛台團隊的氣氛被破壞，對引航作業將是極為不利的。

二十七、試問商港法第八條所述商港需用土地，得依土地法及有關法律徵收之所指為何？

建議答案

依據我國現行土地法第四章「公有土地」第二十五條之規定：

「省市縣政府對於其所管土地，非經該管區內民意機關同意，並經行政院核准，不得處分，或設定負擔，或為超過十年期間之租賃。」

二十八、試問在有拖船協助領航作業的情況下，船長、拖船船長與船東間之責任關係為何？

建議答案

請參閱本書第五章第五節「引水人與相關各造間之關係」。

二十九、試解釋「情境警覺」（Situational awareness）的意義。

建議答案

「情境警覺」一詞係指操船者必須隨時注意本船周遭的情勢發展，以提升當值駕駛員快速辨別任何航行情勢上的不確定因素的能力，並在發展成危險情勢前採取行動。

三十、某船於視線良好的夜間進港，欲靠泊某貨櫃港碼頭，但當該船進入港內時，突然船上所有測速儀器皆故障無法使用，試問汝將如何判定船速以及如何因應？

建議答案

操船者可從：

1. 駕駛台的定點位置通過碼頭橋式機腳架跨距的時間判斷船速，如通過時間為十二秒，則船速約為二節；或可
2. 從船舶通過繫纜樁間的時間間隔判斷，一般兩樁距離約 25 公尺，如通過時間為二十四秒，則船速約為二節。
3. 請求船交中心的岸基雷達提供速度資訊。
   夜間港內遇有航行與測速儀器故障，操船者應即將船速減至可保持舵效的最低速，並採取預防措施，如備妥雙錨、拖船及早帶纜等。

三十一、請說明目前國內商港之設計水深、計畫水深與餘裕水深間之
　　　　關係，以及其依據基準為何。

建議答案

1. 在碼頭設計時，依據交通部頒布之港灣構造物設計基準－碼頭設計基準
   及說明，碼頭之設計水深應依碼頭之計畫水深（船舶吃水深），考量碼
   頭之結構型式、現地之水深、施工法、施工精度及碼頭沖淤之情形決
   定，通常設計水深為計劃水深與餘裕水深之和。據此規定及該基準中參
   考表，許多碼頭原設計時留有百分之十供作餘裕水深。此餘裕水深在 －
   十四公尺之碼頭，大約為一公尺；即設計水深為－十四公尺之碼頭，實
   際上是供吃水深十二點八公尺之船舶靠泊。

   現階段當有大型船欲靠泊時，港務局在無法及時改建和經濟成本之考
   量，為滿足航商需求，加諸港內漂沙量少之因素，乃將淤積量設定為
   零。此一設定對於船席水深之維護產生極大之挑戰，因海上濬挖其不比
   陸上可精準控制，加上潮汐波浪、測量誤差及港區漂沙量並非為零，故
   僅有以設定設計水深下五十公分為濬挖誤差，並加以嚴格控制避免過大
   之超挖行為。

2. 依據基準：碼頭水深設計，依據交通部頒布之港灣構造物設計基準－碼
   頭設計基準及說明之規定。

三十二、試問從確保引水人安全登船的角度考量，引水站指示抵港船
　　　　舶將引水梯固定在「水上一公尺」的建議的正確意圖為何？

建議答案

「水上一公尺」係指在各種海面狀況下，均在水上一公尺之意，亦即當船舶
橫搖至最低點時，引水梯的最低端仍應保持在水面上一公尺之意。因此負責
接送引水人的駕駛員應提早抵達船舷觀察船員繫固的引水梯是否長度適當，
否則應即指示船員調整。

附錄四 國際最佳引航實務

These recommendations are for the guidance of masters, their supporting personnel and pilots in laying down the minimum standards to be expected of the pilotage service given onboard ships in pilotage waters worldwide and aims to clarify the role of the master and the pilot and the working relationship between them.

（此一建議旨在指導船長暨其支援人員，以及引水人確定在全球提供船舶引航服務的引航水域應具備的最低標準，並闡明船長與引水人的角色，以及兩人間的工作關係。）

1.0 Principles for the Safe Conduct of Pilotage（船舶安全引航的原則）

1.1 Efficient pilotage is chiefly dependent upon the effectiveness of the communications and information exchange between the pilot, the master, and other bridge personnel and upon the mutual understanding each has for the functions and duties of the others. Ship's personnel, shore based ship management and the relevant port and pilotage authorities should utilize the proven concept of "Bridge Team Management".

Establishment of effective co-ordination between the pilot, master and other ship's personnel, taking due account of the ship's system and the equipment available to the pilot is a prerequisite for the safe conduct of the ship through pilotage waters.

1.2 The presence of a pilot on the ship does not relieve the master or officer in charge of the navigational watch from their duties and obligations for the safe conduct of the ship. (引水人在船並不解除船長，或當值駕駛員有關船舶安全操作的固有責任與義務)

2.0 Provision of Information for Berth to Berth Passage Planning (引航計畫的提供)

2.1 Ships should provide the relevant port or pilotage authority with basic information regarding their arrival intentions and ship characteristics such as draught and dimensions, as required by the port or other statutory obligations. This should be completed well in advance of the planned arrival and in accordance with local requirements.

2.2 In acknowledging receipt of this information, the appropriate port or pilotage authority should pass relevant information back to the ship (either directly or via agents) as soon as it becomes available. Such information should include as a minimum: the pilot boarding point; reporting and communications procedures; and sufficient details of the prospective berth; anchorage and routeing information to enable the master to prepare a provisional passage plan to the berth prior to his arrival. However, masters should recognize that not all of this information may be available in sufficient detail to complete the passage plan until the pilot has boarded the ship.

3.0　Master/Pilot Information Exchange（船長與引水人的訊息交換）

3.1　The pilot and the master should exchange information regarding the pilot's intentions, the ship's characteristics and operational parameters as soon as possible after the pilot has boarded the ship. The ICS Master/Pilot Exchange Forms (Annexes A1 and A2 of the ICS Bridge Procedures Guide) or the company equivalent format, should be completed by both the master and pilot to help ensure ready availability of the information and that nothing is omitted in error.

3.2　The exchange of information regarding pilotage and the passage plan should include clarification of:
Roles and responsibilities of the master, pilot and other members of the bridge management team;

- Navigational intentions;
- Local conditions including navigational or traffic constraints;
- Tidal and current information;

· Berthing plan and mooring boat use;

· Proposed use of tugs;

· Expected weather conditions.

After taking this information into account and comparing the pilot's suggested plan with that initially developed on board, the pilot and master should agree an overall final plan early in the passage before the ship is committed. The master should not commit his ship to the passage until satisfied with the plan. All parties should be aware that elements of the plan may change.

3.3 Contingency plans should also be made which should be followed in the event of a malfunction or a shipboard emergency, identifying possible abort points and safe grounding areas. These should be discussed and agreed between pilot and master.

4.0 Duties and Responsibilities (責任與義務)

4.1 The pilot, master and bridge personnel share a responsibility for good communications and mutual understanding of the other's role for the safe conduct of the vessel in pilotage waters. They should also clarify their respective roles and responsibilities so that the pilot can be easily and successfully integrated into the normal bridge management team.

4.2　The pilot's primary duty is to provide accurate information to ensure the safe navigation of the ship. In practice, the pilot will often con the ship on the master's behalf.

4.3　The master retains the ultimate responsibility for the safety of his ship. He and his bridge personnel have a duty to support the pilot and to monitor his actions. This should include querying any actions or omissions by the pilot (or any other member of the bridge management team) if inconsistent with the passage plan or if the safety of the ship is in any doubt.

5.0　Preparation for Pilotage（船舶引航作業的準備）

5.1　The pilot should:
- Ensure he is adequately rested prior to an act of pilotage, in good physical and mental fitness and not under the influence of drugs or alcohol;
- Prepare information for incorporation into the ship's passage plan by keeping up to date with navigational, hydrographic and meteorological information as well as traffic movements within the pilotage area;
- Establish communication with the ship to make arrangements for boarding.

5.2　In supporting the pilot, the master and bridge personnel should:
- Ensure they are adequately rested prior to an act of pilotage, in good

physical and mental fitness and not under the influence of drugs or alcohol;

· Draw upon the preliminary information supplied by the relevant port or pilotage authority along with published data (e.g. charts, tide tables, light lists, sailing directions and radio lists) in order to develop a provisional passage plan prior to the ship's arrival;

· Prepare suitable equipment and provide sufficient personnel for embarking the pilot in a safe and expedient manner;

· Establish communications with the pilot station to confirm boarding details.

6.0 Pilot Boarding (引水人登船)

6.1 The boarding position for pilots should be located, where practicable, at a great enough distance from the port so as to allow sufficient time for a comprehensive face-to-face exchange of information and agreement of the final pilotage passage plan. The position chosen should allow sufficient sea-room to ensure that the ship's safety is not put in danger, before, during or directly after such discussions; neither should it impede the passage of other ships.

6.2 The pilot should:

· Take all necessary personal safety precautions, including using or wearing the appropriate personal equipment and ensuring items are properly maintained;

· Check that boarding equipment appears properly rigged and manned;

· Liase with the master so that the ship is positioned and manoeuvred to permit safe boarding.

6.3 In supporting the pilot, the master and ship's personnel should:

· Ensure that the means of pilot embarkation and disembarkation are properly positioned, rigged, maintained and manned in accordance with IMO recommendations and, where applicable, other port requirements;

· The master should liase with the pilot station/transfer cart so that the ship is positioned and manoeuvred to ensure safe boarding.

7.0 Conduct of Passage in Pilotage Waters（引水區內的引航操作）

7.1 It is essential that a face-to-face master/pilot exchange (MPX) described in section 3.1 results clear and effective communication and the willingness of the pilot, master and bridge personnel to work together as part of a bridge management team. English language; or a mutually agreed common language; or the IMO Standard Marine Communication Phrases should be used, and all members of the team share a responsibility to highlight any perceived errors or omissions by other team members, for clarification.

7.2　The master and bridge personnel should:

· Within the bridge management team, interact with the pilot providing confirmation of his directions and feed back when they have been complied with;

· Monitor at all times the ship's speed and position as well as dynamic factors affecting the ship (e.g. weather conditions, manoeuvring responses and density of traffic);

· Confirm on the chart at appropriate intervals the ship's position and the positions of the navigational aids, alerting the pilot to any perceived inconsistencies.

7.3　The pilot should:

· Ensure that the master is able to participate in any discussions when one pilot relinquishes his duty to another pilot;

· Report to the relevant authority any irregularity within the passage, including deficiencies concerning the operation, manning, or equipment of the ship.

8.0　Berthing and Unberthing（離、靠碼頭）

8.1　The necessity of co-operation and a close working relationship between the master and pilot during berthing and unberthing operations is extremely important to the safety of the ship. In particular, both the pilot and the master should discuss and agree which one of them will be responsible for operating key equipment and controls (such as main engine, helm and thrusters).

8.2　The pilot should:

Co-ordinate the effort of all parties engaged in the berthing or unberthing operation (e.g. tug crews, linesmen, ship's crew). His intentions and actions should be exchanged immediately to the bridge management team, in the previously agreed appropriate language.

8.3　In supporting the pilot, the master and bridge personnel should:

· Ensure that the pilot's directions are conveyed to the ship's crew and are correctly implemented.

· Ensure that the ship's crew provide the bridge management team with relevant feedback information.

· Advise the pilot once his directions have been complied with, where an omission has occurred or if a potential problem exists.

9.0　Other Matters（其他）

9.1　The pilot should:

· Assist interested parties such as port authorities, national authorities and flag administrations in reporting and investigating incidents involving vessels whilst under pilotage, subject to the laws and regulations of the relevant authorities;

‧ In observing the recommendations within this document pilots should meet or exceed the requirements set down in IMO Assembly Resolution A.485 (XII) and its annexes;

‧ Should report to the appropriate authority anything observed which may affect safety of navigation or pollution prevention, including any incident that may have occurred to the piloted ship;

‧ Refuse pilotage when the ship to be piloted is believed to pose a danger to the safety of navigation or to the environment. Any such refusal, together with the reason, should immediately be reported to the appropriate authority for further action.

9.2 The master, having the ultimate responsibility for the safe navigation of the ship has a responsibility to request replacement of the pilot, should he deem it necessary.

10. Standard References（參考標準）

‧ IMO Resolution A.485(XII), Annexes I and II and subsequent amendments "Recommendations on Training, Qualifications and Operational Procedures for Maritime Pilots other than Deep Sea Pilots"

‧ IMO Resolution A.893(21) " Guidelines for Voyage Planning",

‧ IMO Resolution A.889(21) "Pilot Transfer Arrangements" ,

‧ SOLAS Chapter V, Regulation 23 " Pilot Transfer Arrangements",

‧ ICS Bridge Procedures Guide

國家圖書館出版品預行編目資料

船舶引航專論／方信雄著. -- 初版. -- 臺北
市：五南，2020.05
　　面；　公分
　　ISBN 978-957-763-990-5（平裝）

1.港埠管理　2.引水　3.船舶

557　　　　　　　　109005065

5I52

船舶引航專論

作　　者 — 方信雄（3.5）

發 行 人 — 楊榮川

總 經 理 — 楊士清

總 編 輯 — 楊秀麗

主　　編 — 王正華

責任編輯 — 金明芬

封面設計 — 姚孝慈

出 版 者 — 五南圖書出版股份有限公司

地　　址：106台北市大安區和平東路二段339號4樓

電　　話：(02)2705-5066　　傳　　真：(02)2706-6100

網　　址：http://www.wunan.com.tw

電子郵件：wunan@wunan.com.tw

劃撥帳號：01068953

戶　　名：五南圖書出版股份有限公司

法律顧問　林勝安律師事務所　林勝安律師

出版日期　2020年5月初版一刷

定　　價　新臺幣400元

經典永恆・名著常在

五十週年的獻禮——經典名著文庫

五南，五十年了，半個世紀，人生旅程的一大半，走過來了。

思索著，邁向百年的未來歷程，能為知識界、文化學術界作些什麼？

在速食文化的生態下，有什麼值得讓人雋永品味的？

歷代經典・當今名著，經過時間的洗禮，千錘百鍊，流傳至今，光芒耀人；

不僅使我們能領悟前人的智慧，同時也增深加廣我們思考的深度與視野。

我們決心投入巨資，有計畫的系統梳選，成立「經典名著文庫」，

希望收入古今中外思想性的、充滿睿智與獨見的經典、名著。

這是一項理想性的、永續性的巨大出版工程。

不在意讀者的眾寡，只考慮它的學術價值，力求完整展現先哲思想的軌跡；

為知識界開啟一片智慧之窗，營造一座百花綻放的世界文明公園，

任君遨遊、取菁吸蜜、嘉惠學子！